HEINRICH THIES

Geh aus, mein Herz, und suche Freud

W0194957

Buch

Ein Leben auf dem Land – in der Lüneburger Heide und der Allermarsch – wird hier geschildert, eine Welt fernab der großen Politik
und doch ein Spiegel deutscher Geschichte. Das Leben der Bauersfrau Hanna, die eigentlich Martha Börstling hieß und 1992 im Alter
von 80 Jahren starb. Heinrich Thies, ihr Sohn, hat dieses Leben nachgezeichnet. Aus dokumentierten Fakten und persönlichen Erinnerungen ist ein anrührender Bericht mit romanesken Zügen entstanden. Hannas Geschichte ist geprägt von nie endender Arbeit, von
Liebe und Krieg, von Pflichtgefühl und Gottvertrauen und der Sehnsucht nach bescheidenem Glück im dörflichen Alltag. »Glück«,
schreibt Thies, »war für sie, an einem Sommermorgen auf der Wiese dem Gesang der Amseln zu lauschen.«

Autor

Heinrich Thies, geboren 1953 als Bauernsohn in Hademstorf, Nie-
dersachsen, studierte Germanistik, Politik, Philosophie und Journa-
listik. 1989 wurde er Redakteur, 1995 Reporter bei der Hannoverschen Allgemeinen Zeitung. Thies lebt mit seiner Frau, Tochter Lisa
und Sohn Simon in seinem Geburtsort.

Heinrich Thies

Geh aus, mein Herz, und suche Freud

Das Leben
der Bäuerin Hanna

GOLDMANN

Umwelthinweis:
Alle bedruckten Materialien dieses Taschenbuches
sind chlorfrei und umweltschonend.

Der Goldmann Verlag ist ein Unternehmen
der Verlagsgruppe Random House.

2. Auflage
Vollständige Taschenbuchausgabe September 2003
Wilhelm Goldmann Verlag, München,
in der Verlagsgruppe Random House GmbH
© 2001 der Originalausgabe
by Hoffmann und Campe Verlag, Hamburg.
Umschlaggestaltung: Design Team München
unter Verwendung des Motivs der Originalausgabe,
das dem 1997 bei Ueberreuter erschienenen Band
»Von der Waschfrau zum Fräulein im Amt«
von Franz Berger und Christiane Holler entnommen wurde.
Satz: deutsch-türkischer fotosatz, Berlin
Druck: GGP Media, Pößneck
Verlagsnummer: 15237
KF · Herstellung: Sebastian Strohmaier
Made in Germany
ISBN 3-442-15237-2
www.goldmann-verlag.de

Für Lisa und Simon

Und dem Tod soll kein Reich mehr werden

Dylan Thomas

Inhalt

Düstere Sommertage

Wie war das mit der Abendsonne? War da noch ein rot glühender Ball am Himmel? Oder war sie schon untergegangen? Was haben die Vögel gesungen? Dass sie gesungen haben, steht fest. Denn es war ja Juni, ein warmer Junitag im Jahre 1939. Bestimmt hat da eine Amsel auf dem Eichbaum gesessen und ihr Abendlied geflötet. Und weiter weg, klar, da war eine Singdrossel. Die hat der Amsel geantwortet. Auch Schwalben sind zwitschernd ums Haus gesegelt, ohne Frage.

Und warm ist es gewesen, ungewöhnlich heiß für Anfang Juni. Schwaden warmer Luft wallten über den Weg, als Hanna vom Melken nach Hause radelte. Die Kiefern am Wegesrand verströmten ihren harzigen Duft. Am Fahrradlenker klapperten Milchkannen und Melkeimer. Die Milch in den beiden Kannen schwappte und gluckste, während Hanna über das holprige Pflaster fuhr. Viel Milch für drei Kühe – wohl auch genug, um Hannas Mutter zu beruhigen. Immer hatte sie Angst, dass es nicht reichte, die gute, fromme Frau. Immer diese Angst. »Wir verhungern noch alle beide«, hatte sie am Abend zuvor erst wieder geklagt. »Was soll bloß aus uns werden?« Ihr graute vor der Zukunft. Alles drohte ihr über den Kopf zu wachsen. Die schwere Arbeit auf dem Feld. »Wie sollen wir das bloß schaffen, Hanna?«, fragte sie immer wieder. »Wer mäht uns das Korn? Wer spannt uns das Pferd vor den Pflug? Wer pflügt uns das Feld?«

Seit einem halben Jahr ging das nun schon so. Seit dem Tag, an dem Hannas Vater gestorben war. Schlimm war das für Hanna gewesen, ein tiefer Schmerz. Als hätte das Leben mit einem

Schlag seinen Sinn verloren, als wäre alle Freude für ewig erloschen. Alle Spiegel hatten sie im Haus nach alter Sitte verhängt. Alle Uhren hatten sie angehalten, um die Zeit stillstehen zu lassen, zuerst die große Standuhr mit dem goldenen Pendel und dem dunklen Glockenschlag. Wie ruhig war es da im Haus gewesen, als dieses Ticketacke verstummt war. Man hatte die Stille förmlich hören können. Er war ja noch so jung gewesen: sechsundfünfzig. Wasser hatte er gehabt, Beine und Füße immer wieder geschwollen, das Atmen war ihm schwer gefallen, überall hatte sich das Wasser gestaut, auch in der Lunge. Da half kein Punktieren. Das Herz schaffte es einfach nicht mehr. Es war bitterkalt an diesem Januartag, als der Kleinbauer Karl Borgmann starb. Er war allein in seiner Kammer, als sein Herz zu schlagen aufhörte. Marie, seine Frau, war beim Geburtstagskaffee gewesen. Seine Tochter hatte er weggeschickt. Heu sollte sie holen – Heu aus der Scheune am Dorfrand. Heu für die Kühe und Rinder und den Schimmel, der den kleinen eisenbereiften Wagen über den gefrorenen Dorfweg gezogen hatte. Hanna war nebenher gegangen, die kräftige Frau, die mit ihren dunkelblonden, zum Dutt zusammengebundenen Haaren aussah wie Mitte dreißig, obwohl sie erst achtundzwanzig war. Als sie zwei Stunden später mit ihrer Heufuhre zurückkehrte, war es still im Haus. Freundlich blickten seine toten Augen sie an. Sein Mund stand offen, als wollte er ihr noch etwas sagen.

»So nimm denn meine Hände und führe mich, bis an mein selig Ende und ewiglich«, hatten sie drei Tage später bei der Beerdigung gesungen. Keine Träne hatte Hanna vergossen, obwohl der Schmerz so groß gewesen war. Die Leute hatten sich gewundert. Aber es war einfach nicht ihre Art, nach außen hin ihre Gefühle zu zeigen. Außerdem hatte Hanna sich nichts vorzuwerfen. Sie hatte ja alles für ihren kranken Vater getan. Und schließlich war nach seinem Tod auch so viel zu tun gewesen. Das Vieh musste versorgt, ihre Mutter beruhigt werden. Und dann war ja auch noch die Beerdigung vorzubereiten: Haus putzen, Butterkuchen backen, mit dem Pastor sprechen. Den Toten hatten sie bis zur Beerdigung in der Schlafkammer aufgebahrt. Warum sollten sie ihn auch gleich aus dem Haus schaffen? Nur weil er nicht mehr atmete? Der lag ja da, als sei er eingeschlafen. Und es war so kalt, dass diese paar Tage dem Leichnam gar nichts anhaben konnten. Eisig war es. Wie erstarrt lag das Dorf unter der dünnen Schneedecke. Der Boden war so hart gefroren, dass es dem Totengräber nur unter größten Mühen gelang, ein Loch auf dem Friedhof auszuheben.

Aber jetzt ist es warm und immer noch hell, obwohl die Kirchturmuhr schon neunmal geschlagen hat. Immer noch flötet und trillert die Amsel in den schönsten Tönen. Sie sitzt auf Borgmanns Dach. Was macht die bloß für komische Töne? Das klingt ja fast, als wolle sie die Nachtigall nachahmen. Hanna verscheucht den schwarzen Vogel, als sie mit ihrer Milchkanne auf den Hof geklappert kommt. Sie schiebt das Rad in den Schuppen und wuchtet die Kannen an den Weg zur Milchbank, wo sie am nächsten Morgen vom Milchkutscher abgeholt werden, der schon in aller Frühe seine Pferde anspannt.

Das Gras ist feucht vom Tau, der Abendhimmel schwimmt blauviolett über dem Bahnhof auf der anderen Seite des Kornfeldes. Düster ist das Haus am Hasenberg, so düster, als schliefe schon alles hinter den rot geklinkerten Wänden und den heruntergelassenen Rollos. Müde tritt Hanna durch die große Dielentür mit den kleinen Fenstern – müde von einem langen Tag, der schon um vier Uhr morgens mit dem Melken begonnen hat und erfüllt gewesen ist vom Heuwenden. Hanna ruft nach ihrer Mutter. Keine Antwort. Küche, Stube, Kammer – alles so still. Zurück in die Diele. Niemand da? Nur die drei Schweine liegen im Stall. Grunzend schrecken sie auf. Hanna hört ihren eigenen Herzschlag, immer wilder pocht ihr Herz. Die Leiter zum Dachboden. Sie steigt hinauf. Sie entdeckt ihre Mutter, ruft sie an. »Mein Gott, Mama. Mama. Warum hast du das gemacht? Warum?« Doch sie erhält keine Antwort. Leblos baumelt die

Angerufene an einem Dachbalken. Die Zunge hängt ihr aus dem Mund. Fliegen umsurren ihren Kopf.

»Gottes Wege sind unerforschlich«, predigt Pastor Trapp vier Tage später. Kein Wort des Vorwurfs. Kein Wort des Tadels. Schweres Leid habe Marie Borgmann niedergedrückt und um den Verstand gebracht, sagt der groß gewachsene Gottesmann. Eigentlich stehe es dem Menschen ja nicht zu, dem lieben Gott ins Handwerk zu pfuschen. »Aber keiner hat das Recht, einen andern zu verdammen.« Von weither scheinen diese Worte zu kommen, aber sie besänftigen Hanna. Sie hat Schlimmeres erwartet. Denn schließlich ist es ja nicht recht gewesen, was ihre Mutter getan hat. »Lasst mich gehn, lasst mich gehn. Dass ich Jesum möge sehn. Meine Seel ist voll Verlangen, ihn auf ewig zu umfangen«, singt die Gemeinde. »Vater unser, der du bist im Himmel. Geheiligt werde dein Name«, murmeln sie in der Friedhofskapelle.

Auch Hannas Lippen bewegen sich, doch kein Ton entfährt ihnen. Die Gedanken in ihrem Kopf drehen sich im Kreis: Wie konnte sie das tun? Wie konnte sie das bloß tun? Den Kälberstrick suchen, die Leiter hinauf, auf die Kornsäcke steigen, die Schlinge ziehen und um den Hals legen … Nein, nein, nicht weiter, nicht mehr. Hanna schließt die Augen. Dieser Sarg mit den Kränzen und Kerzen – alles viel zu schön, viel zu feierlich. Bilder steigen aus dem Innern auf. Und auf einmal muss Hanna sich zwingen, nicht laut loszulachen, als sie sich vorstellt, wie ihre Mutter da unter dem Dachboden baumelt. Wie ein Schinken. Aber nein, das ist doch nicht zum Lachen. Dieser Blick, diese aufgerissenen Augen. Ein einziger Vorwurf. War es recht gewesen, dass sie immer nur abgewunken hatte, wenn ihre Mutter von ihren Sorgen sprach? Die Feldarbeit war ja wirklich zu schwer für die beiden Frauen gewesen. Und hätte sie nicht jemanden ins Haus holen müssen, wenn sie nicht selbst auf ihre Mutter aufpassen konnte? Sie hatte sie ja schon öfter mit dem Strick in der Hand erwischt. »Ick will nich verhungern, lieber häng ick mi up«, hatte sie immer wieder geklagt. Immer wieder diese Frage: »Was soll bloß aus uns werden?« Dabei bestand doch gar kein Grund zur Sorge. Drei Schinken hingen ja unterm Dach.

Einmal hatte Hanna den Strick sogar unter dem Bettkissen ihrer Mutter gefunden. »Du sollst dich was schämen«, hatte sie geschimpft. »Du machst alles bloß noch schlimmer mit deinen Verrücktheiten, du bringst uns noch alle auf den Kirchhof.« Aber die Worte hatten ihre Mutter nicht erreicht. Als wäre eine Mauer zwischen ihnen gewesen, eine Nebelbank. Immer weniger hatten die beiden Frauen miteinander gesprochen. Hanna hatte ja auch von morgens bis abends geackert. Und am Ende des Tages war sie immer so müde gewesen, dass sie gleich eingeschlafen war. Irgendwie hatte sie immer gehofft, es werde schon weitergehen, wenn sie nur ihre Arbeit machte – Arbeiten, die früher ihr Vater erledigt hatte, natürlich viel besser als sie. Sie war ja auch meistens allein gewesen. Auf ihre Mutter hatte sie nicht mehr zählen können in der letzten Zeit. Nur noch Dummheiten waren der eingefallen. Im März war sie mit einem Strick durchs Dorf gelaufen, um eine Kuh von der Weide zu holen. Dabei hatten die Kühe noch im Stall gestanden.

Hört. Die Glocken läuten. Die Totenglocken. Die Sargträger wuchten den Sarg hoch. Hanna folgt ihnen als Erste, wie es sich gehört, als einzige Tochter – gefolgt von den Onkeln, angeheirateten Tanten, Cousins, Cousinen, Nachbarn, Freundinnen. Erde zu Erde, Staub zu Staub.

Und das Leben ging weiter. Die Schweine mussten gefüttert, die Kühe gemolken werden. Es war an der Zeit, das Gras zu mähen, und das Heu zu wenden und einzufahren, Fuhre für Fuhre, mit Pferd und Leiterwagen. Es war ja Juni, Beginn der Erntezeit. Zum Glück stand Hanna nicht ganz allein da. Oltrogges halfen ihr. Schon Hannas Eltern hatten sich mit ihnen eine Wiese geteilt, sich gegenseitig bei der Feldarbeit und beim Schlachten unterstützt. Auch auf die Schröders konnte Hanna sich verlassen. Erst vor zwei Jahren war die Familie aus dem Ostenholzer

Moor ausgesiedelt worden, weil Hitler und seine Leute dort einen großen Truppenübungsplatz bauen wollten. Viele hatten die über Generationen vererbte Scholle verlassen müssen, damit die Panzer Platz bekamen. Als Entschädigung für ihren Hof in der Heidmark hatten Schröders in Eggersen eine kleine Abbauerstelle erhalten. Eines ihrer Felder lag am Hasenberg, direkt vor Borgmanns Haustür. So hatte man sich schnell kennen gelernt und lieb gewonnen. Wie Borgmanns waren auch Schröders fromme Leute und lebten arbeitsam ein eher zurückgezogenes Leben. Auch die Familienverhältnisse glichen sich: In beiden Häusern wohnten Eltern mit nur einer Tochter. Lisa Schröder allerdings war fünfzehn Jahre jünger als Hanna, die sich wie eine ältere Schwester an das Kind klammerte, nachdem ihre Eltern gestorben waren. Bei Schröders fand Hanna ein bisschen wieder von dem, was sie auf ihrem Hof am Hasenberg verloren hatte – eine Art Zuhause. Nein, in den Nächten war es ihr nicht mehr geheuer in ihrem Haus, in dem jetzt auch tagsüber die Rollos heruntergezogen waren. Hanna hatte Angst, allein in diesem Totenhaus zu schlafen. Auf dem Dachboden raschelte und knisterte es. Immer wieder kam ihr dieses Bild in den Sinn, dieses schreckliche Bild vom Dachboden. Hanna konnte keinen Schlaf mehr finden. Das Rauschen der Eichen, jedes Knacken im Gebälk machten ihr Angst.

So fragt sie die kleine Lisa, ob die ihr nicht Gesellschaft leisten will, lockt sie mit kleinen Kuchen vom Bäcker. »Kommste mit?« Bedenkliche Miene, Kopfschütteln. »Geh man mit«, redet ihre Mutter ihr zu. Und schließlich folgt sie Hanna in ihr Geisterhaus, obwohl es ihr dort auch unheimlich zumute ist.

Blitze zucken, ein Gewitter hat sich an diesem schwülwarmen Juliabend zusammengebraut. Den ganzen Tag schon haben sich blaugraue Wolkenungetüme zusammengeschoben. Jetzt donnert es. Immer lauter krachen die Schläge, immer heller zucken die Blitze durch die Nacht. Lisa schreit bei jedem Donnerschlag auf und zittert am ganzen Körper. »Keine Angst, brauchst keine

Angst zu haben. Der liebe Gott steht uns bei«, flüstert Hanna ihr zu. Der plötzliche Tod der Eltern hat ihr die eigene Furcht vor Gewittern genommen. Was konnte ihr schon noch passieren? Tod, wo ist dein Stachel? Da zu sein, wo ihr Vater war, das machte ihr doch keine Angst. Und dann wird der Donner schwächer. Prasselnder Regen schlägt an die Fensterscheiben und übertönt das Grollen. Und das Mädchen kuschelt sich an die ältere Freundin, seufzt unter der warmen Decke und schläft ein.

Bald fühlte sich Lisa schon richtig erwachsen, wenn sie Hanna in diesem Sommer Beistand leisten konnte. Manchmal brachte sie sie sogar zum Lachen, wenn sie ihr die verrückten Geschichten aus der Schule erzählte, die Dummheiten, die sie dort anstellten. Sonst aber sah niemand Hanna lachen in diesem langen Trauerjahr. Als wollte sie das Leben abschnüren, zeigte sie sich sonntags nur noch in ihrem engen schwarzen Trauerstaat mit dem Rock, der ihr über die Waden reichte, und der taillierten Bluse.

Dabei war sie früher so lustig gewesen, die Nächte hatte sie durchgewalzt, bei Schützenfest und Hochzeiten. Auf den Tischen hatte sie getanzt. Oh nein, sie war kein Kind von Traurigkeit gewesen. Einmal hatte sie sich von den Jungs sogar dazu überreden lassen, den Schimmel mit zum Tanzen zu bringen. In den Saal hatten sie den armen Ackergaul geführt. Polka sollte er lernen. Das war ein Hallo gewesen! Auch an Verehrern hatte es Hanna nicht gefehlt. Den ersten Kuss hatte ihr Willi, der junge Polizist aus dem Nachbardorf Ahlden, aufgedrückt. Es war beim Erntebier in Eggersen gewesen. Mit den anderen jungen Leuten im Dorf hatte sie am Abend zuvor die Erntekrone gebunden. Sie war stolz auf das Gemeinschaftswerk aus Ähren und Astern, Gurken und Kürbissen, das schwer von der Decke des Saales hing. Stark fühlte sie sich im Kreise ihrer Freunde und Freundinnen. Alle Lieder sang sie mit. »Kornblumenblau ...« Da forderte er sie irgendwann zum Tanz auf. Groß, schlank und hellblond war er, nur seine Nase war etwas lang und höckrig. Dafür war der Scheitel immer ganz gerade gezogen. Eine stattliche Erscheinung. Sie strahlte über das ganze Gesicht, als er sie nach dem Walzer zur Theke lotste, zum Bier einlud und noch einmal zum Tanz aufforderte. »Hanna is verhaftet«, witzelten die anderen aus der Clique. Und sie wurde rot. »Lass die man schnacken«, flüsterte Willi ihr zu. »Komm mit«, sagte er dann und stellte sie seinen Freunden vor. Und nach dem nächsten Tanz nahm er sie in den Arm und gab ihr diesen Kuss. Ganz warm wurde ihr dabei, aber gleichzeitig auch bang. Ihren Eltern erzählte sie nichts von diesem Abend.

Für den nächsten Sonntag hatten sie sich wieder zum Tanzen verabredet, beim Erntefest in Ahlden. Sie war mit den anderen jungen Leuten aus Eggersen dorthin geradelt. Wieder war es schön, wieder nahm Willi sie in den Arm, wieder ließ sie sich zum Küssen verführen. Sie ließ es geschehen und fühlte sich dabei ganz leicht. Aber als die Musik gegen Morgen zu spielen aufhörte, da wollte er sich mit ihr in die Heuscheune verziehen. »Komm doch mit«, bettelte er. »Bisschen schmusen, da sind wir ganz ungestört.« Aber da kriegte sie plötzlich Angst. »Nee, Willi, das geht doch nich. Ich muss auch nach Hause, is ja schon viel zu spät, ich bin schon ganz müde.« – »Hanna, Hanna«, setzte Willi immer wieder nach. »Bitte, Hanna, du kannst doch im Heu schlafen.« Aber sie blieb hart. »Denn eben nich«, sagte er schließlich ärgerlich und ging fort. Später sah Hanna, wie Willi mit einer anderen tanzte und schmuste. Es hatte ihr einen Stich ins Herz versetzt.

Ganz anders war es mit Heinrich gewesen, diesem Bauern aus Nordkampen. Besonders schön hatte sie den nie gefunden, diesen hageren Kerl mit dem Vogelgesicht. Anders als Willi zählte Heinrich auch mehr zu den ernsteren Naturen. Hanna konnte sich nicht erinnern, dass der jemals eine Gesellschaft durch einen Witz zum Lachen gebracht hatte. Gelacht hatten sie trotzdem über ihn, aber meistens hinter seinem Rücken. »Schirm-Heinrich« nannten sie ihn, weil er bei jedem Wetter diesen

Stockschirm am Fahrradlenker hängen hatte. Beim schönsten Sonnenschein, immer war er mit diesem Schirm unterwegs. Zu seinem Erscheinungsbild gehörten auch die dunkelgrünen Hosen, die ihm angewachsen zu sein schienen. Sie waren ihm viel zu lang, schlodderten ihm um die Knie. Und dann diese Lodenjacke mit den Hirschhornknöpfen, die immer irgendwie nach Schweinestall roch! Auf die Idee, sich mal was Neues zum Anziehen zu kaufen, war dieser Jungbauer offenbar noch nie gekommen. Oh ja, Schirm-Heinrich war unvorstellbar geizig. Nie sah man ihn beim Kaufmann oder Bäcker. Heimlich musste seine Mutter Salz und Zucker kaufen, um dem Essen wenigstens einen Hauch von Geschmack zu geben. Wäre es nach Heinrich gegangen, hätte nur das gegessen und getrunken werden dürfen, was der eigenen Hände Arbeit entstammte.

Schon früh hatte er den Hof übernehmen müssen. Sein Vater war im Ersten Weltkrieg gefallen, Heinrich war erst siebzehn gewesen. Zum Glück hatte er schon zwei Jahre die Ackerbauschule besucht. Aber an Erfahrung hatte es ihm damals noch sehr gefehlt. Wann den Tierarzt rufen, wenn eine Kuh beim Kalben nicht weiterkommt? Was tun, wenn der Boden im Frühjahr vom vielen Regen aufgeweicht ist? Wann sind die Schweine so fett, dass man sie verkaufen kann? So viele Fragen, so viele Sorgen. Doch mit zähem Fleiß hatte es der »Schweinebauer« schließlich geschafft, den heruntergekommenen Hof in Schuss zu bringen. Statt vier Kühen standen jetzt sieben im Stall. Und zwanzig Schweine grunzten in den engen Koben. Heinrich war auf Draht, das erkannten alle an. Sein ganzes Denken aber kreiste eben nur um den Hof.

Hanna hatte das anfangs gefallen: Wie ernst er immer dagessessen hatte, wenn er mit den Jungs aus seinem Dorf zum Schützenfest gekommen war. Wie sie ihre Scherze mit ihm gemacht hatten. Ihr hatte es imponiert, wie ruhig er geblieben war. Und dann hatte er sie – ein halbes Jahr nach der Willi-Affäre – beim Maitanz aufgefordert. Nein, schön war das nicht gewesen. Tanzen konnte er wahrhaftig nicht, ein paar Mal war er ihr auf die Füße getrampelt und hatte sich zu Hannas Belustigung artig dafür entschuldigt. »Macht nix, nich schlimm«, hatte sie zu ihm gesagt. »Soll nich noch mal passieren«, hatte er verschämt gemurmelt und dabei verlegen gegrinst. Ja, und dann war er nicht mehr von ihrer Seite gewichen, hatte sie zu Hause besucht, jeden Sonntag in seiner Sonntagslodenjacke, hatte mit ihrem Vater über Schweinepreise debattiert und den richtigen Zeitpunkt zum Drillen des Winterroggens. Viele Wochen waren vergangen, bis er Hanna den ersten schüchternen Abschiedskuss gegeben hatte. In der Woche nach Weihnachten hatten sie sich in Nordkampen verlobt. Ein klägliches Fest war das gewesen. Schon um acht Uhr abends hatte es kein Bier mehr gegeben. Dabei waren nur die engsten Verwandten eingeladen gewesen, keine zehn Leute. Und es wurde immer schlimmer mit Heinrichs Geiz. Peinlich war es Hanna, dass er sich dauernd von anderen aushalten ließ, Runde um Runde mittrank, ohne selbst etwas zu bestellen. Sie erzählte ihren Eltern davon, die Heinrich daraufhin immer ein paar Mark zusteckten, wenn er Hanna zum Tanzen abholte. Aber anstatt Schnaps und Bier dafür zu bestellen, nahm er das Geld mit nach Hause. Hanna stieg die Röte ins Gesicht, wenn die anderen darüber höhnten. Aber sie hielt zu ihm, half ihm bei der Heu- und Kornernte, half beim Kartoffelnhacken und Rübenverziehen, fuhr bei Wind und Wetter zu ihm nach Nordkampen, zwölf Kilometer hin und zwölf Kilometer zurück.

Ärger stieg in ihr auf, als er eines Sonntags in der kackgelben SA-Uniform in Eggersen angeradelt kam und sie mit »Heil Hitler« begrüßte. »Der tut wenigstens was für uns Bauern«, erklärte er. Doch so leicht ließ sich Hanna nicht überzeugen. Die Bedenken ihres Vaters wogen schwerer. »Einer, der sich wie der Herrgott persönlich aufspielt, versündigt sich gegen den lieben Gott«, predigte der immer. »Das nimmt kein gutes Ende. Da ruht kein Segen drauf.« Hanna fuhr trotzdem mit Heinrich zum

Erntedankfest zum Bückeberg. Wie fast alle in Eggersen wollte sie auch mal diesen Hitler sehen. Wie jubelten die Leute, als sich der »Führer« durchs Städtchen chauffieren ließ, zu welchen Verrücktheiten waren sie bereit, um wenigstens seine Mütze zu erspähen. Auch Hanna klatschte mit. Ja, es war ein schöner Tag: die Fahrt mit dem Sonderzug, die Lieder. Trotzdem war sie am Ende nicht überzeugt von dieser »nationalen Revolution«. Ihr Vater hatte doch wohl Recht: So durfte sich ein Mensch nicht selbst erhöhen, und so viel untertänige Verehrung durfte man einem anderen Menschen nicht entgegenbringen. Auch die abgehackten, hasserfüllten Reden Hitlers gefielen ihr nicht. Aber sie ließ Heinrich gewähren. Schließlich stand er nicht allein. Da konnte es ja wohl nicht ganz so schlimm sein, für diese Hitler-Partei einzutreten. Und den jüdischen Viehhändlern hatte sie auch nie so recht über den Weg getraut.

Schließlich sollte die Hochzeit sein. Das Aufgebot war schon bestellt. Da teilte Heinrich seine Bedingung mit: Hanna solle den Hof ihrer Eltern in die Ehe einbringen. Er wolle eine neue Scheune bauen, brauche dafür Kredit von der Sparkasse. Und weil sein eigener Hof zu klein sei für die Bewilligung der Hypothek, müsse Hannas Hof eben dazukommen, drängelte er. Hannas Eltern sollten mit nach Nordkampen ziehen, hatte sich Heinrich gedacht. Das Haus in Eggersen sollte vermietet werden. Hannas Vater fiel aus allen Wolken, als er von diesem Ansinnen hörte. Eine ganze Woche brauchte Hanna, um ihre Eltern in Heinrichs Pläne einzuweihen. »Dieser Dämlack«, schimpfte ihr Vater. »Dieser Geizkragen. Der will ja gar nich dich, der will bloß unsern Hof haben. Nee, nee, nee, da spiel ich nich mit.« Hanna konnte nun die Tränen nicht mehr länger zurückhalten. Sie weinte viele Stunden, und am Ende stand ihr Entschluss fest. Sie schickte Heinrich am nächsten Sonntag gleich wieder nach Hause, und das Aufgebot wurde zurückgezogen.

Seither hatte sich Hanna noch stärker ihren Eltern verbunden gefühlt als zuvor. Und als ihr Vater dann krank geworden war, hatte man sie nur noch selten beim Tanzen gesehen. Auch im Winter in der Spinnstube hatte sie nicht mehr so übermütig mitgesungen, sondern bedrückt gewirkt.

Aber glückliche Zeiten waren das gewesen im Vergleich zu den düsteren Sommertagen, die nun auf den Tod ihrer Mutter folgten. Es war kalt im Haus, auch wenn die Sonne noch so sehr brannte. Denn da war niemand mehr, der sie in den Arm nahm, niemand, der auf sie wartete, wenn sie abends in die Küche kam. Keiner war da, mit dem sie reden konnte. Um Trost zu finden, blätterte sie manchmal in der Bibel oder im Gesangbuch herum. Dabei stieß sie auch auf ein schwarzes Schulheft. »Tagebuch für den Konfirmandenunterricht« stand auf dem Etikett. »Konfirmation heißt Befestigung«, lautete der erste Satz. Hanna erinnerte sich, wie der alte Pastor damals diese Zeilen diktiert hatte. Sie vergaß Raum und Zeit, als sie sich in die Bibeldeutungen versenkte – passend für jede Lebenslage. Passend auch für ihre Lage? Nein, sie fand keine Antwort auf ihre Fragen. Und so begann sie, die leeren Seiten des Tagebuchs aufzufüllen mit den Erlebnissen und Gedanken, die sie in diesen Tagen bewegten. »Mutter hat mich verlassen«, lautete der erste Satz. »Warum hat sie nicht gewartet, dass der liebe Gott sie zu sich ruft? Was soll nun bloß werden?«

Immer verzagter wurde Hanna, wenn sie an die Zukunft dachte. Sie beklagte sich nicht über die schwere Arbeit, und sie schuftete wie ein Ackergaul. Aber oft fehlte ihr einfach die nötige Kraft. Der schwere Pflug, der harte Rindermist. Sie konnte doch nicht immer zu Oltrogges gehen und um Hilfe betteln. Und sie wusste ja einfach viel zu wenig. Wann pflügen? Wann säen? Sie war ja ihrem Vater immer nur zur Hand gegangen. Den Überblick hatte allein er gehabt. Und dann diese Nachtgespinste.

Als im Herbst die Abende immer länger wurden, hielt sie es nicht mehr aus in diesem Geisterhaus. Sie konnte sich ja nicht jede Nacht Schröders Lisa ins Bett holen. So entschloss sie sich,

Haus und Hof zu vermieten und selbst in Stellung zu gehen. Bei Kaufmann Cohrs waren immer helfende Hände gefragt. Und weil Hanna mit dreißig Mark im Monat zufrieden war, wurde sie sich schnell mit dem alten Cohrs handelseinig. Der Kaufmann schätzte Hanna, die mit ihrer gestärkten Schürze immer so akkurat durchs Dorf radelte und auf ihrem Hof keine Arbeit scheute. Und Hanna blieb ihrem Elternhaus ja nahe. Sie wechselte ja nur die Straßenseite. Haus und Hof waren schnell vermietet mit all dem lebenden und toten Inventar. Aber es wurde ihr schwer ums Herz, als sie die große Dielentür am Ende von außen abschloss. Sie musste ja alles zurücklassen. Die Kühe, den Schimmel, den alten Eichenschrank voller Leinen, die schöne Spiegelkommode, die Truhen mit der Aussteuer … Nicht viel mehr als Waschzeug und ihre Kleider konnte sie mitnehmen.

In Stellung

Klein und düster war die Kammer, die Hanna sich bei Kaufmann Cohrs mit der Magd Ida teilen musste. Es fiel ihr nicht leicht, sich in die große Wirtschaft einzufügen. Zwei Knechte, drei Mägde und zwei Lehrmädchen – diesem Gesinde war die Bauerstochter jetzt gleichgestellt. Mit ihnen saß sie am Tisch, mit ihnen teilte sie sich die Arbeit. Und es waren die anstrengendsten und schmutzigsten Tätigkeiten, die der neuen Hausangestellten zufielen: Rüben und Kartoffeln hacken, Schweine füttern, melken. Aber die Arbeit machte Hanna nichts aus. Sie lenkte sie ab, hinderte sie am Grübeln und Weinen. Weh tat es ihr, mit ansehen zu müssen, dass in ihrem Elternhaus nun fremde Leute ein- und ausgingen und Garten und Felder von anderen beackert wurden. Dabei waren Oltrogges Paul und Line die Pächter, Bauern, mit denen schon ihre Eltern gemeinsam die Felder bestellt hatten. Immer wieder musste Hanna daran denken, wie sie ihrem Vater beim Pflügen und Mähen zur Hand gegangen war. Sicher, die Aufgaben, denen sie jetzt nachkam, waren ganz ähnlich. Aber was für einen Sinn hatte das alles noch?

Die Trauer machte Hanna einsam. Nach einigen Wochen fand sie bei den anderen Hausangestellten kein Verständnis mehr für ihren Trübsinn. Die ließen sie daher bald links liegen. Und Hanna flüchtete sich immer mehr in die Arbeit, rackerte sich ab bis zur Erschöpfung, um zu vergessen. Vergessen? Warum sollte sie ihre Eltern vergessen? »Heute bin ich endlich mal wieder auf den Friedhof gekommen«, schrieb sie in ihr Tagebuch. »Wird Zeit, dass Mutter endlich einen ordentlichen Grabstein kriegt. Wo sie jetzt wohl ist? Hoffentlich da, wo mein Vater ist. Der wird schön geschimpft haben, als sie zu ihm in den Himmel gekommen ist. Lange wird sein Ärger aber wohl nicht vorgehalten haben. Vater konnte ja nie jemandem längere Zeit böse sein. Und im Himmel sind sie ja sowieso alle ziemlich milde. Aber genau weiß natürlich keiner, was aus den Toten wird.«

Große Ereignisse bewegten unterdessen das kleine Dorf. Das Gespenst des Krieges kehrte zurück. »Seit 4.45 Uhr wird zurückgeschossen«, tönte es am 1. September aus den Volksempfängern. Börstlings Friedel blies die Posaune. Direkt vor dem Kriegerdenkmal an der roten Backsteinkirche hatte er sich in der Mittagszeit aufgestellt, der verrückte Kerl. Feierlich schallte aus dem blitzenden Messinghorn die Melodie des Horst-Wessel-Liedes: »Die Fahne hoch, die Reihen fest geschlossen«. Nicht wenige sangen mit. Ernster wurden die Mienen bei »Ich hatt einen Kameraden, einen bessern findst du nicht«. Das war nicht mehr so nach dem Geschmack der Herbeigeeilten. Viel zu traurig. »Das hört sich ja an, als ob das halbe Dorf schon gefallen wär«, meckerte missbilligend der Landhändler Horst Kiekebusch, der schon vor 1933 in seinem Braunhemd gegen Juden und Bolschewisten gewettert und für ein großdeutsches Reich geschwärmt hatte. Kein Grund zur Sorge, beteuerte der Mann in den Lederstiefeln. Nur eine Frage von Tagen, bis der Feind bezwungen sei. Nur ein Blitzkrieg. Und es gab ja wohl auch tatsächlich keinen ernsthaften Widerstand im fernen Polen. Es schien gar nicht schwer zu sein, die deutsche Grenze einfach ein bisschen nach Osten zu verrücken. Nur ein bisschen? Na, da waren Landhändler Kiekebusch und seine Leute in den SA-Uniformen aber ganz anderer Meinung. »Heute gehört uns Deutschland und morgen die ganze Welt«, hatten sie schon seit Jahren bei ihren Aufmärschen in der Kreisstadt Walsrode grölend frohlockt. Goldene Zeiten hatten sie prophezeit, die das Dritte Reich vor allem den Bauern bescheren werde.

Ja wirklich, man war wieder wer. Die Schweine- und Kartoffelpreise waren auf das Doppelte gestiegen – und festgeschrieben wie alle anderen Preise auch. Schluss mit diesen ewigen Schwankungen des internationalen Marktes, Schluss mit den Schulden, zur Hölle mit diesen jüdischen Bankenbonzen und Börsenspekulanten! Zwar konnte man jetzt nicht mehr anbauen und mästen, was man wollte, und auch das Plansoll musste erreicht werden, aber es ging einem gut. Was wollte man als Bauer mehr? Alles war jetzt in deutscher Hand, auch der Viehhandel. Zwar hatten sie mit dem Pferdejuden immer gute Geschäfte gemacht – ein lustiger Kerl, dieser Isaak mit der krummen Nase. Aber so ganz geheuer war ihnen dieser Mann noch nie gewesen. Und jetzt, wo er weg war, zweifelten sie nicht daran, dass er nichts als Lug und Trug im Sinn gehabt hatte und seine gerechte Strafe erhielt. Der dicke Piepen-Karl, der immer mit seiner tropfenden Pfeife unterwegs war, machte nun grobe Witze über den früheren Konkurrenten, und er freute sich, endlich nicht mehr von »Krummnase« überboten zu werden. Besonders beliebt war der kleine fette Viehhändler nicht bei den Bauern. Aber er musste sich ja nun auch an die vorgegebenen Preise halten, und er war eben einer von ihnen: ein Deutscher aus echtem Schrot und Korn, wie sie sagten, Heidjer wie sie. Und besonders jetzt galt es zusammenzuhalten – in Zeiten, da sich die ganze Welt gegen Deutschland zu verschwören schien, allen voran das jüdische Großkapital. »Aber die werden noch ihr braunes Wunder erleben, der Hitler is unser Mann«, prahlte Eggersens Ortsgruppenleiter Heinrich Meyer, der zwar nur einen kleinen Hof besaß, über seine Parteiverbindungen aber in den Pferdehandel eingestiegen war, wie gemunkelt wurde. Außerdem machte er sich Hoffnungen auf einen Umsiedlerhof im Osten. Plötzlich lief er auch an Wochentagen nur noch in Uniform und blank gewichsten Stiefeln herum. »Heute gehört uns Deutschland und morgen die ganze Welt.« Jetzt war es endlich soweit. Sollten doch die Engländer und Franzosen den Deutschen zehnmal den Krieg erklären. »Die wer'n schon sehen, was se davon haben, die wer'n sich schon noch umgucken, wenn wir denen Feuer unterm Arsch machen«, tönte Kiekebusch. Und die meisten Bauern im Dorf stimmten ihm zu.

»In einem Polenstädtchen, da lebte einst ein Mädchen, das war so schön«, sangen sie donnernd beim Erntefest, und die Männer in den braunen Uniformen knallten im Takt mit ihren Lederstiefeln auf die Holzdielen des Festsaals und marschierten im Geiste schon in Richtung Ostfront. »Sie war das allerschönste Kind, das man in Polen find, aber nein, aber nein, sprach sie: Ich küsse nie.« Ja, sie konnten gar nicht genug kriegen von den zackigen Liedern bei diesem Erntefest. »Oh du schöner Westerwald« und »Schwarzbraun ist die Haselnuss …« Am besten gefiel ihnen der Marschwalzer. Die Männer stampften so kriegerisch übers Parkett, als wären sie schon auf dem Weg nach Russland.

Doch nicht alle verfielen dieser feuchtfröhlichen Erobererlaune. Manche konnten sich noch allzu gut an den letzten Krieg erinnern. Da war die Stimmung in Eggersen zu Beginn noch überschäumender gewesen. Brunken Karl hatte es gar nicht abwarten können, für Kaiser und Vaterland in die Schlacht zu ziehen. Nun waren gerade mal zweiundzwanzig Jahre vergangen, seitdem er bei Verdun gefallen war. Seiner Witwe Erna standen die Tränen in den Augen, als sie in all dem Erntefesttrubel daran denken musste. »Albert mutt in'n Krieg«, erzählte sie weinend ihrer Nachbarin. »Albert mutt in'n Krieg.« Am Tag vor dem Erntefest war der Einberufungsbefehl gekommen.

Hanna lag in dieser Nacht lange wach und hörte von ihrer Dachkammer aus die Musik in der Ferne. Der dumpfe Takt der Pauke und das verwehte Lachen der betrunkenen Heimkehrer mischten sich mit dem Klang der Kirchenglocken: einmal, zweimal, dreimal schlug die Turmuhr. Raschelnd trippelten Mäuse über den Dachboden. Hoffentlich ist diese Nacht bald vorüber, dachte Hanna, die sich erschöpft in ihrem Bett wälzte. Tagsüber hatte sie, nur unterstützt von einer Magd, die fünfzehn Kühe auf der Wiese hinter der Aller gemolken und außerdem noch die Schweine gefüttert. Als Einzige war sie dem Erntefest ferngeblieben, wie sie überhaupt einen Bogen um alle Geselligkeiten machte. Dabei fehlte es im Dorf keineswegs an Menschen, die ihr nahe standen. Immer wieder lud Ravens Ida sie ein, wenn sie an ihrem Haus vorbeifuhr. »Komm doch mal rein«, hatte die frühere Nachbarin aufmunternd gelockt. Aber Hanna war meistens viel zu müde, um sich zu einem Besuch aufzuraffen.

Und es kamen noch viele lange Abende und traurige Nächte in diesem Herbst und Winter. »In der Zeit meiner Not suche ich den Herrn«, schrieb Hanna in ihr Tagebuch, als sie einmal allein in ihrer Kammer war. »Meine Hand ist des Nachts ausgestreckt und lässt nicht ab. Denn meine Seele will sich nicht trösten lassen.« Sie hatte dieses Gebet aus ihrem Gesangbuch abgeschrieben, es sprach ihr aus der Seele. Am liebsten war es Hanna, wenn sie arbeiten konnte. Bis zur Erschöpfung molk und butterte sie in diesen düsteren Tagen. Bis Anfang November waren die Kühe auf der Weide. Eine ganze Woche lang regnete es fast ohne Unterbrechung. Die Nässe kroch ihr die Beine hoch, wenn sie morgens, mittags und abends bei strömendem Regen in ihrem Wachstuchumhang über die aufgeweichten Wege zur Weide radelte. Das Dreckwasser spritzte aus den Pfützen auf. Klamm wurden ihr die Finger beim Melken. Nur die schweren Leiber der Kühe spendeten ein wenig Wärme. Blaugraue Wolkenungetüme jagte der Herbstwind über den dunklen Himmel. Platschend schlugen die Wellen über die Fähre, wenn sich die Melker über die Aller setzen ließen. Die Fähre knarrte und ächzte, während sich der Seilzug spannte und der Fährmann das flache Holzgefährt mit kräftigen Zügen zum Gleiten brachte. Hau ruck, hau ruck – dieses Ringen mit dem Fluss, dieses Anstrampeln gegen Wind und Regen gefiel Hanna. Sie vergaß dabei ihre Sorgen und war stolz, wenn alle ihre Tüchtigkeit lobten. So wurden ihr weiterhin die gröbsten Arbeiten zugeteilt.

Auch beim Schlachten half sie bereitwillig mit, sogar beim

Totmachen. Während die anderen Mägde es vorzogen, den großen Ofen in der Diele zu beheizen, in dem das Brühwasser brodelte, war Hanna draußen bei den Männern. Der Boden war steinhart gefroren und von einer dünnen Schneeschicht bedeckt. Gutes Schlachtewetter, da muss man keine Angst haben, dass das Fleisch verdirbt. Gleich drei Schweine sollen an diesem Tag an den Haken. Der Schlachtetrog steht schon bereit vor der großen Diele. Schlachter Hinrichs geht mit zwei Knechten in den Stall, um das erste Schwein herauszuholen. »Wo haben wir denn die Biester?«, fragt der stämmige Mann mit dem blau gestreiften, bis zu den Oberarmen hochgekrempelten Hemd und der schwarzen Manchesterhose. »Die ham sich wohl versteckt, die wissen wohl, was ihnen blüht«, ulkt Karl, der gerade siebzehn ist, aber vorwitziger als mancher Vierzigjährige. Tatsächlich haben sich die drei ausgesonderten Tiere in die dunkelste Ecke ihres Kobens gedrängt, als die Männer das Licht im Stall anknipsen. Karl schwingt sich mit dem Strick über die Stalltür, drängt eines der Schweine gegen die Wand und müht sich, ein Hinterbein zu erwischen. Die anderen kommen ihm zu Hilfe. Das in die Enge getriebene Tier stößt einen spitzen Schrei aus, der sich zu anhaltendem Quieken steigert, als Karl den Strick am Hinterbein festgeknotet hat. Sie ziehen das verängstigte Tier an den Ohren, schieben es von hinten an, um es aus seinem warmen Stall in die Kälte zu drängen. Hanna tut es in der Seele weh, während sie mit ihrer großen Schüssel draußen am Schlachtetrog wartet. Das Schwein dampft in der Kälte. Es ist ja noch voller Stallwärme. Schlachter Hinrichs bindet seine weiße Gummischürze um und greift zum Beil. Hanna schließt die Augen, als er zum Schlag ausholt. Immer lauter und schriller wird das Brüllen, und das Tier verstummt auch nicht, nachdem Hinrichs mit dem stumpfen Ende seiner Axt zugeschlagen hat. Wegen der heftigen Kopfbewegungen des Schweins hat der Schlachter nicht richtig getroffen, und plötzlich reißt sich das Tier los, stürzt, rappelt sich auf, versucht erneut, seinen Henkern zu entkommen.

Und die Männer haben ihre liebe Not, es einzufangen. Erst als die anderen Mägde dazugerufen worden sind und einen Kreis um das Schwein gebildet haben, gibt es kein Entrinnen mehr. Der nächste Schlag sitzt. Das Quieken verstummt. »Der hat gesessen«, scherzt Karl, bemüht, als ganzer Kerl zu gelten. Hanna atmet auf und blickt zu Boden, als Hinrichs zusticht. Jetzt strampelt das röchelnde Tier nur noch mit den Hinterläufen, strafft damit aber allenfalls den Strick, an dem es gefesselt ist, und pumpt so sein Blut aus dem schlaffer werdenden Körper. Hannas schwierige Aufgabe ist es nun, das schäumende, dampfende Blut mit ihrer Schüssel aufzufangen und sofort zu rühren, damit es nicht gerinnt. Warm fühlt es sich an, ganz warm. Hanna ist erleichtert, als endlich alle drei Schweine an den aufgestellten Leitern hängen und sie in den Kuhstall zum Melken gehen kann.

Denn längst waren die Kühe von der Weide geholt worden. Schließlich war bald Weihnachten. Ja, Weihnachten, davor graute Hanna. Bereitwillig übernahm sie an den Festtagen alle Arbeiten, die die anderen nicht machen wollten. Nur Heiligabend ging sie für eine Stunde zu Schröders. Und sie freute sich über die Strümpfe und gestrickten Handschuhe, die sie bekam, blieb aber stumm, als die Familie Weihnachtslieder sang. Schwer fiel es ihr, die Tränen zu unterdrücken, als sie daran dachte, wie sie noch vor einem Jahr am Heiligabend mit ihren Eltern vor dem Tannenbaum gesessen hatte. Trotz der heftigen Schmerzen ihres Vaters hatten sie noch gemeinsam Kaffee getrunken und gesungen. »Oh du fröhliche …« Nein, Hanna war nicht danach zumute, jetzt bei den anderen einzustimmen. Erst am nächsten Morgen beim Weihnachtsgottesdienst lösten sich ihre Lippen, und wie von selbst sang es aus ihr heraus. Ihr Glaube gab ihr viel Trost in dieser Zeit. Schon als Kind hatte sie gern die Verse im Katechismus gelesen. Jetzt betete sie jeden Abend lange, bevor sie einschlief, und versäumte keinen Sonntagsgottesdienst. »Großer Gott, wir loben dich. Herr, wir preisen deine Stärke.« Dieses Lied sang sie besonders inbrünstig mit.

Ja, sie fühlte sich geborgen in der Gemeinde der Kirchgänger. Wenigstens hier. Sie hörte auch Pastor Trapp gern predigen. Seine Worte hoben sie heraus aus dem harten Einerlei. Und wohl auch der Mann, die große Gestalt mit dem massigen Kopf, gefiel ihr in seiner feinen Art. Als dem Pastor dann zwei Wochen nach Weihnachten Hals über Kopf eine Haushälterin kündigte, fiel es Hanna nicht schwer, ja zu sagen, als sie von der Pastorenfrau gefragt wurde, ob sie nicht die Nachfolge antreten wolle.

Eine ganz neue Welt eröffnete sich ihr in diesem Pastorenhaus mit dem Konfirmandensaal und den vielen Büchern. Wie gern hatte sie als Kind gelesen. Die Geschichten und Gedichte in ihrer Fibel hatte sie immer schon verschlungen, bevor sie in der Schule dran gewesen waren. Ganz freiwillig hatte sie Lieder und Psalmen aus dem Katechismus abgeschrieben in ihrer schönen Schrift. Ihr Lehrer hatte sie gelobt und ihren Eltern empfohlen, sie zur Aufbauschule nach Walsrode zu schicken. Das Schulgeld, erklärte er, müssten sie nicht bezahlen, dafür wolle er schon sorgen. Doch Hannas Vater freute sich zwar über die Schulerfolge seiner Tochter, wollte sich aber auch nicht nachsagen lassen, er sei überheblich. Nein, für die Tochter eines Kleinbauern gehöre es sich einfach nicht, zur höheren Schule zu gehen. Demütig habe jeder den Weg zu beschreiten, der ihm von Gott zugewiesen sei. Und Hannas Weg führte eben über die Felder und Wiesen hinterm Hasenberg. Und da war ja auch Arbeit genug. Schon als Kind hatte sie tüchtig mithelfen müssen. Für Bücher war da wenig Zeit gewesen und noch viel weniger Geld.

Hanna staunte, als sie die riesige Bibliothek des Pastors entdeckte. Doch leider blieben ihr auch im Pastorenhaus die Bücher verschlossen. Sie kam einfach nicht zum Lesen vor lauter Arbeit. Außerdem traute sie sich nicht, den Pastor um einen der Prachtbände zu bitten. Das gehörte sich einfach nicht für eine Magd. Außerdem hatte sie auch kaum mit Johannes Trapp zu tun. Seine Frau Adele schirmte ihn regelrecht ab. Wenn er etwa sonnabends die Sonntagspredigt vorbereitete, durfte er unter keinen Umständen gestört werden. Adele Trapp hielt überhaupt alle alltäglichen Belange von ihrem Mann fern. Nur sehr gedämpft drangen die Nöte und Fanfaren der Kriegszeit zu dem schwerhörigen Geistlichen durch, der sich sehr wohl für die große Politik interessierte, aber wenig Interesse für die praktischen Probleme zeigte, die sich daraus ergaben. Die überließ er gern seiner Frau. So ergänzten sich die beiden auf ideale Weise. Adele Trapp nämlich hatte wenig Sinn für geistige Diskurse. Dafür verstand sie es umso besser, das Leben mit seinen handfesten Herausforderungen zu meistern. Sie war bekannt dafür, dass sie die Konfirmanden mit Ohrfeigen zur Räson brachte, wenn sie ihren Mann genarrt hatten. Oft stand sie während des Konfirmandenunterrichts draußen hinterm Fenster und wachte heimlich über die Kinder. Hatte sie Jungen dabei beobachtet, wie sie sich auf den hinteren Bänken boxten, zog sie sie beim Herausgehen an den Ohren und verdonnerte sie zum Nachsitzen. Weil sie ihre Augen überall zu haben schien und wie ein Iltis durchs Haus flitzte, bekam sie im Dorf bald den Spitznamen »Ilka«.

Adele Trapp bewies aber auch viel diplomatisches Geschick, indem sie zum Beispiel die Besucher von der Partei besänftigte. Denn die trauten dem Pastor nicht über den Weg. Schon vor seinem Amtsantritt in Eggersen hatte er sich bei ihnen unbeliebt gemacht. Damals, Trapp war noch Seelsorger im Emsland gewesen, hatte er es den Nationalsozialisten untersagt, in geschlossener Formation in den Sonntagsgottesdienst einzumarschieren. Als Sünde brandmarkte er die »nationalsozialistische Revolution« in einem Brief an den Ortsgruppenleiter. »Für mich ist es daher Pflicht meines in Gottes Wort gebundenen Gewissens, den Anforderungen der gegenwärtigen Regierung Widerstand zu leisten«, schrieb Trapp, wohl wissend, was im Jahre 1933 die Stunde geschlagen hatte. »Man muss Gott mehr gehorchen als den Menschen«, hatte er der Partei entgegengeschleudert und angekündigt, den neuen Machthabern notfalls auch von der Kanzel aus entgegenzutreten. Verständlich, dass sie da drohten, ihm die Hölle heiß zu machen. Um seine Familie und seine Stelle in Eggersen nicht zu gefährden, hatte sich Trapp seit seiner Versetzung mit öffentlichen Bekundungen zurückgehalten. Aber er machte eben auch keine Anstalten, den Braunhemden seinen Segen zu erteilen. Er predigte weiter so, als gäbe es den »Führer« überhaupt nicht.

Wäre es nach seiner Frau gegangen, hätte er sich nicht so stur gestellt. Der oblag es schließlich, die Familie durchzubringen. Ihr fiel vor allem die schwierige Aufgabe zu, sich um den Jungen zu kümmern, um Andreas, den einzigen Sohn, der im ersten Kriegswinter gerade sechs war und seinem Vater manchen Streich spielte. Um sich bei den Nachbarskindern beliebt zu machen, hatte er zum Beispiel in der Karwoche eine ganze Packung Oblaten geklaut und mit seinen Freunden Abendmahl gespielt. Alle im Dorf hatten darüber gelacht und den Kopf geschüttelt. Sein Vater war wohl der Einzige gewesen, der nichts davon erfahren hatte. Es war Hanna schwer gefallen zu ertragen, wie Adele den kleinen Andreas übers Knie gelegt und ihm mit dem Teppichklopfer den Hintern versohlt hatte. »Ich werd dir schon noch dein sündiges Tun austreiben«, hatte sie geschimpft, während ihr Sohn wie am Spieß schrie.

So sorgte die Pastorenfrau für die ihren. Aber sie sorgte auch für sich selbst. Hanna beobachtete sie einmal dabei, wie sie in der guten Stube heimlich Kekse aß, während ihr Mann über der Predigt für eine Beerdigung hockte und Andreas draußen spielte. Später musste ihr Hanna die Kekse vom Kaufmann mitbringen, bekam aber nie welche davon ab. Auch sonst wurde sie nicht gerade verwöhnt im Pastorenhaus. Fleisch gab es für sie nur selten, und wenn, dann war es das Fett, das Adele Trapp vom Familienbraten abtrennte. Selbstverständlich hatte die Magd ihre kärglichen Kohl- und Kartoffelmahlzeiten abseits von der Pastorenfamilie einzunehmen – ganz allein am Küchentisch.

Bisweilen kam Hanna sich vor wie Aschenputtel. Die anderen machten sich fein, und die ganze Schmutzarbeit blieb an ihr hängen: Die vielen Ziegen mussten gemolken und gefüttert, der Schweinestall ausgemistet werden, Küchenherd und Kachelofen waren zu beheizen, der große Pastorengarten mit den vielen Bohnen, Erbsen und Gurken war ihr anvertraut, und auch die Feldarbeit sowie das Heumachen auf der Pastorenkoppel waren fast ausschließlich ihre Sache. Und wenn die Arbeit draußen getan war, musste geputzt, gewaschen, gebügelt oder geflickt werden. Die Pastorenfrau war nie verlegen um immer neue Aufträge. »Hanna, wir müssen unbedingt noch die Fenster putzen«, hieß es dann. In dieses »Wir« war die Chefin natürlich nicht eingeschlossen, wenn es um die Umsetzung ging.

So begegnete Hanna dem Pastor nur selten. Von der Welt der frommen Bücher blieb sie ausgeschlossen. Sie schaffte es nicht einmal mehr, wie früher zum Sonntagsgottesdienst zu gehen. Denn in dieser Zeit musste ja das Mittagessen vorbereitet werden, und die Pastorenfrau hatte natürlich bei ihrem Mann in der Kirche zu sein. Umso mehr freute sich Hanna, wenn der Pastor sie in seinem feinen Hochdeutsch lobte. »Gut, dass wir dich haben«, pflegte er ihr mit seiner tiefen Predigerstimme zu sagen. Das tat gut. Ja, sie blickte auf zu diesem großen Mann mit der hohen Stirn und der schon in jungen Jahren fortgeschrittenen Glatze.

Immer wieder versuchten sie, ihn auf Linie zu bringen. Hanna ist gerade in der Küche beim Kartoffelschälen, als an einem regnerischen Märzmorgen zwei Männer im Anzug vorfahren und vor der Haustür »Heil Hitler« rufen. »Guten Morgen«, antwortet ihnen der Pastor in ruhigem Ton. Es ist den Besuchern anzusehen, dass ihnen diese Respektlosigkeit nicht gefällt. Aber sie verlieren kein Wort darüber. Sie sprechen von den neuen Aufgaben der Kirche. »Jetzt kommt es drauf an, dass alle Deutschen zusammenstehen. Alle anständigen Volksgenossen müssen doch nun mit einer Stimme sprechen, wir dürfen dem Feind in dieser Situation keine Angriffsflächen bieten«, reden sie auf Trapp ein. »Es wäre gut, wenn Sie sich den Deutschen Christen angeschlossen hätten«, fahren sie fort. »Da wäre Ihnen erklärt worden, dass Nationalsozialismus und Evangelium sich durchaus nicht widersprechen. Da muss man doch blind sein, um das nicht zu sehen: Wer hat denn euern Jesus ans Kreuz geschlagen? Waren das etwa nicht die Juden? Und das ist nicht ihre letzte Untat gewesen. Und darum wollen wir sie hier nicht mehr haben, verstehen Sie, verehrter Herr Pastor? Wir können doch in unseren deutschen Kirchen keine Reklame für diese falschen Propheten machen. Wir verstehen nicht, wieso ihr hier in Eggersen immer noch das Alte Testament lest, als wäre nichts geschehen. Andere deutsche Christen haben sich längst von dem Zauber verabschiedet, mit dem diese Juden sich als auserwähltes Volk feiern. Auserwählt – das sind doch wir, und ja, wir haben auch einen, der uns aus dem Jammertal befreit und in eine große Zukunft führt.«

Trapp hört sich alles stumm an. Wahrscheinlich hat er vieles wegen seiner Schwerhörigkeit gar nicht verstanden. Aber das Wort »Zauber«, das ist ihm nicht entgangen, und das kann er nicht unwidersprochen im Raum stehen lassen. »Zauber«, entgegnet er, »Zauber ist die Bibel für mich nicht. Den Menschen im Alten Testament wird gezeigt, dass sie sich nicht alles erlauben können – und das ist gut so. Man muss Gott mehr gehorchen als den Menschen – das bleibt für mich unumstößlich. Keiner darf sich an die Stelle Gottes setzen. Das bleibt nicht ungestraft. Die Juden haben es selbst erfahren. Aber Jesus war ja selbst auch Jude, und gegen den habt ihr ja wohl nichts?« So geht es eine ganze Weile hin und her.

»Der ist unbelehrbar. Der hat schon früher alle aufrechten Deutschen als verabscheuungswürdige Sünder verunglimpft«, sagt einer der Männer schließlich. »Dann muss es eben gehen, wie es geht.« Damit ist der Besuch beendet. Stumm liften die Männer nur kurz ihre Hüte, schwingen sich ins Auto und fahren davon.

In den nächsten Monaten sah man immer wieder fremde

Männer in der Kirche sitzen. »Gestapo«, flüsterten die Leute ängstlich. Und Pastor Trapp achtete darauf, nur ja kein verfängliches Wort zu verlieren. Aber hartnäckig weigerte er sich, diesem »heiligen Krieg« seinen Segen zu geben. Manche im Dorf nahmen ihm das sehr übel. Der kleine Kiekebusch, Sohn des Landhändlers, stellte sich mit seinen siebzehn Jahren sogar forsch vor Trapp auf und erklärte ihm im Namen der Hitlerjugend den Krieg. Eine Antwort wartete er nicht ab. Nachdem er dem Pastor seine markigen Worte entgegengeschleudert hatte, drehte er sich auf den Hacken um und marschierte mit zurückgeworfenem Haupt aus dem Haus. Solche Drohungen erhielt nicht nur der Pastor. Auch wer sonntags aus der Kirche kam, musste sich manch höhnischen Spruch von den Kiekebüschen gefallen lassen, die den Gottesdienstbesuchern am Kriegerdenkmal auflauerten. »Na, ihr könnt wohl nie genug kriegen von euerm abergläubischen Zinnober«, hörte man sie da tönen. Nicht einmal Beerdigungen waren ihnen heilig. Im Gewande des Kriegervereins pflegten sie neuerdings auf dem Friedhof aufzukreuzen, um dem Pastor am offenen Grab die Schau zu stehlen. Und sie begnügten sich nicht damit, einfach nur ihre Hakenkreuzfahne zu schwenken. Mit drei Salutschüssen meldeten sie ihre alten Kameraden in Walhalla an, der »Halle der Kampftoten«, wie es hieß. Und nach der Beisetzung zogen sie mit Tschinderassabumm und Blasmusik zurück ins Dorf, als gälte es, den Schützenkönig abzuholen. An Schnaps und Bier fehlte es nie. Auch an den alten Heldensagen berauschten sich die Heidebauern immer mehr. Sie beobachteten am winterlichen Nachthimmel die Wilde Jagd, und sie pflanzten Wotanseichen, dem Gott des Krieges zu Ehren. Hanna fühlte sich abgestoßen von diesem gottlosen Treiben, dieser schnapsumnebelten Kraftmeierei. Sie hatte immer noch die Worte ihres Vaters im Ohr: »Das nimmt kein gutes Ende«, hatte der gemahnt. Von der großen Politik verstand sie nichts, aber der Krieg machte ihr doch Angst. Und sie konnte sich auch an die neuen Grußformen im Dorf nicht ge-

wöhnen. »Tach«, sagte sie ganz arglos, als sie einmal bei Landhändler Kiekebusch vorbeiging, der mit seinen gestiefelten Kameraden wie so oft an der Landstraße stand und das Weltgeschehen debattierte. »Heil Hitler«, salutierte daraufhin dröhnend
der untersetzte Mann mit dem Hitler-Schnauzbart – und zwar
zackig mit Hitlergruß. »Das is auch eine von denen, die den Arm
nich hoch kriegen können«, gab er für Hanna hörbar seinen Kameraden zu verstehen.

Ja, es wehte ein neuer Wind im Dorf. Immer mehr junge
Männer bekamen jetzt ihre Einberufung. Da durfte man nicht
mehr laut am Sinn des Krieges zweifeln, sonst wäre man ja den
»tapferen Helden«, die für das Vaterland den Kopf hinhielten,
in den Rücken gefallen.

Hannas Heimat konnte ihr keine Armee der Welt zurücker-
obern. Der Schutzraum, den ihre Familie ihr gegeben hatte, war
ihr ein für alle Mal abhanden gekommen. Da gab es kein Zurück. In ihr Elternhaus waren andere eingezogen. Oh, da ging es
lustig zu. Drei Schwestern zwischen siebzehn und einundzwan-
zig Jahren wohnten jetzt mit ihren Eltern im Hasenberghaus:
Wilma, Ida und Hilda. Die beiden älteren waren schon in Stellung, während Wilma noch zur Haushaltungsschule ging. Die
drei ließen keinen Tanz aus. Streng wachte aber ihre Mutter darüber, dass sie sich bloß nicht mit Männern einließen. War ja
noch viel zu früh, sollten erst mal für eine vernünftige Aussteuer sorgen, sollten spinnen, weben, stricken, sticken – wie es sich
für junge Mädchen gehörte. Doch in der zweiten Aprilwoche des
Jahres 1940 geschah dann, worüber in Eggersen noch fünfzig
Jahre später gekichert werden sollte. Nur einen einzigen Abend
lang hatten die Eltern ihre »Heilige Dreifaltigkeit« allein gelassen. Sie waren zu einem Geburtstag eingeladen. Ein prächtiger
Frühlingstag war das, sonnig, aber noch nicht warm. Die kräftige Luft war geschwängert von Jauchedüften, die allenthalben
von den Äckern aufstiegen. Lerchen zwitscherten unsichtbar unterm Himmel, der Kuckuck rief. Natürlich hatten die unterneh-

mungslustigen Schwestern vorgesorgt, um die sturmfreie Bude zu nutzen. Was genau im Haus am Hasenberg geschah, wurde dem Dorf natürlich nicht bekannt. Doch fünf Monate später ließen sich die Folgen nicht mehr länger verbergen. Die Bäuche von Wilma, Ida und Hilda wölbten sich. Unübersehbar. Und nur den beiden ältesten Töchtern gelang es, die Väter ihrer noch ungeborenen Kinder mittels Verlobung an sich zu binden. Wilma, die gerade achtzehn geworden war, blickte der Niederkunft mit ihren treuherzigen, oftmals verweinten Augen unbemannt entgegen. Und so zeitgleich, wie sich der Liebesakt ereignet hatte, kam auch der Tag der Entbindung auf die Schwestern zu. Binnen einer Woche spürten alle drei den ziehenden Schmerz der Wehen. Und eine nach der anderen machte sich auf ins Walsroder Kreiskrankenhaus. »Sie gingen zu dritt, und sie waren sieben, als sie zurückkehrten«, spötteln die Leute später im Dorf. Denn Hilda hatte gleich zwei gesunden Knaben das Leben geschenkt. So wurde es in den nächsten Wochen sehr eng im Haus am Hasenberg. Und das Gebrüll der Neugeborenen schallte weit aus den geöffneten Fenstern, bis die beiden älteren Schwestern schließlich Hochzeit hielten und zu ihren Männern zogen.

Auch Hanna lachte, als sie davon hörte. Doch sie erfuhr von dem Kindersegen in ihrem Elternhaus nur aus Erzählungen. Im Herbst 1940 nämlich hatte sie ihrem Heimatdorf schon den Rücken gekehrt. Auch im Pastorenhaus war es ihr nicht sehr gut gegangen. Immer schmerzlicher war es ihr angekommen, mit Kohl und Kartoffeln am Katzentisch abgespeist zu werden. Schließlich war sie ja nicht arm wie eine Kirchenmaus, besaß immer noch Haus und Hof und hatte beim Viehverkauf sogar ein bisschen auf die hohe Kante legen können. Aber das Geld rührte sie nicht an. Wer wusste denn, wie es noch weitergehen würde?

So waren die Tage trostlos ins Land gegangen. Und die scheppernden Siegesmeldungen von den Fronten vermochten Hanna nicht aus ihrer Bedrückung zu reißen. Auch Ostern trug sie noch ihr schwarzes Kleid. Vergeblich hatten ihre Freundinnen auf sie eingeredet, doch wieder zum Ostertanz zu kommen. Aber schließlich war es ja noch kein Jahr her, dass ihre Mutter sich aufgehängt hatte. Darüber kam sie immer noch nicht hinweg. Zorn mischte sich in ihre Trauer. Und als sie auf dem Friedhof Stiefmütterchen pflanzte, musste sie sich zwingen, das Grab ihrer Mutter mit der gleichen Sorgfalt zu pflegen wie das ihres Vaters. Ja, das stand für sie fest, wie schwer es ihr auch immer werden sollte, so würde sie sich nie aus dem Leben stehlen. So nicht. Das Leben musste weitergehen. Aber wie? In Eggersen sah sie keine Zukunft mehr. Zu düster lasteten die Schatten der Vergangenheit auf allem.

So war sie recht froh, als Schröders Mutter erzählte, Maurermeister Buchtemann im Nachbardorf suche ein Hausmädchen. »Sollst mal sehen, Hanna, da kommste bestimmt auf andere Gedanken«, redete die mütterliche Freundin auf sie ein. »Da is auch noch 'n junger Kerl im Haus, Ernst, der Jüngste von Buchtemanns Kindern. Das is 'n Filou, kann ich dir sagen. Hanna, da musste aufpassen. Aber der is wirklich tüchtig, hat 'n guten Posten bei der Eisenbahn. Das sollteste dir man mal überlegen. Du kannst ja nich ewig allein bleiben.« Hanna ließ den Redestrom ins Leere laufen. »Was soll ich mit 'nem Mann«, entgegnete sie, »ich hab genug mit mir selbst zu tun.« Dennoch konnte sie sich dem Vorstoß nicht ganz verschließen. Obwohl sie es sich nicht eingestehen wollte, belebte das Gerede von diesem Ernst Gefühle in ihr, von denen sie schon gemeint hatte, sie seien längst abgestorben – zarte Gefühle, die ihr die Röte in die Wangen trieben und Erinnerungen aufwühlten, mochte sie noch so sehr dagegen ankämpfen. So radelte sie denn gleich am nächsten Tag nach Hohenbostel und stellte sich vor. Und schon im nächsten Monat sollte sie anfangen.

Bei Maurermeister Buchtemann

Und wieder hatte Hanna ihre Koffer gepackt, um sich in den Dienst anderer Leute zu begeben. Wieder war es eine kleine Hauswirtschaft, die sie zu versorgen hatte. Zwei Schweine, ein Dutzend Kaninchen und ein Haufen Hühner – das war schon der gesamte Viehbestand von Maurermeister Paul Buchtemann in Hohenbostel. Aber auch in Haus und Garten wartete noch genug Arbeit auf die Magd. Johanna Buchtemann, die Frau des Bauunternehmers, zog es vor, die feine Dame zu spielen, wenn nicht gerade Rechnungen zu schreiben waren. Auch wochentags stand sie morgens im Schlafzimmer lange vor dem Spiegel.

Buchtemanns Tochter war schon einige Jahre aus dem Haus. Als Frau eines Versicherungsangestellten lebte sie in Berlin – in geordneten Verhältnissen, wie ihre Eltern immer wieder befriedigt betonten. Doch das konnte sich schnell ändern. Denn der Schwiegersohn war gerade zum Militär einberufen worden. Johanna Buchtemann war daher in Sorge. Wer würde für die beiden kleinen Kinder aufkommen, wenn der Vater nun nicht heimkehrte? Schon jetzt, wo die junge Familie von dem bescheidenen Wehrsold leben musste, war es knapp für die »Berliner« geworden. Vom allgemeinen Mangel dieser Kriegswirtschaft mal ganz abgesehen. Und das Selbstgeschlachtete der Eltern in Hohenbostel war längst aufgezehrt. Mutter Buchtemann überwand sich daher und redete auf Hanna ein, ihr doch bitteschön die Mettwürste und Schinken zu überlassen, die noch in ihrem Hasenberghaus hingen. »Die werden doch bloß schlecht, wenn se da noch länger vor sich hin gammeln«, bohrte sie. »Du gehörst ja nun auch schon fast mit zur Familie.« Solchen Schmeicheleien konnte sich Hanna nicht entziehen, und so erklärte sie sich schnell bereit, das Geräucherte aus Eggersen abholen zu lassen. Sie selbst bekam kaum etwas davon zu essen. Und das lag nicht nur daran, dass der größte Teil nach Berlin geschickt wurde.

Auch der Familienanschluss war nur eine vage Aussicht. Als Bindeglied war der Sohn des Hauses ausersehen: Ernst, der Ende vergangenen Jahres eingezogen worden war. Seine Mutter sorgte sich um ihn. Zum Glück war es jetzt ruhig in Polen. Zum Glück hatte er seinen zweiten Heimaturlaub angekündigt.

Nach drei Monaten Trennung erwartete sie den Sohn an einem schwülen Augustwochenende des Jahres 1940 in Hohenbostel. Eine Woche sollte er bleiben. Hanna war gespannt, zwiespältige Gefühle bewegten sie. Unruhe spürte sie bei dem Gedanken, mit diesem Mann, den sie ja nur flüchtig kannte, so auf die Schnelle verkuppelt zu werden. Aber so war es gedacht. »Unser Ernst is 'n ganz feiner Junge, Hanna. Wär doch zu schön, wenn ihr euch einig werdet«, raunte Mutter Buchtemann ihr schon zu, als sie gerade erst ihre Stelle in Hohenbostel angetreten hatte. In rosigen Farben malte sie bereits die Zukunft der beiden aus: Auf dem Hasenberghof in Eggersen würden sie erst mal ein solides Auskommen haben, solange das Haus in Hohenbostel noch für den Maurerbetrieb gebraucht werde. Vielleicht würde Ernst ja dann auch von der Reichsbahn auf den Bahnhof in Eggersen versetzt werden. Hanna fand die Idee verlockend, vielleicht schon bald in ihr Haus zurückkehren zu können. Andererseits hatte sie mit Ernst bisher herzlich wenig im Sinn. Er war ihr einfach zu dumm mit seinen groben, wichtigtuerischen Sprüchen. Und dass er sich bei Schützenfesten nur betrank, anstatt zu tanzen, wollte ihr auch nicht behagen. Nicht ohne Grund wohl war er bisher abgeblitzt bei den Frauen. Nein, der Gedanke, nun als Notnagel herhalten zu müssen, missfiel ihr. Doch verderben wollte sie es sich mit ihrer Dienstherrin auch nicht. »Sei nett zu Ernst, der hat eine anstrengende Reise hinter sich«, hatte sie Hanna ermahnt.

Und dann steht er vor der Tür, genauer gesagt, er wankt vor der Tür. Der Heimkehrer ist sternhagelvoll. »Heil Hitler«, lallt Ernst. Taumelnd fällt der Urlauber mit den staubigen Knobelbechern und der feldgrauen Ausgehuniform seiner Mutter in die Arme und begibt sich sodann auf direktem Wege zu seinem Bett, in das er sich legt, ohne sich zu entkleiden. Viele Stunden hört man sein knarrendes Schnarchen im ganzen Haus.

Auch zum Frühstück am nächsten Morgen erscheint er nicht. »Hanna, bring Ernst doch 'n bisschen Brot und Kaffee aufs Zimmer«, ordnet seine Mutter an. Und Hanna türmt alles aufs Tablett und klopft artig bei dem Langschläfer an. »Herein, wenn's kein Schneider is«, brummelt Buchtemann junior. Ungeniert reckt und streckt sich der Mann mit dem struppigen Oberlippenbart im Bett, als Hanna die Kammer betritt. »Au Mann, so gut hab ich lange nich mehr gepennt«, poltert er los. »Und dann auch noch so 'ne hübsche Deern zum Frühstück, so sauber mit Dutt und Schürze. Das is doch was andres als diese polnischen Nutten.« Erschrocken stellt Hanna das Tablett auf den Nachttisch. Schweißgeruch strömt ihr entgegen. Der Mann widert sie an. Sie ist gerade schon im Begriff, die Kammer wieder zu verlassen, da packt Ernst sie am Arm und zieht sie mit einem Ruck zu sich aufs Bett. »Komm, meine Süße, hier isses warm«, nuschelt er gepresst. »Nee, nee, nee, das geht doch nich«, protestiert Hanna erschrocken. »Lass mich bloß los, du.« Doch Ernst reißt sie nur noch fester an sich. Hanna stemmt sich mit aller Macht gegen ihn und fleht: »Ich schrei, wenn du mich nich sofort loslässt, ich schrei.« Als er sie immer noch nicht freigibt, nimmt sie all ihren Mut zusammen und schlägt ihm hart ins Gesicht. Verdattert müht sich der Geschlagene, den Kopf vor weiteren Schlägen zu schützen, sodass es Hanna schafft, sich der Umklammerung zu entwinden und aus der Kammer zu flüchten. Nur mühsam gelingt es ihr, die Tränen zurückzuhalten. Sie kann ihre Scham nicht verbergen, als Ernsts Mutter ihr in den Weg tritt. »Wie siehst du denn aus?«, fragt die, als sie der verstörten Magd mit den zerzausten Haaren gewahr wird. »Ach nix«, antwortet Hanna nur und eilt schluchzend von dannen.

Fortan mied sie jede Begegnung mit Ernst. Bis zu seiner Abreise sprach sie kein Wort mehr mit ihm. Auch seine Mutter wagte es nicht, den Vorfall zu erwähnen. Unmissverständlich aber machte sie Hanna klar, dass sie ganz auf der Seite ihres Sohnes stand. Frostig, feindselig blickte sie ihre Magd seither an, und jede noch so unangenehme Arbeit war ihr recht, um Hanna zu schikanieren. Sie wusste genau, dass Hanna keinem Tier etwas zuleide tun konnte und war bisher rücksichtsvoll genug gewesen, die Hühner von ihrem Mann köpfen zu lassen. Rupfen musste natürlich Hanna das Federvieh. An einem Sonnabend Ende September aber erteilte sie ihr dann den Auftrag, ein Kaninchen zu schlachten – in einem so energischen Ton, dass es Hanna gar nicht in den Sinn kam zu widersprechen.

Bangen Herzens geht Hanna zu den Kaninchenställen. Schon der Blick in diese kleinen Drahtverhaue im Schuppen schnürt ihr die Kehle zu. Friedlich mummeln die pelzigen Langohren da vor sich hin. Schnell, schnell, bloß nicht länger grübeln, wird ja nich leichter, schießt es ihr durch den Kopf. Rasch sucht sie sich das fetteste Tier aus, öffnet den Käfig, greift das Kaninchen ins Nackenfell und hält Ausschau nach einem Schlagwerkzeug. Da hat doch immer dieser Knüppel gelegen. Wo ist bloß der Knüppel? Sie kann doch nicht den Forkenstiel nehmen. Das Kaninchen zappelt in ihrer Hand, an der eigenen Nackenhaut baumelnd. Ängstlich fiept das Tier. Hanna bekommt Mitleid, schließt das Kaninchen in ihre Arme. Wie warm, wie weich. Aber so kann es nicht weitergehen. Wo ist bloß der Knüppel? Egal. Sie erinnert sich, dass man Karnickel auch mit einem Handkantenschlag hinter die Ohren betäuben kann. Also los. Sie packt das Tier an den Hinterläufen, sodass der Kopf nach unten hängt, schließt die Augen und holt aus zum Schlag. Sie spürt, wie ihre Hand hart auf den knorpligen Kaninchenschädel trifft. Doch das Tier strampelt weiter, fiept lauter als zuvor. In diesem Moment öffnet sich die Schuppentür. Maurermeister Buchtemann tritt ein. »Na, Hanna, das wird wohl so nix«, sagt er in freundlichem Ton. »Dann gib mal her.« Beschämt reicht Hanna das zappelnde Tier weiter und stürzt wie benommen aus dem Schuppen.

Was sollte nur werden? Was war das für ein Leben? Das Kaninchen hatte es gut. Das war erlöst von diesem Jammer. »Warum bin ich nich da, wo Vater is?«, wisperte Hanna in ihrer Verzweiflung. »Was soll ich hier noch? Was soll ich hier bloß noch?« Tränen schossen ihr in die Augen. Sie musste an ihre Mutter denken. Hatte sie ihr vielleicht doch Unrecht getan mit den vielen stummen Anklagen und Vorwürfen? Leicht war es ihr sicher nicht gefallen, mit dem Strick auf den Boden zu steigen und … Aber nein, die hatte ja nur an sich gedacht, hatte vielleicht nur noch an sich denken können. Für sie selbst dagegen war es eigentlich sehr viel leichter: Da war doch überhaupt niemand, den sie zurückließ. Kein einziger Mensch, der sie brauchte. Hin und her gingen ihr die Gedanken. Nun stand ihr wieder das schreckliche Bild dieses Juniabends vor Augen. Nein, nein, das war doch nicht recht, dem lieben Gott ins Handwerk zu pfuschen. Vielleicht würde der sie ja auch bald so zu sich holen. Diese Herzstiche, die sie in den vergangenen Monaten immer verspürt hatte. Waren das vielleicht Vorzeichen der ersehnten Erlösung durch einen gnädigen Gott? »Arme Deern.« Der alte Buchtemann war hinter sie getreten und hatte seine Hand auf ihre Schulter gelegt. »Das brauchst du nich wieder zu machen, ich will schimpfen mit meiner Frau.« Unter dem väterlichen Zuspruch verlor Hanna die Beherrschung. »Ick kann nich mehr, ick kann nich mehr«, wimmerte sie. »Schlaf dich man erst mal tüchtig aus, morgen sieht die Welt all wedder ganz anners ut«, tröstete der Maurermeister die Magd.

Hanna folgte dem Rat, noch bevor es dunkel war. Schlafen,

schlafen. Am besten nie mehr aufwachen. Wilde Träume wühlten sie auf in dieser Nacht. Ein riesiger Hund kam auf sie zugestürzt. Seine Augen leuchteten wie Feuer, aus seinem Maul tropfte Blut. Hanna war nackt, wollte weglaufen, aber sie kam einfach nicht von der Stelle. Da merkte sie, dass sie im Keller saß. Auf einer Truhe hockte ihre Mutter, strickend und lachend. »Brauchst keine Angst zu haben, keine Angst, Hanna«, rief sie ihr zu. »Ich will dir schon helfen.« Sie wollte ihr die Hand reichen, da ging der Hund auf ihre Mutter los, biss ihr in die Brust. Die aber lachte immer weiter. Laut schallte dieses verrückte Lachen durch den Keller. In einem anderen Traum flog Hanna über den Hasenberg. »Schirm-Heinrich« kam gerade angeradelt, Milcheimer schepperten an seinem Fahrradlenker. Die Milch dampfte. Hinterm Haus pflügte Hannas Vater mit dem Schimmel das Feld. Hanna winkte von oben, aber niemand sah sie. Ganz leicht war es, zu fliegen, so leicht.

Am nächsten Tag hatte Hanna frei. Ein schöner Septembermorgen. Schon früh hatten sich die Nebelschleier unter den warmen Sonnenstrahlen gelichtet. Hanna fuhr zum Sonntagsgottesdienst nach Eggersen. Zum Mittagessen war sie bei Schröders eingeladen, zum Kaffee bei Ravens, den früheren Nachbarn, die einen kleinen Hof im Windschatten der Kirche bewirtschafteten. Hanna genoss es, endlich wieder in heimatlicher Umgebung zu sein. Die altvertrauten Kirchenlieder gaben ihr Trost. Ohne ins Gesangbuch zu blicken, sang sie alle Strophen mit – so laut und kraftvoll, als wollte sie die inneren Sorgenstimmen übertönen. Ein Hahn krähte, als sie auf Schröders Hof kam. Tiefer Frieden schien über dem kleinen Gehöft mit den leuchtenden Astern und Dahlien zu liegen. Tiefer Frieden lag über dem ganzen Dorf. Der Krieg mit seinen Wehrmachtsberichten über Siege, Luftschlachten und Feindbewegungen schien in weiter Ferne zu liegen, weit weg.

Hanna fühlte sich geborgen am Mittagstisch der Familie. Schröders Vater war zu alt, um noch einmal in den Krieg zu ziehen. Er hatte auch genug davon. Die Schützengräben von Verdun lagen hinter ihm wie die Schatten eines Albtraums. Nein, in diesem Haus wollte man nichts wissen von Krieg. Es gab ja schließlich genügend andere Dinge zu besprechen. Lisa erzählte von der Schule, von einem schönen Ausflug mit dem Bund Deutscher Mädel zum Wilseder Berg – wie sie kilometerweit marschiert, geschwitzt und ein Lied nach dem anderen geträllert hatten. Mit ihren blonden Zöpfen sah die Bauerstochter genauso aus wie die deutschen Mädchen in den illustrierten Heimatblättern. Doch die Begriffe »Rasse« oder »Nation« waren für sie ohne Bedeutung. Sie wollte einfach nur ihren Spaß, und sie stöhnte über die schwere Arbeit, die ihre Eltern ihr im Garten oder auf dem Feld zumuteten. Hanna konnte plötzlich wieder lachen, als sich ihre junge Freundin darüber beklagte, dass sie schon wieder mit zum »Kartoffelauskriegen« musste, anstatt mit den anderen Völkerball zu spielen. Von ihren Erlebnissen in Hohenbostel erzählte Hanna nicht von sich aus. »Wird's denn nun was mit Ernst?«, fragte Schröders Mutter arglos schmunzelnd. »Der is ja gar nich da«, antwortete Hanna knapp. Ihr Blick wurde ernst, und einen kurzen Moment lang schloss sie selbstverloren die Augen. Doch schon im nächsten Augenblick hatte sie sich wieder in der Gewalt, entschlossen, sich diesen schönen Sonntag von den Sorgen der vergangenen Tage nicht verderben zu lassen. Sie gab sich einen Ruck, um ihren Blick auf ein weniger trübsinniges Menschenkind zu lenken. »Hast du denn auch schon einen Freund?«, fragte sie Lisa. »Pfff«, antwortete die kokett. »Die Jungs sind doch alle verrückt. Die spielen doch bloß noch Krieg.«

Und so ging die Mittagszeit mit Geplauder und bemühter Heiterkeit dahin. Danach legte sich Hanna eine halbe Stunde aufs Sofa, um ausgeruht zum Geburtstagskaffee zu Ida Ravens zu gehen. Sie genoss den kurzen Spaziergang zu den früheren Nachbarn. Ein laues Lüftchen ließ die Eichenblätter rascheln, gelbes Birkenlaub wirbelte übers Kopfsteinpflaster. Kein Auto rumpelte über die Landstraße. Nur wenigen Menschen begegnete sie, und die grüßten Hanna schon von weitem und fragten nach ihrem Befinden. Die junge Frau mit den klackernden Lackschuhen fühlte sich gestärkt von solcher Freundlichkeit. Seit mehr als einem Jahr trug sie erstmals wieder ihre dunkelrote Bluse zum grauen Rock. Erstmals nach langer, langer Zeit hatte sie ihre Trauerkleidung abgelegt. Ohne darüber nachzudenken, hatte sie am Morgen nach den Sachen gegriffen, die so lange im hintersten Winkel des Kleiderschranks gelegen hatten. »Siehst gut aus, Hanna«, rief ihr eine alte Bekannte über den Gartenzaun zu. Es war ihr, als sei sie nach langer Reise nach Hause zurückgekehrt. Nach Hause? Nein, das war wohl doch übertrieben. In ihrem Haus wohnten ja jetzt andere. Wehmut trübte ihre Sonntagsstimmung, als sie mit den Augen den Weg zum Hasenberg entlangwanderte.

An der Kaffeetafel wurde ihr wieder wohler. Ein Kuchen reihte sich auf dem weiß gedeckten Tisch an den anderen. Erdbeerboden, Sahnetorte, Frankfurter Kranz, Mandelkuchen – nein, von Mangel war hier nichts zu spüren. Der Bohnenkaffee duftete. Richtiger Bohnenkaffee. Und so viele Leute, die sie lange nicht gesehen hatte. Wie groß die Kinder geworden waren! Auch aus dem Nachbarort Moordorf hatten sich Verwandte auf den Weg gemacht. Die Geschwister von Ida Ravens: Emmy, Lore, Dora und Fritz – alles Kinder der Bauernfamilie Frenzen. Sie schüttelten ihr freundlich die Hand. Wie schön, wieder einmal dazuzugehören und nicht die Dienstmagd spielen zu müssen. Hanna labte sich an den süßen Kuchen, schlürfte genussvoll den heißen Kaffee. Ja, das war was anderes als dieser fade Muckefuck. Doch trotz Kaffee und Kuchen wollte sich keine heitere Geburtstagsstimmung einstellen.

Nach einer kurzen Nachbetrachtung der zurückliegenden Kornernte kam das Gespräch auf Karl, den jüngsten Bruder der Geschwister, der gleichzeitig mit Hanna Knecht bei Kaufmann Cohrs gewesen war und sich damals beim Schlachten so keck hervorgetan hatte. Genauso keck war er in den Krieg gezogen. Gleich zu Beginn war er mit seiner Einheit in den Osten abkommandiert worden. Gerade hatte er einen Feldpostbrief aus der Slowakei geschrieben. »Alles bestens hier, braucht Euch keine Sorgen zu machen. Sind bald wieder zurück in der Heimat«, hatte er geschrieben. Aber sie machten sich trotzdem Sorgen – allem Propagandagetrommel zum Trotz. Denn genauso hatten die Leute auch gejubelt und geschrien, als sie damals für den Kaiser gegen Frankreich losmarschiert waren. Auch Heinrich, der Älteste der Frenzen-Geschwister, war in den Krieg gezogen. Am Ende hatten sie die traurige Nachricht erhalten, dass er gefallen war, »im heldenhaften Kampf für das deutsche Vaterland«.

Alle hatten Angst. Emmy bangte um den Vater ihrer kleinen Tochter. Doch ihre Gefühle für diesen Mann, mit dem sie sich einmal verlobt hatte, waren getrübt. Als sie 1938 plötzlich schwanger geworden war, hatte sich die Liebe jäh abgekühlt. Am liebsten hätte sie diesen Georg gleich geheiratet, um ihr Kind in geordneten Verhältnissen groß werden zu lassen. Aber davon wollte dieser Georg nichts wissen. Am Ende hatte er gar behauptet, das Kind sei vielleicht gar nicht von ihm. »Das ganze Dorf weiß doch, was für 'n Flittchen du bist«, hatte er ihr entgegengeschleudert. Eine schlimme Geschichte. Aber trotz allem konnte es Emmy doch nicht egal sein, ob ihre Tochter Susanne einen Vater hatte oder nicht. Denn die Ähnlichkeit zwischen Vater und Tochter war nicht zu verleugnen. Und schließlich hatte Georg dem Kind auch etwas zu Weihnachten und zum Geburtstag geschenkt. Auch Unterhalt hatte er zahlen wollen. Bei seinem letzten Heimaturlaub war er sogar wieder richtig nett zu Emmy gewesen. Ach, sie fühlte sich hin- und hergerissen.

Auf Rosen gebettet war auch Schwester Lore nicht. Die hatte einen Rheinländer geheiratet, der über den Reichsarbeitsdienst nach Moordorf gekommen war – ein Luftikus, wie sich bald herausstellte. Oft ließ dieser Alfons seine Frau mit der kleinen Tochter allein, um sich in der Wirtschaft zu amüsieren – manchmal auch mit anderen Frauen, wie die Leute erzählten. Und er wurde auch dadurch nicht häuslicher, dass nun schon das zweite Kind unterwegs war. Zudem musste Lore damit rechnen, dass er eingezogen wurde.

Da hatte es Schwester Dora leichter. Die war verheiratet mit einem der größten Bauern in Moordorf. Und ihr Mann musste schon wegen seines Alters, er war bereits Mitte vierzig, nicht mehr mit dem Gestellungsbefehl rechnen. Den hatte allerdings der Junior gerade bekommen, Sohn Siegfried. Nach Serbien sollte er in den nächsten Monaten geschickt werden. »Er is ja man erst gerade achtzehn, der arme Junge, is ja noch nie von zu Hause weg gewesen«, seufzte seine Mutter am Kaffeetisch.

Bedrückt blickte auch Fritz drein, der als einziger Mann auf dem Hof geblieben war. Bisher hatte ihn seine Unabkömmlichkeit als Bauer vor einem Kriegseinsatz bewahrt. Aber wie lange noch? Schweigend saugte der schlanke, mittelgroße Mann in der dunkelgrünen Ausgehjoppe an seinem Zigarrenstummel und paffte blaue Rauchwolken in die gute Stube. Immer wenn er sich in Gesellschaft begab, steckte er sich diese billigen Zigarren an. Nein, er war nicht süchtig danach, nur verlegen. Ein komischer Kauz. Meistens schlecht gekleidet, immer etwas tollpatschig, aber nicht ohne Witz. Sein trockener Humor, seine bisweilen bissigen Scherze bescherten ihm gewisse Lacherfolge. Doch er war nie ganz sicher, ob die Leute über ihn oder über seine Witze lachten. So beteiligte er sich nicht oft an munteren Runden. Nur selten war er auf Festen zu sehen. Ein schlechter Tänzer. Hanna erinnerte sich noch gut, wie er ihr immer wieder auf die Füße getreten war. Aber sie hatte ihn irgendwie gern. Er hatte so einen verträumten Blick und war immer höflich zu ihr gewesen. Nie hatte man ihn in Begleitung einer Frau gesehen. Dabei war er schon vierunddreißig. Nach dem frühen Tod seiner Eltern war es ihm anfangs nicht leicht gefallen, den Hof zu führen. Ihm fehlte jedes Organisationstalent. Doch glücklicherweise stand ihm Schwester Emmy zur Seite. Nur Frauen bildeten derzeit seine Gesellschaft auf dem Hof. Alle körperlich schweren Arbeiten blieben an ihm hängen, seitdem sein Bruder Karl eingezogen worden war.

»Wer hat denn jetzt dein Stück hinterm Feldgraben gepachtet?«, fragte er Hanna, während die Asche seiner Zigarre über die weiße Tischdecke rieselte. Überrascht von der Frage, fühlte die Angesprochene, wie ihr die Röte in die Wangen stieg. Aber sie war dankbar, ein wenig erzählen zu können von ihren Verhältnissen – dem traurigen Zustand ihrer verpachteten Felder, dem tollen Treiben im vermieteten Hasenberghaus, von ihrer Zeit als Magd bei Kaufmann und Pastor. Sie wunderte sich über sich selbst, plötzlich wieder so plaudern zu können. Und die anderen hörten gern zu – dankbar, von den eigenen Nöten abgelenkt zu werden. »Und wie geht's dir in Hohenbostel?«, setzte Fritz nach. »Ach, muss ja«, antwortete Hanna. »Sind schon recht, die Leute da. Hab nichts auszustehen.« Ihrem ernsten Blick war zu entnehmen, dass sie keine weiteren Nachfragen wünschte. Und das Geplauder wandte sich anderen Themen zu und kreiste bald wieder um den Krieg. Schließlich hatte man es doch geschafft, die Sorgen kleinzureden. »Sollt mal sehen, bald wehen unsere Fahnen auch in England«, verabschiedete Ravens' Vater die Runde. Der früh gealterte Mann saß seit seinem Reitunfall im Rollstuhl.

Beim Weggehen ermutigten die Schwestern aus Moordorf Hanna, sie zu besuchen. Im November habe Fritz Geburtstag. Das wäre doch eine gute Gelegenheit. »Woll'n mal sehen«, antwortete Hanna. »Is ja noch lange hin, da kann viel passieren in dieser verrückten Zeit.« Am liebsten hätte sie gleich zugesagt. Denn diesen Fritz, den mochte sie leiden. Das war kein Gernegroß, kein Wichtigtuer. Der war genauso unsicher wie sie selbst. Ja, ein komischer Kerl war das, sie musste lachen über ihn. Natürlich nicht laut.

Trotzdem sollte sie ihn wieder aus den Augen verlieren. Sie erhielt keine Einladung zum Geburtstag und dachte nur noch selten an den Bauern aus Moordorf. Sie hatte ja auch in Hohenbostel so viel zu tun, dass sie gar nicht mehr zum Nachdenken kam. Allmählich gewöhnte sie sich an die eisige Art, in der Mutter Buchtemann ihr seit dem Zusammenstoß mit Ernst begegnete. Sie wurde gleichmütiger, und ihr väterlicher Dienstherr machte auch manches wieder gut, steckte ihr Kekse zu und lobte ihre akkurate Arbeit. Außerdem hatte sie ja noch ihre Verbündeten in Eggersen, bei denen sie ihre freien Stunden verbrachte. Und so gingen Herbst und Winter ins Land, grau und trüb waren diese Tage mit nasskaltem Westwind. »Die Arbeit nimmt kein Ende«, schrieb sie in ihr Tagebuch. »Aber das ist auch gut so. Je mehr Zeit man hat, desto mehr kommt man ins Grübeln.«

Unterdessen marschierten die deutschen Soldaten in alle Himmelsrichtungen. Polen, Belgien, Frankreich, Dänemark und Norwegen waren schon erobert. England stand unter Beschuss und Italien an der Seite Deutschlands. Balkan, Nordafrika, vom Polarkreis bis zur Sahara – von immer neuen Kriegsschauplätzen tönten die Siegesfanfaren, und immer weniger Männer sah Hanna im Dorf. Die Geschäfte ihres Dienstherrn gingen schlecht. Noch wenige Wochen zuvor hätte der Maurermeister Tag und Nacht arbeiten können. Als äußerst kriegswichtig war der Bau eines Munitionsdepots eingestuft worden, an dem Maurermeister Buchtemann beteiligt gewesen war. Aber nun kamen immer mehr Kriegsgefangene ins Dorf, denen man für ihre Arbeit nichts zahlen musste. Die Aufträge gerieten ins Stocken. Und Buchtemann hatte auch nicht die besten Beziehungen. Er war zwar schon vor 1933 in die Partei eingetreten, hatte sich aber immer für die SA stark gemacht. 1934 hatte er im Hannöverschen in der vordersten Front der Sturmabteilung gestanden. Um ein Haar wäre ihm das gleiche Schicksal widerfahren wie seinem alten Kampfgefährten Ernst Röhm. Nach dessen Erschießung galt einer wie Buchtemann bei den Parteigenossen als unzuverlässig, und zunehmend verbittert musste der Maurermeister feststellen, wie so mancher Auftrag an ihm vorbeilief, was ihn gerade jetzt besonders schmerzlich traf. Buchtemann kam einfach nicht in Frage für die einträglichen Geheimprojekte, die überall in der Heide anliefen. Er verfluchte sich in manch schlafloser Nacht selbst, so geschäftsschädigend aufs falsche Pferd gesetzt zu haben. Dabei hatte er ja eigentlich gar nichts gegen die Hitler-Leute. Aber zu spät. Zu spät. Der Zug war abgefahren. Es blieb dem Maurermeister nichts anderes übrig, als sich mit dem Bunkerbau für Privatleute über Wasser zu halten. Doch nur wenige konnten sich so eine massive Festung im Garten leisten.

Buchtemanns Einnahmen flossen spärlicher. Mochte seine Frau auch klagen: Für eine Magd war nun kein Geld mehr in der Kasse. Glücklicherweise konnte er Hanna gleich eine neue Stelle vermitteln. Im Hotel zur Post in Ahlden wurde eine Hilfskraft für Küche und Stall gesucht. Und Hanna fiel es nicht schwer, ihren Abschied zu nehmen. Sie war zwar nicht gerade begierig darauf, sich schon wieder auf neue Leute einzustellen, aber es half ja nichts. Sie musste weiterziehen. »Hier habe ich ja nichts zu verlieren, und auf die Dauer ist es ja auch wirklich nicht schön, immer mit einem Menschen unter einem Dach zu leben, um den man am liebsten einen großen Bogen machen möchte«, schrieb sie in ihr schwarzes Heft. »Der liebe Gott wird mich schon beschützen. Befiehl du deine Wege und was dein Herze kränkt, der allertreusten Pflege des, der den Himmel lenkt.«

Die Prinzessin von Ahlden

Liebeswerben auf dem Schlossdach. Ein Storch reckt den Hals und klappert mit dem roten Schnabel, dass es weit in die Aller-niederung schallt. Bis ins Dorf hinein ist der Klapperstorch zu hören. Doch das Geklapper richtet sich natürlich nicht an die Menschen, sondern an einen Artgenossen. Scheinbar unbeeindruckt aber zieht der Umworbene weiter seine Kreise unter dem blauen Maienhimmel. Dabei ist das Nest schon fast fertig. Und Futter gibt es auch genug. Wollüstig quaken die Frösche. Zwischen Krebsschere und Seerose herrscht Hochbetrieb in der Alten Leine. Nur ein laues Lüftchen kräuselt die Wellen. Vorbei die Zeiten, als das Wasser noch richtig strömte. Im siebzehnten Jahrhundert hat die Aller den Flusslauf links liegen lassen und ihr Bett gewechselt.

Immer noch erhebt sich über dem Altwasser ein Fachwerk-schlösschen, in dem einst eine Frau wohnte, die auch ihr Bett gewechselt hat: die Prinzessin von Ahlden. Dass die roten Ziegelmauern die unglückliche Ehebrecherin eingeschlossen haben, ist schon fast so lange her wie der Bettwechsel der Aller.

Im Mai 1941 hätten wir ein Amtsgericht unterm Schlossdach am Dorfrand vorgefunden. Kleinere Fachwerkhäuser schlossen sich an. Kaufmann, Apotheker, Schuster, Schmied und Schlachter gaben sich in ihren rot geklinkerten Fachwerkpalästen die Ehre zwischen den Höfen der Großbauern – verbunden durch holpriges Kopfsteinpflaster. Und mittendrin das Hotel zur Post, Hannas neuer Arbeitsplatz. Es war eine gute Adresse. Gaststube, Clubzimmer, Saal und Kegelbahn, es fehlte an nichts. Hoch im Kurs stand die feine Küche. Ganz von Hannover kamen die Gäste angereist. Zwei, drei Nächte blieben sie oft. Man musste vorbestellen, um sich einen der Plätze zu sichern. Tische mit weißen Decken und Servietten. Messer und Gabel blank poliert. Hannas Welt war nicht ganz so vornehm. Ihr war das Vieh zugewiesen. Dreimal am Tag hatte sie die beiden Kühe zu melken. Jetzt im Mai waren die Schwarzbunten natürlich auf der Weide.

Hanna genoss es, im frühen Schein der Morgensonne ganz allein auf weiter Flur ihrer Arbeit nachzugehen. Sie empfand so etwas wie Glück, freute sich über das schöne Vogelkonzert, das sich aus den Hecken wie zu ihren Ehren erhob.

Und sie selbst spielt ja mit in diesem Konzert. Die Melkerin gibt den Takt an. Das Zischen des Milchstrahls, der sich gleichmäßig in den Eimer ergießt, mischt sich mit dem Jubilieren der unsichtbaren Lerchen und der Litanei des Kuckucks. »Geh aus, mein Herz, und suche Freud in dieser lieben Sommerzeit«, summt Hanna.

Sie fühlte sich wie befreit auf dieser Kuhweide. Eng und miefig war es dagegen im Stall, wo sich drei Schweine an den Küchenabfällen des Gasthauses labten. Die Ausdünstungen der Ställe zogen bis in Hannas kleine Dachkammer im zweiten Stock. Bett, Waschtisch und Kleiderschrank, damit war der kleine Raum auch schon ausgefüllt. Ähnlich sah es bei den beiden Lehrmädchen aus, die ebenfalls im zweiten Stock über den Zimmern der Hotelgäste untergebracht waren. Kochen und Hauswirtschaft sollten sie bei Pohlmanns Lene lernen. Sie lernten viel. Mit eiserner Hand führte die Witwe ihr Hotel, über dem immer noch der Name ihres längst verstorbenen Mannes Heinrich stand. Eleganz und Vornehmheit schätzte Lene über alles. Und es kam schon mal vor, dass sie bei einfacheren Leuten das weiße Tischtuch abzog, bevor sie Platz nahmen und die Speisekarte studieren konnten. Klein und zart war die Wirtsfrau, die man immer nur mit ihrem weißen Häubchen sah. Aber ihre Augen waren überall, und sie ließ ihren Lehrmädchen nichts durchgehen. Hanna hatte sich durch Fleiß und Akkuratesse schnell die Achtung der Chefin erworben. Und schon bald schätzte »Tante Lene« ihre Hilfe auch in der Gaststube. Immer öfter musste Hanna sich nun ihre weiße Schürze umbinden und Bier und Korn ausschenken oder eine Tasse Brühe heiß machen. Die Gäste mochten sie, unterhielten sich gern mit ihr. Die meisten kannten sie ja von früher. Mit manchen der Bauern hatte sie schon bei Schützenfest und Erntebier getanzt, gescherzt und geschunkelt. Die erinnerten sich noch gut daran, wie ausgelassen sie immer gewesen war, bevor sie Haus und Hof verlassen hatte. Sie war ja eine von ihnen.

In Ahlden traf sie manchen alten Bekannten wieder. Auch Willi kehrte gelegentlich bei ihr ein – ihr Willi, der als Dorfpolizist seinen Dienst in Ahlden versah und darum von der Einberufung verschont geblieben war. Hanna wurde immer noch rot, wenn sie ihm sein Bier auf den Tisch stellte. Er hatte geheiratet und einen kleinen Sohn, doch seine Jugendliebe war ihm nicht gleichgültig geworden. »Setz dich doch 'n bisschen hin«, ermutigte er Hanna immer. Und dann erzählte er gern, wie schwierig alles für ihn geworden war als einfachen Polizisten. Die alten Gesetze zählten nicht mehr. Von überall her kamen jetzt die Anordnungen und Sonderregelungen – Partei und SS, Gestapo und Sicherheitsdienst, dicht und verwirrend war das Gestrüpp der Vorschriften und Paragraphen. Da sollte sich noch einer zurechtfinden. Erst waren die Kriegsgefangenen aus Polen gekommen, dann aus Frankreich. Die arbeiteten jetzt ja mitten im Dorf. Da musste man natürlich aufpassen wie ein Schießhund. Keine leichte Aufgabe. Es gab Tage, an denen er an seinem Dienst zweifelte. Vor allem wenn er sah, wer da nun die Kommandos gab. Mit seiner Frau konnte er nicht darüber reden. »Du bringst uns noch alle ins Unglück mit deinem ewigen Genörgel«, pflegte die ihm entgegenzuhalten. Bei Hanna aber wusste er, dass er ein offenes Ohr für seine Sorgen fand. Ganz heiß wurde es ihr, wenn er beim Erzählen seine Hand auf die ihre legte.

Natürlich durfte sie das nicht zulassen. Schnell zog sie dann die Hand weg und versuchte, das Gespräch in unverfängliche Bahnen zu lenken. Willi war doch verheiratet.

Er war nicht der einzige gute Bekannte, den sie im Hotel zur Post wiedertraf. Zu den Stammgästen zählte auch Doktor Klawitter. Den alten Welfen mit dem hochgezwirbelten Kaiser-Wilhelm-Schnauzbart hatte Hanna schon gekannt, als sie noch ein junges Mädchen gewesen war. Er hatte sie als Hausarzt durch die schwere Zeit begleitet. Bei jedem Wetter war er mit seinem klapprigen Borgward nach Eggersen getuckert, als es ihrem Vater so schlecht ging. Große Umwege hatte er fahren müssen, als das Hochwasser den direkten Weg versperrte. Aber er war immer gekommen. Auch damals in dieser Juninacht, um den Tod ihrer Mutter zu bescheinigen. »Deine Mutter hat es jetzt hinter sich«, hatte er ihr gesagt. »Jetzt musst du auch mal an dich denken.« Irgendwie waren ihr diese Worte immer wieder im Kopf herumgespukt. »Jetzt mal an dich denken.« Ja, Hanna fühlte sich dem alten Mann verbunden, der sich die Familie seiner Tochter ins Haus geholt hatte, nachdem seine Frau gestorben war. Auch nach der Machtübernahme der Nationalsozialisten hatte er noch an allen Feiertagen die gelbweiße Welfenfahne aus dem Fenster gehängt – besonders an Tagen, die an die großen Schlachten der Hannoveraner erinnerten. An die Schmach bei Langensalza vor allem, seine alten Augen leuchteten, wenn er dieses Wort aussprach: »Langensalza«. Und nicht wenige aus dem Flecken hatten seine Partei gewählt, auch wenn sie über die gelbweißen »Schneepisser« lachten. Ja, vor Klawitter hatten sie Respekt. Anders als die meisten in Ahlden war der 1933 nicht mit fliegenden Fahnen zu den Nazis übergelaufen. Hanna rechnete ihm das hoch an. Und es imponierte ihr, dass der Doktor sich jetzt auch um die Kriegsgefangenen kümmerte.

Die Bauern hatten dafür nicht das geringste Verständnis. Hanna war oft dabei, wenn sie über den Doktor herzogen. Zum Beispiel an diesem regnerischen Sonntagabend im September

1941. »De sünd doch nich krank, he, he, he. De wöt bloß nich arbeiten. Alles Simulanten«, tönt Brinksetzer Dietrich und saugt großspurig an seiner Zigarre. Die Doppelkopfpartner pflichten ihm bei. »Faules Gesindel«, schimpft Bullen-Karl. »Erst wenn's ans Essen und Saufen geht, werden se wieder munter, is doch wahr.« – »Ich glaub, die ruhen sich tagsüber bloß aus, damit se nachts auf Diebestour gehen können«, mutmaßt der dicke Vollmeier Schröder. »Und damit se sich ausgeruht an unsere Frauen ranpirschen können«, setzt Brinksetzer Dietrich nach. »Pass bloß auf, Hanna.« – »Mir hat noch keiner was getan«, entgegnet Hanna, die in ihrer weißen Leinenschürze hinter der Theke steht und Gläser spült. Ihr ist es peinlich, in das Stammtischgerede einbezogen zu werden. Sie steht auf der Seite von Doktor Klawitter. Oft genug hat sie gesehen, wie diese ausgezehrten Gestalten über die Straße geschlurft sind. Nein, die sahen wirklich nicht besonders gesund aus. Aber sie will es sich nicht anmaßen, den Stammgästen zu widersprechen. So schweigt sie lieber. »Nu brauchst aber nich gleich rot zu werden, Hanna«, ruft ihr da einer der Bauern zu. »Schenk uns lieber noch einen ein.« – »Jawoll, 'n schönes deutsches Bier, blond und kühl wie unsre Frauen«, ulkt ein anderer.

In diesem Moment kommt Doktor Klawitter aus dem Regen zur Tür herein. »Na, alle Mann wieder in feuchtfröhlicher Runde vereint«, grüßt der stämmige alte Herr im durchgeweichten Staubmantel jovial. »Dann zapf mir man auch mal 'n Bier, Hanna. Ich glaub, das hab ich mir jetzt redlich verdient.« Keiner wagt es nun, das Gespräch fortzusetzen. »Noch so spät auf Patientenbesuch, Herr Dokter?«, fragt Vollmeier Schröder respektvoll nach. »Was soll man machen?«, entgegnet Klawitter. »Diese Quälgeister, die unsereinem das Leben versauern, die halten sich leider nicht an die Sprechstundenzeiten. Die kommen, wenn's ihnen gerade einfällt.« – »Das sagen Sie man«, wirft der rotwangige Dietrich ein, der jetzt ganz kleinlaut geworden ist. »Aber die Quälgeister, die der liebe Gott uns schickt, sind mir im Zweifelsfall immer noch lieber als die Quälgeister in Menschengestalt, die unsere Jungs in den Krieg jagen«, fährt Klawitter fort. »Gegen die hab ich leider keine Medizin.«

Das haben alle verstanden. Schweigend blicken sich die Bauern mit einem Ausdruck der Empörung an und schütteln die Köpfe. »Na, ich glaub, die brauchen Ihre Medizin nich, die sind auch so ganz kregel«, ermannt sich schließlich der dicke Schröder. »Solange wir unserm Führer und seinen Leuten nicht in den Rücken fallen, werden die dem Iwan schon zeigen, wo Bartel den Most holt.« Jetzt räuspert sich auch Brinksetzer Dietrich und fasst Mut zu einem offenen Wort. »Ja, ja, anstatt große Reden zu schwingen, sollten wir lieber die Heimatfront sauber halten. Zahlen, Hanna.« Die anderen schließen sich an und trotten nacheinander grummelnd aus der Gaststube. »Der olle Schneepisser«, zischt einer im Hinausgehen. »Dem werden se schon noch die Hammelbeine lang ziehen.«

Hanna ist froh, als sie endlich mit dem Doktor allein ist. »Na, das hat denen wohl nich gepasst, das mit den Quälgeistern, was? Dabei hab ich mich doch noch sehr vornehm ausgedrückt. Oder was meinst du, Hanna?« Die Angesprochene fühlt sich geehrt, von Klawitter ins Vertrauen gezogen zu werden. »Das war schon recht, Herr Doktor. Aber nehmen Se sich man ruhig bisschen mehr in Acht. Heutzutage weiß man nie, was einem passiert, wenn man den Mund aufmacht.« Nachdenklich blickt der alte Welfe in sein Bierglas. »Ach, Hanna, du bist 'ne gute Deern. Und wahrscheinlich hast du auch Recht mit deiner Mahnung. Aber is doch schlimm, dass es so weit gekommen ist. Ich glaub, wir haben viel zu lange die Klappe gehalten.«

Hanna war stolz, dass sie mit einem wie dem Doktor so reden konnte. Der war doch anders als diese Bauern. Begierig lauschte sie seinen Geschichten, die von der Gegenwart meistens weit entfernt waren. Fast alle kreisten um das hannöversche Königshaus. Klawitters Stimme bebte, wenn er erzählte, wie die Preußen den blinden Hannoveraner-König Georg V. entmachtet und ins Exil getrieben hatten. »Diese gemeine Bande.« Bald teilte auch Hanna seine Empörung über die Preußen.

Noch mehr allerdings wühlte sie die Geschichte der unglücklichen Prinzessin auf, die so lange im Ahldener Schloss gelebt hatte, in Gefangenschaft, wenn auch in einem goldenen Käfig. Achtundzwanzig Jahre, genauso alt wie sie jetzt, war diese Sophie Dorothea gewesen, als sie in die Heide verbannt worden war. Hanna konnte nicht verstehen, dass der eigene Vater die Tochter so hart und gnadenlos verstoßen hatte. Was hatte sie denn Böses getan? Immer wieder fragte sie Theodor Klawitter nach der traurigen Geschichte. Schließlich stand ihr die Prinzessin so lebendig vor Augen, als wäre sie ihre beste Freundin.

Das hatte ja nicht gut gehen können. Erst sechzehn Jahre alt war das arme Mädchen gewesen, als ihr Vater sie mit ihrem Cousin verkuppelt hatte. Von Zuneigung zwischen den beiden konnte keine Rede sein, von Liebe ganz zu schweigen. Nur hohe Politik hatte bei der Eheschließung eine Rolle gespielt. Klawitter hatte es Hanna so erklärt: Sophie Dorothea war die Tochter einer Französin aus niederem Adel und des Herzogs von Celle gewesen, ihr Bräutigam Georg Wilhelm der Sohn von dessen Bruder Ernst August, dem Herzog von Braunschweig und Lüneburg. Um ihre Staaten zusammenzuführen und damit mehr Gewicht im Spiel der Mächtigen zu gewinnen, hatten die Brüder beschlossen, ihre Kinder in eine Ehe zu zwingen. Ernst August hatte schon zuvor mit der Enkeltochter Maria Stuarts die Ringe gewechselt, und das nicht ohne Hintergedanken, denn damit war eine immerhin vage Aussicht auf die englische Thronfolge verbunden gewesen, und mit der Verheiratung seines Sohnes und seiner Nichte hoffte er, die Chancen weiter zu erhöhen. Erst Kurfürst von Hannover und dann dem Ältesten den Weg nach Britannien ebnen – eine begründete Hoffnung, wie sich später zeigen sollte. Das Eheglück des jungen Paares hatte dahinter zurückzustehen.

Nein, Sophie Dorothea wurde nicht glücklich am Hofe von

Hannover. Ihr Mann, ein frostiges, grobes Gemüt, verachtete seine Frau. Schon seine hochwohlgeborene Mutter hatte kein Hehl daraus gemacht, was von der Tochter einer Französin aus niederem Adel zu halten war. Der Sohn übernahm die Geringschätzung, teilte mit Sophie Dorothea nur das Ehebett, um zwei Kinder in die Welt zu setzen, vergnügte sich aber im Übrigen mit seinen Hofdamen. Und so holte sich seine Gemahlin die fehlende Herzenswärme bei einem anderen Mann. Sophie Dorothea hatte diesen Philipp Christoph Königsmarck schon als Kind in Celle kennen gelernt. Der junge Graf aus Stade, ein tapferer Krieger mit schwedischen Vorfahren, stand in jener Zeit als Offizier in hannoverschen Diensten. Dass ihm der Ruf eines Lebemannes vorauseilte, hinderte Sophie Dorothea nicht, seinem Werben nachzugeben. Endlich fand die Prinzessin, was ihr Mann ihr verweigerte: Achtung, Liebe und Zärtlichkeit. Sie müssen es toll getrieben haben. Die Liebesbriefe der beiden sind überliefert.

»Welche Freude, welches Vergnügen, welches Entzücken habe ich in Ihren Armen gefühlt – Gott, welche Nacht habe ich verbracht«, schreibt Königsmarck an die Prinzessin. Und Sophie Dorothea versichert dem Geliebten: »Ich habe Sie noch nie mit solcher Glut geliebt, wie ich es jetzt tue. Großer Gott, welche Wonne und welches Entzücken, immer bei Ihnen zu sein.« Sophie Dorothea leidet unter dem Versteckspiel. Inständig bittet sie ihren Vater, sich von ihrem Mann trennen zu dürfen, um Königsmarck heiraten zu können. Doch schroff weist der das Ansinnen zurück. Und dann, in einer Juninacht des Jahres 1694, geschieht das Schreckliche. Vier Kavaliere des hannöverschen Hofes überfallen Königsmarck nach einem Stelldichein im Leineschloss von Hannover und versetzen ihm einen tödlichen Stoß. Dafür werden sie fürstlich belohnt. Die schockierte Prinzessin hingegen wird in ihren Gemächern festgesetzt und des Ehebruchs bezichtigt. Die Liebesbriefe werden ihr zum Verhängnis. Schon drei Monate später verkündet ein Ehegericht die Scheidung. Alle Schuld hat Sophie Dorothea auf sich genommen, sich mit allem einverstanden erklärt. Bereitwillig lässt sie sich zur Ehebrecherin stempeln. Härter indessen trifft sie die Strafe, die Vater und Onkel über sie verhängen. Bis zu ihrem Tode soll sie fortan, streng getrennt von der fürstlichen Familie, in der Verbannung leben. Als Ort der Gefangenschaft wählen die Brüder das Amtshaus von Ahlden, ein nicht gerade fürstliches Fachwerkgemäuer am Rande der Allermarsch, weit abseits des höfischen Eebens. Vierundzwanzig Soldaten müssen dort auf sie aufpassen.

Hunger immerhin musste die Verbannte nicht leiden. Einige tausend Taler und ein kleiner Hofstaat mit drei Köchinnen, einem Konditor, einem Kellermeister und etlichen Dienstmädchen ermöglichten ihr eine standesgemäße Lebensführung. Und mit ihrer Kutsche durfte sie auch Ausflüge in die nähere Umgebung machen. In wildem Galopp, heißt es, sei sie durch die Allermarsch gerast. Ihre Kinder aber durfte sie nicht besuchen. Und die besuchten ihre Mutter auch nicht. Georg August war elf, seine Schwester Sophie Dorothea sieben, als die Prinzessin nach Ahlden geschickt wurde. »Dass die das alles so mitgemacht haben«, wandte Hanna immer wieder kopfschüttelnd ein. »Sie haben die Kinder wohl gegen die Mutter aufgehetzt«, mutmaßte Klawitter. Immerhin habe die Prinzessin hin und wieder Besuch von ihrer eigenen Mutter bekommen, der Herzogin Eleonore, die als Französin sowieso nie recht anerkannt am Hof der Hannoveraner gewesen sei. Erst am Ende seines Lebens habe wohl auch der Herzog von Celle danach verlangt, seine Tochter wiederzusehen, erzählte der Doktor. Doch dazu sei es nicht mehr gekommen. Der Tod habe den alten Herrn vorher geholt.

Trotz allem hatte Hanna irgendwie Mitleid mit diesem Vater, dem es nicht mehr vergönnt gewesen war, seinen Fehler wieder gutzumachen. Sie musste an ihren Vater denken. Nie hätte der sie ins Unglück gestürzt, nein, nie. Aber diese Adligen konnten wohl auch nicht immer so, wie sie wollten. Und vielleicht musste Sophie Dorothea ja auch den Preis dafür zahlen, dass ihre Kinder so hoch hinauskommen sollten. Der Junge war schließlich immerhin seinem Vater auf den englischen Thron nachgefolgt, als Georg II. Und die Tochter hatte doch wohl den Preußenkönig Friedrich I. geheiratet und war Königin von Preußen geworden. Und der Enkelsohn, den die Tochter ihrer Mutter bescherte, war ja als Friedrich der Große in die Geschichte eingegangen.

Sich das vorzustellen! Die Prinzessin sitzt hier zweiunddreißig Jahre in Ahlden, während Mann und Kinder sich in Glanz und Gloria sonnen. Hanna träumte von der Prinzessin. Nachts holte Sophie Dorothea sie mit ihrer goldenen Kutsche ab, sauste mit ihr durch Wälder und Felder zu einem großen, großen Schloss, in dem gerade ein Ball gegeben wurde. Und dann tanzte sie so wie früher. All die bekannten Jungs waren da unter den Prinzen und Prinzessinnen. Schirm-Heinrich tanzte mit aufgespanntem Regenschirm für sich allein, und Hanna drehte sich mit Willi – immer im Kreis, immer im Kreis, bis ihr ganz schwindlig wurde davon und sie zusammensackte und auf einmal merkte, dass sie nackt war und alle sie anstarrten.

Märchenprinzessinnen und verrückte Träume. Dabei war die Wirklichkeit doch schon verrückt genug. Jetzt waren die Deutschen auch noch in Russland einmarschiert. Auch die letzten der zurückgestellten Bauernsöhne mussten in den Krieg ziehen. »Wenn das man gut geht«, seufzte Hanna, als sich die Altbauern wieder mal zu ihrem sonntäglichen Doppelkopf in der Gaststube eingefunden hatten. »Wer A sagt, muss auch B sagen«, tönte Vollmeier Schröder. »Genau«, bekräftigte Bullen-Karl. »Wenn schon, denn schon.« Aber manches bräsige Bauerngesicht legte sich auch in Sorgenfalten, wenn die Rede auf den Krieg kam. Bürgermeister Bunje wurde neuerdings still, wenn die anderen die Siegesmeldungen aus den Wehrmachtsberichten austauschten. Seine beiden Söhne waren an der Ostfront. Wie hatte er noch alle Zweifler in Grund und Boden geredet, als die Nationalsozialisten die Macht übernommen hatten. Als einer der Ersten im Flecken war er von der Bauernpartei zu ihnen übergewechselt. Jetzt aber kam er ins Grübeln. Es ging doch um Leben und Tod. Noch keine einzige Feldpostkarte hatten sie gekriegt. Und die Kinder waren doch schon vor vier Wochen ausgerückt.

Immer neue Aufmarschpläne, immer neue Fronten. Die ganze Welt führt Krieg. Nur noch alte Männer kommen zum sonntäglichen Frühschoppen in die Gaststube von »Tante Lene«. Hin und wieder versammeln sich Parteigenossen oder SA-Leute im Clubzimmer, um über die Organisation der Heimatfront zu debattieren. Nur zu Beginn darf dann bedient werden. Während der Versammlung ist die Glastür geschlossen. Streng geheim. »Was die da wohl wieder ausbaldowern?«, fragt sich Hanna. Die meisten Hotelzimmer stehen unter der Woche leer, seitdem die Vertreter nicht mehr unterwegs sind. Nur noch wenige Pensionsgäste bevölkern die erste Etage. Die beiden jungen Referendare vom Amtsgericht, die bis vor kurzem dort wohnten, haben ihren Gestellungsbefehl bekommen. Nur der alte Gerichtsschreiber hat sein Zimmer behalten. Auch das Weihnachtskonzert im Saal, das bisher zu den herausragenden Ereignissen Ahldens zählte, ist dieses Jahr von höherer Stelle untersagt worden. Was hatten sich die Bauern immer fein gemacht in den früheren Jahren. In dicken, prächtigen Pelzmänteln waren sie mit ihren Kutschen vorgefahren, um nach dem festlichen Konzert mit Flöten und Geigen Walzer unterm Weihnachtsbaum zu tanzen. Doch jetzt war nicht die Zeit zum Feiern. Überall im Landkreis wurde nur noch für den Krieg geackert: Munition, neue Raketen, Uniformen und warme Socken mussten her. »Räder rollen für den Sieg.«

Das turbulente Weltgeschehen machte Hanna Angst. Am wohlsten fühlte sie sich noch bei ihren Besuchen in Eggersen. In vertrauter Runde erfuhr sie da, welche Spuren der Krieg in ihrem Dorf hinterlassen hatte. Die ersten Todesnachrichten trafen ein.

Mochte es draußen aber noch so wild zugehen, Pohlmanns Lene achtete darauf, dass in ihrem Hotel Ordnung herrschte. Ja, das Hitler-Bild hatte sie jetzt unter dem Druck der Verhältnisse auch in der Gaststube aufgehängt. Aber mit dem »Führer« konnte sie sich nicht anfreunden. Der war ihr zu laut und ungehobelt, einfach nicht fein genug. Außerdem verübelte sie es ihm, dass er ihr die besten Gäste genommen hatte. Die jüdischen Kaufleute, die aus Bremen und Hannover am Wochenende oft zum Essen gekommen waren. Was aus denen wohl geworden war? Feine Leute waren das gewesen.

Hanna war zur wichtigsten Verbündeten von »Tante Lene« geworden. Wie die Chefin trieb sie die Lehrmädchen zur Arbeit an und wachte darüber, dass sie sich nicht mit den Soldaten einließen, die im Dorf stationiert waren. Ja, sie war jetzt nicht mehr die kleine Dienstmagd, die sich bereitwillig herumkommandieren ließ. Sie hatte eine Vertrauensstellung, sie hatte ihre Selbstachtung zurückgewonnen, war stolz, dass ihr Wort etwas galt. Immer noch melkte sie die Kühe. Das ließ sie sich nicht nehmen. So viel Milch hatte sonst keine im Eimer. Aber sie fühlte sich auch verantwortlich für die Räume, in denen es nicht nach Mist roch, sondern nach Bohnerwachs.

Ein neues Lehrmädchen zog in den Gasthof ein. Hanna konnte ihre Freude darüber kaum verbergen. Es war Wilma, die jüngste der »heiligen Dreifaltigkeit« aus ihrem Hasenberghaus. Ihr Mädchen, jetzt ein gutes Jahr alt, hatte sie zu ihrer Mutter in die Obhut gegeben. Alfred, den sie rechtzeitig vor der Entbindung noch schnell geheiratet hatte, war in Russland. Jeden Tag fragte sie den Briefträger, ob nicht Post für sie angekommen sei. Immer wurde sie enttäuscht. Doch sie hatte das Lachen nicht verlernt. Und Hanna machte es Spaß, sie an sorglose Zeiten zu erinnern. »Ihr müsst es ja doll getrieben haben«, neckte sie sie. Und dann mussten sie beide kichern. »Oh ja, das war was«, sprudelte Wilma los. »Man ist ja gar nicht zum Nachdenken gekommen, man is ja so verrückt gewesen damals.«

Wieder wurde es Winter. Hanna arbeitete von morgens früh bis spät in die Nacht, sodass ihr die Zeit in ihrer unbeheizten Kammer nicht lang wurde. Und wenn sie abends nach dem Melken zum Ausschenken in die Gaststube kam, dann wartete oft schon Doktor Klawitter auf sie, der sich bei einem Grog von seinen Hausbesuchen aufwärmte. »Tante Lene« ließ sie dann mit dem einsamen Gast allein und ging ins Bett. Das waren andere Töne, die Hanna an solchen Abenden aus dem Munde des Arztes vernahm. Das war ein anderer Schnack als diese Propagandasprüche, die die meisten wiederkäuten wie die Kühe das Heu. »So leicht, wie die sich das vorstellen, kommen die nicht nach Moskau«, mahnte Klawitter. »Das haben schon ganz andere versucht.« Nicht mal ihr Willi, der Dorfpolizist, traute sich mehr, so offen zu reden. »Der Doktor soll sich man bloß in Acht nehmen«, flüsterte er Hanna zu. »Die haben ihn schon auf dem Kieker. Wegen Wehrkraftzersetzung wollen sie ihn rankriegen, wenn der so weitermacht.«

Doch offen wagte sich keiner der Braunhemden an den alten Welfen heran. Er war ja landauf, landab beliebt bei seinen Patienten. Und Recht sollte er außerdem behalten. Der Vormarsch in Russland war gebremst. Und der Bürgermeister erhielt endlich traurige Gewissheit. Sein Sohn Heinrich war zwischen Wolga und Don gefallen. »Nee, nee, nee, de arme Bengel«, klagte er, als er zwei Wochen, nachdem er die Nachricht erhalten hatte, wieder zum Sonnabend-Stammtisch ins Hotel zur Post kam. »Er war ja man erst neunzehn, so ein guter Junge.« Und es tröstete den Vater auch nicht, wenn seine Stammtischbrüder von Ehre, Vaterland und Heldentod schwärmten. »Ach, hört mir doch auf mit dem Kram«, entgegnete er barsch. Und niemand wagte zu widersprechen.

Auch das Propagandagetöse aus dem Führerhauptquartier konnte nicht darüber hinwegtäuschen, dass die Lage ernst geworden war. Es wurde früh kalt in diesem Herbst des Jahres 1942, besonders kalt wurde es in Russland, bitterkalt. Hunderttausende deutscher Soldaten seien eingeschlossen, hieß es im November. Doch ihre Befreiung sei nur eine Frage der Zeit, donnerte es aus dem Volksempfänger. Der Endsieg sei nah. Das ganze Volk müsse nun zusammenstehen.

Die Rüstungsproduktion lief auf Hochtouren. Immer größere Mengen an Fleisch, Getreide und Kartoffeln wurden zur Versorgung der »heldenhaft kämpfenden Truppe« abgezweigt, und die Daheimgebliebenen mussten den Gürtel enger schnallen. Für alles brauchte man Bezugsscheine. Auch wer im Gasthof Fleisch bestellen wollte, musste eine Lebensmittelmarke auf den Tisch legen. Aber es ging ja schließlich auch darum, den Vätern, Ehemännern und Söhnen im Krieg den Rücken zu stärken. Die Frauenschaft, der auch Hanna angehörte, organisierte Kleidersammlungen. Der Bund Deutscher Mädel veranstaltete Strickabende zugunsten der frierenden Frontsoldaten. Auch Wilma nahm daran teil. Sie tat es für ihren Alfred, der ihr erst kürzlich geschrieben hatte, wie kalt es an der Wolga sei. »Wie oft muss ich hier an Dich und an unsern kleinen Engel denken«, stand in seinem Brief. Und dann kam Stalingrad. Und ein anderer Brief erreichte die arme Wilma. Ihr Alfred sei »im heldenhaften Kampf für Volk und Führer« gefallen, hieß es darin. Es dauerte zwei Tage, bis Wilma weinen konnte. Auch Hanna gelang es nicht, sie zu trösten.

Schlag auf Schlag ging es jetzt. Manch einen traf es besonders schlimm. Den Bürgermeister zum Beispiel. Mitte Februar erreichte ihn eine neue Todesnachricht. Auch sein ältester Sohn, der Paul hieß wie er selber, war gefallen. Im Kessel von Stalingrad wie so viele. Stumm, mit gesenktem Blick hockte Bunje jetzt beim sonntäglichen Frühschoppen über seinem Bier. Von den Parteigenossen hielt sich der Landwirt nun möglichst fern. Er suchte stattdessen die Nähe von Doktor Klawitter. »Was soll das alles noch?«, fragte er den immer wieder. »Mir ist das ganz egal, wie dieser Krieg ausgeht. Ich hab ja doch keine Zukunft mehr.« Klawitter machte erst gar nicht den Versuch, den Freund wieder aufzuheitern. »Ja, ja, dieser Hitler geht über Leichen«, raunte er dem Bürgermeister zu. »Aber wir müssen unsern Weg zu Ende gehen. Denk an deine Frau, denk an deine Tochter. Die brauchen dich noch.« Argwöhnisch wurden Bunje und Klawitter bald von all denen beäugt, die sich jeden Zweifel an dem Endsieg energisch verbaten. Doch das schien den beiden alten Männern ganz egal zu sein.

Und der Hotelbetrieb florierte. Es schien sich in den umliegenden Städten herumgesprochen zu haben, dass es bei »Tante Lene« noch die gleichen Köstlichkeiten gab wie vor dem Krieg. Gegebenenfalls auch ohne Bezugsschein. Die bäuerlichen Verwandten versorgten die Wirtin mit Fleisch und Kartoffeln, Jäger beschafften ihr gegen selbst gebrannten Rübenschnaps feinstes Wildbret. So gab es im Hotel zur Post weiter den leckeren Schmorbraten, Rehrücken und Fasanen. Pohlmanns Lene konnte sich die Gäste aussuchen. »Wie sehen se denn aus?«, pflegte sie ihre Lehrmädchen zu fragen, wenn wieder einmal vermögende Städter den Weg nach Ahlden gefunden hatten. »Gut sehn se aus«, antworteten die dann meist, geblendet von der eleganten Kleidung der Besucher. Nicht selten war »Tante Lene« anderer Meinung, wenn sie die Gäste selbst in Augenschein genommen hatte. »Wie könnt ihr sagen, dass die gut aussehen«, schimpfte sie dann mit ihren Mädchen. Wenn sie dagegen als »gnädige Frau« angesprochen wurde, konnte sie vor Rührung dahinschmelzen und sich in drollige Posen altertümlicher Noblesse werfen.

Hanna musste im Stillen lachen, wenn sie diese Verrenkungen beobachtete. In solchen Momenten kam sie sich doch sehr fremd vor in diesem Hotel. Nein, das war eigentlich nicht ihre Welt. Als Bauerntochter hatte sie gelernt, sich in Bescheidenheit und Schlichtheit zu üben. Und trotz all der Anerkennung und neuen Erfahrungen kam sie sich zwischen diesen gestärkten Tischdecken und gewienerten Parkettfußböden doch immer wie ein Fremdkörper vor. Und zunehmend quälte sie das Gefühl, das

Leben laufe an ihr vorbei. Das Leben? Das musste doch wohl mehr sein als diese kleine Dachkammer und der Dienst an fremden Menschen. Sie sehnte sich nach einer eigenen kleinen Familie, nach einem Zuhause, nach Kindern, die sie umsorgen konnte, die zu ihr auf den Schoß krochen. Und sie beneidete sogar Wilma. Die hatte zwar ihren Mann verloren, aber immer noch ihre Tochter, ihre Eltern, ihre Geschwister. Hanna dagegen war allein. Ihr graute davor, als alte Jungfer zu enden.

Und so geriet sie ganz aus dem gewohnten Trott, als dieser Bürgermeister aus Ahrendsen anrief, ein Cousin ihrer Mutter, von dem sie schon lange nichts mehr gehört hatte. Ein Bauer aus dem Dorf suchte eine Haushälterin, die Frau war ihm ein halbes Jahr zuvor gestorben, zwei Kinder waren ohne Mutter. »Das is 'n ordentlicher Kerl, Hanna. Und der Hof is nich groß, aber schön. Sollst mal sehen«, redete der Bürgermeister auf sie ein. »Ich weiß nich«, entgegnete Hanna. »Hier fehlt es mir doch an nix. Ich weiß nich. Das muss ich mir erst mal überlegen.« – »Mach das man ruhig«, sagte der Anrufer aus Ahrendsen. »Überleg aber nicht zu lange. Heinrich braucht dringend 'ne Frau im Haus. Seine Haushälterin hat gerade gekündigt. Das hat nich zusammengepasst. Aber du passt da gut hin. Du bist dir für keine Arbeit zu schade, das weiß ich.«

Hanna bat sich Bedenkzeit aus, radelte gleich am nächsten Tag, einem Sonntag, nach Eggersen, um sich mit Schröders zu besprechen. Die rieten ihr zu. Am gleichen Abend fragte sie »Tante Lene« um Rat. »Ich lass dich nicht gern ziehen«, sagte die. »Aber du musst jetzt auch mal an dich selbst denken, Hanna. Guck dir doch mal den Hof an.« Die Worte kamen ihr bekannt vor. »An dich selbst denken.« Das hatte der Doktor ihr auch schon gesagt. Hanna fühlte sich bestärkt. Gleich am nächsten Morgen wollte sie nach Ahrendsen radeln.

Es war ein schöner Apriltag. Der Zaunkönig trillerte, Rotkehlchen zischelten ihr »Trizick-Trizick-zie«, und ein Schwarzspecht kicherte. Die Birken leuchteten in lindgrün jungem Laub.

Efeu schlang sich märchenhaft um Erlen und Eichen. Hanna wurde es warm ums Herz, als sie in das kleine Dorf einbog. Geschützt zwischen kleinen Hügeln duckten sich rot geklinkerte Bauernhöfe. Das Schönste aber war die Kirche mittendrin. Ein kleines weißes Gemäuer mit schwarz gestrichenem Holzturm, so schlicht und doch so ehrwürdig. Gleich daneben lag der Friedhof, Wacholderbüsche wuchsen zwischen verwitterten Grabsteinen. Hinter der Mauer erhob sich ein reetgedecktes Fachwerkhaus, umgeben von Scheune und Schuppen. Hanna war am Ziel.

Mit pochendem Herzen klopfte sie an die Haustür. Ein kleines Mädchen mit weißblonden Zöpfen öffnete und sah sie fragend an. Anstatt sich selbst vorzustellen, fragte Hanna das Mädchen: »Na, wer bist denn du?« – »Anna«, antwortete das Kind und blickte verlegen zu Boden. »Wo is denn dein Papa?«, fragte Hanna weiter. »Beim Pflügen. Aber Opa is da.« Opa? Von dem hörte sie zum ersten Mal. Doch schon im nächsten Moment rief eine krächzende Stimme aus dem Haus: »Wer is denn da, Anna?« Und ohne die Antwort abzuwarten, kam ein kleiner alter Mann mit schütterem weißem Haar und einem Kartoffelschälmesser in der Hand auf Hanna zugeschossen und fragte, wer sie sei. Es stellte sich heraus, dass der Alte nicht über ihren Besuch informiert worden war. »Aber kommense man ruhig rein«, sagte der Mann. »Wir beißen nich. Und mein Schwiegersohn muss jeden Moment zum Essen kommen. Sie können ja auch einen Happen mitessen. Gibt Kartoffelsuppe.«

Hanna war es sehr unbehaglich zumute. Auch das Gespräch mit der kleinen Anna geriet immer wieder ins Stocken. Sie atmete auf, als sie endlich schwere Schritte im Flur hörte. Herein trat ein Mann, dessen stattliche Erscheinung Hanna verblüffte: groß, kräftig, dunkelblondes volles Haar, ein breites, gutmütiges Gesicht. Die hohen Lederstiefel waren staubig, verstärkten aber den imposanten Eindruck. »Oh, entschuldigen Sie bitte. Hab ich doch glatt vergessen, dass Sie heute kommen wollten«, sagte der

Mann, während er Hanna die Hand schüttelte. »Ich hoffe, Anna und Opa haben Ihnen schon was zu trinken gegeben.« Hanna wurde ganz verlegen, konnte nur noch stammeln.

Erst beim Mittagessen, als auch der elf Jahre alte Albert aus der Schule gekommen war, löste sich ihre Zunge ein wenig. Sie wagte es, nach diesem und jenem zu fragen, und war am Ende froh, als sie das Haus verlassen hatte und wieder auf dem Fahrrad saß. Es hatte angefangen zu regnen. Ein kühler Wind war aufgekommen. Hanna musste dagegen anstrampeln, aber es machte ihr nichts aus. Mit ihren Gedanken war sie ganz bei diesen Leuten in dem kleinen Reetdachhaus. Wie misstrauisch sie dieser Albert angestarrt hatte, dieser Bengel in den kurzen Lederhosen. Wie schön es sich angefühlt hatte, als Anna sich zu ihr auf den Schoß gesetzt hatte. Widerstrebende Gefühle schossen ihr durch den Kopf. Doch ihr Entschluss war gefasst: Sie würde nach Ahrendsen zurückkehren. Schon zum 1. Mai sollte sie anfangen. Das war abgemacht. Als sie die Hauptstraße entlangfuhr, hörte sie hinter sich noch die Kirchturmuhr schlagen. Ein wunderschöner Klang. Den würde sie jetzt immer hören, ganz laut. »Die Lebenden ruf ich, die Toten beklag ich, die Blitze brech ich«, war der Glocke in lateinischer Sprache eingraviert. Hanna hatte das in einer Heimatchronik gelesen. Sie war voller Zuversicht. Hier konnte sie wieder jeden Sonntagmorgen zur Kirche gehen, wie früher.

»Tante Lene« äußerte ein wenig Bedenken, als Hanna ihr von der kleinen Wirtschaft mit nur vier Kühen, den paar Schweinen, Hühnern und Enten erzählte. Aber letztlich bestärkte sie sie in ihrer Entscheidung. »Du musst es wissen, Hanna«, sagte sie. »Du wirst es schon schaffen. Wär doch gelacht.«

»Tante Lene« bestellte auch gleich einen kleinen Lieferwagen, der Hannas Sachen nach Ahrendsen bringen sollte. »Das bin ich meiner besten Hilfskraft ja wohl schuldig.« Zum Abschied schenkte ihr die Wirtsfrau eine Stola aus Fuchspelz, ein edles Stück vom Wuschelschwanz bis zum präparierten Kopf mit

Glasaugen und Schnappmaul. »Sollen ruhig alle sehen, dass du mehr bist als eine hergelaufene Stallmagd«, gab die Chefin ihr mit auf den Weg. Leidenschaftliche Gesten lagen weder ihr noch Hanna. Ein kurzer Händedruck, Winken, und schon tuckerte Hanna ihrer neuen Lebensstation entgegen. Alle Brücken nach Ahlden hatte sie damit natürlich nicht abgebrochen. »Du kannst immer wieder zurückkommen«, hatte »Tante Lene« ihr gesagt. Und auch zu Doktor Klawitter wollte sie Verbindung halten. Warum sollte sie auch ihren Hausarzt wechseln? Ahrendsen lag ja schließlich nicht aus der Welt.

Die Magd wird zur Braut

Nur in den ersten Tagen fühlte sich Hanna noch fremd auf dem kleinen Hof. Schon bald gewöhnte sie sich ein. Sie hatte es ja gelernt, sich auf immer neue Menschen und Gegebenheiten einzustellen, die Entwurzelte. Es war schon die fünfte Station nach dem Tod ihrer Eltern. Und es erging ihr auch gut in Ahrendsen. Klein war die Wirtschaft, ganz ähnlich wie früher im Hasenberghaus. Aber sie fegte, schrubbte, bohnerte und putzte so lange, bis alles sauber und ordentlich war. An Hilfskräften mangelte es nicht. Zwei Kriegsgefangene aus Weißrussland waren dem Bauernhof zugewiesen worden, Stanislaw und Gregor, den sie Schorsch nannten. Die beiden schliefen wie die anderen Gefangenen im Dorf in einer Scheune, die zum bewachten Lager umfunktioniert worden war. Morgens mussten sie dort abgeholt und abends wieder abgeliefert werden. Sie halfen auf dem Feld und misteten die Ställe aus. Hanna kam gut mit ihnen zurecht. Sie sorgte dafür, dass sie satt wurden. Am selben Tisch wie die Deutschen durften sie natürlich nicht essen, und Fleisch bekamen sie auch nicht alle Tage. Das war so vorgeschrieben.

Bauer Eduard Brandes achtete peinlich genau darauf, dass die Vorschriften eingehalten wurden. Als Milchkontrolleur war er es gewohnt, mit gutem Beispiel voranzugehen. Außerdem war er ja auch in der Partei. Und da hatte er gelernt, dass die Russen eben von ihrer Rasse her den Deutschen nicht ebenbürtig seien. Allzu große Nähe galt es also zu vermeiden. Brav übernahm der Bauer auch sonst die Ansichten seiner Parteioberen, fand sich aber schnell damit ab, dass Hanna von all dem nichts wissen wollte und ihr Heil eher in der Kirche suchte. Doch die Politik bestimmte den Alltag stärker als in früheren Zeiten. Der Krieg rückte näher. Das Heulen der Sirene schreckte die Bauersleute jetzt immer öfter auf. Fliegeralarm. Britische Kampfbomber dröhnten über das Dorf, um die Städte der Umgebung in Schutt und Asche zu legen. Wer konnte sicher sein, dass sie nicht auch mal eine Bombe über Ahrendsen fallen ließen? Schnell mussten deshalb Schutzgruben auf dem Hof ausgehoben werden. Erdbunker.

Unterdessen ging jedoch das Leben weiter seinen halbwegs normalen Gang. Hanna übernahm gern das Melken, und in Garten und Haushalt stand ihr Opa Karl zur Seite. Auch die beiden Kinder gehörten zu ihrem Reich.

Mit der kleinen Anna war sie schnell warm geworden. Hanna schimpfte zwar laut mit ihr, wenn sie den Finger in den Sirupeimer stippte oder das Mehl auskippte, weil sie selbst backen wollte. Aber wenn sie hüstelte, packte sie sie gleich mit der Wärmflasche ins Bett. Und wenn sie weinte, nahm sie sie auf ihren Schoß. »Was weinst du denn, Anna, brauchst doch nich zu weinen, wird alles wieder gut«, tröstete sie sie dann. Und sie las ihr manches Märchen vor. Auch die Geschichte der unglücklichen Prinzessin von Ahlden kannte Anna fast schon so gut wie Hanna. Mit Minna, der früheren Haushälterin, hatte das Mädchen ganz andere Erfahrungen gemacht. Die war nur ihrem Vater hinterhergeschwänzelt und hatte sich gar nicht um die Kinder gekümmert. Nein, Anna war froh, dass diese Frau mit dem Kopftuch dicht über den Augen wieder aus dem Haus war. Diese Minna hatte gekündigt, als eine Stelle in der Wachmannschaft des Frauenlagers bei Fallingbostel frei geworden war, eine Stelle mit besserer Bezahlung und geregelter Arbeitszeit.

Auch Annas älterer Bruder Albert weinte Minna keine Träne nach. Der trauerte noch um seine Mutter, die erst ein halbes Jahr zuvor an Tuberkulose gestorben war. Der Junge hatte sehr an ihr gehangen, vor allem in der langen Zeit, als sie hustend im Bett gelegen hatte. Wie oft war er da zu ihr gekrochen und hatte sich bei ihr gewärmt – gebetet, dass der liebe Gott seine Mutter wieder gesund mache. Jeden Abend. Aber es hatte nichts genutzt. Seither war sein Vertrauen zu diesem mächtigen Herrn im Himmel ein wenig getrübt. Auch Hanna begegnete er oft mit Argwohn. »Du hast mir gar nix zu sagen«, schrie er sie an, wenn sie ihn aufforderte, endlich seine Schulaufgaben zu machen. »Du bist nich meine Mutter. Du bist hier bloß unsere Magd und sonst gar nix. Verstanden?« Hanna verlor dann nicht selten die Selbstbeherrschung, wurde jähzornig und schlug wie von Sinnen mit Fäusten auf den Jungen ein. »Von dir lass ich mich nich rumkommandieren, von dir nich.« Aber wenn sich die Lage wieder beruhigt hatte und Hanna mit Albert Schreiben oder Rechnen übte, dann saßen die beiden so versunken nebeneinander, als wären sie ganz allein auf der Welt – als Mutter und Sohn.

Anna wurde nach den Osterferien eingeschult. Sie hatte es gar nicht mehr erwarten können und immer schon in Alberts Fibel geblättert. Anfangs begleitete Hanna sie noch zu der kleinen Dorfschule, bald ging sie allein. Doch sie war schnell enttäuscht. Lehrer Adolf Krachmann kümmerte sich die meiste Zeit nur um die Großen, zeigte ihnen auf der Karte, wo überall deutsche Soldaten fürs Vaterland kämpften, hämmerte den Kindern ein, dass alle ihre Pflicht für den »Führer« zu erfüllen hätten, und ließ kriegerische Lieder singen. »Denn wir fahren gegen Engelland …« und manches mehr von Hermann Löns, dessen Gedichte auch auswendig gelernt werden mussten. Der »Heidedichter« und »Held des Ersten Weltkrieges« war ja erst vor kurzem ganz in der Nähe zur ewigen Ruhe gebettet worden – oder jedenfalls das, was von ihm noch übrig geblieben war. »Eichhörnchen« nannten die Kinder ihren Lehrer, weil er seit einiger Zeit immer in seiner braunen Uniform zur Schule kam und so hager war und ganz buschige Augenbrauen hatte. Die Kleinen wurden fast während des ganzen Vormittags mit Stillarbeit bei der Stange gehalten, mussten auf ihren kleinen Täfelchen Buchstaben und einfache Wörter nachmalen. Zu Hause hatten sie dann die Aufgabe, Buchstabenreihen und erste Wörter in ihrem Heft einzuüben. Hanna machte es große Freude, Anna die Buchstaben vorzuschreiben. In ihrer schönen Schrift.

Bauer Brandes lächelt, als er an diesem Juniabend vom Heuwenden verschwitzt nach Hause kommt und Hanna zwischen den Kindern am Küchentisch mit Schularbeiten beschäftigt sieht. »Na, ihr verderbt euch noch die Augen. Macht doch das Licht an«, sagt er, um einen freundlichen Ton bemüht. »Oh, das sieht aber schon gut aus«, lobt er und freut sich über die akkuraten Buchstabenreihen seiner kleinen Tochter. »Und was wird das, wenn's fertig ist?«, fragt er seinen Sohn. »Aufsatz«, antwortet Albert einsilbig. »Worüber denn?« Albert stöhnt: »Die Wiese im Sommer.« Der Vater setzt sich dazu. »Na, denn lies doch mal.« Eher unwillig und stockend beginnt Albert: »Wenn es warm wird, wachsen schöne Blumen auf der Wiese: Margeriten, Kuckucksblumen, Grasnelken, Löwenzahn, Gänseblümchen und Klee. Aber wenn das Gras gemäht wird, werden alle Blumen mit abgemäht. Und wenn dann im Sommer das Gras wieder nachwächst, kommen die Kühe auf die Wiese. Die lassen die meisten Blumen stehen, manche fressen sie aber auch auf, Kleeblumen zum Beispiel ...« Der Vater klopft seinem Sohn anerkennend auf die Schulter. »Na, das hast du aber fein gemacht. Und morgen kannst du mit mir auf die Wiese kommen und 'n bisschen beim Heumachen helfen.« Albert legt das Gesicht in grimmige Falten und klagt: »Eigentlich wollen wir ja zum Angeln.« Aber er weiß, dass sein Vater keinen Einwand duldet, und beugt sich schicksalsergeben über seine Hausaufgaben. Auch Hanna sieht keinen Grund, dem Bauern zu widersprechen. Sie hat es ja als Bauerntochter genauso erlebt. »So, jetzt macht man eure Schularbeiten schnell zu Ende, gibt gleich Abendbrot«, ermahnt sie die Kinder. »Ich muss zum Melken.« Und hastig springt Hanna auf, zieht sich ihre alte Jacke an und radelt mit den klappernden Milchkannen und -eimern zur Kuhweide. Den

Abendbrottisch deckt unterdessen Opa Karl. Sie selbst isst ihr Schmalzbrot nach ihrer Rückkehr allein.

Es ist schon nach neun Uhr, aber immer noch hell draußen. Eduard kommt zu ihr an den Tisch. »Du arbeitest zu viel«, sagt er in zärtlichem Ton. »Lass doch Opa auch mal abends zum Melken gehn.« Hanna wehrt ab. »Ach was, der melkt die Kühe doch gar nich richtig aus. Nee, lass man, das schaff ich schon.« Das Gespräch stockert und holpert, will nicht richtig in Gang kommen. Eduard spricht über dieses und jenes, über Hof und Dorf, will Hanna aber eigentlich etwas ganz anderes sagen. Dass er sie gern habe, hätte er ihr gern gesagt, dass es schöner im Haus geworden sei. Hanna spürt, was in der Luft liegt. Sie ist selbst verlegen, geht dankbar auf die Verlegenheitsstichworte ein, die nur ablenken von dem, was beide bewegt. Dann wird Eduard auf einmal doch nachdenklich. »Noch kein Jahr isses her, dass wir Frieda beerdigt haben«, sagt er. »Albert is immer noch oft traurig. Aber Anna tut schon so, als ob du ihre Mutter wärst. Das freut mich richtig, dass du so gut zu den Kindern bist.« Jetzt wird es Anna ganz heiß im Gesicht, Röte steigt ihr in die Wangen. Sie senkt den Blick. »Und mir isses auch wohler ums Herz, seitdem du hier bei uns bist«, sagt Eduard. Das ist so etwas wie eine verkappte Liebeserklärung. Für Hanna zu viel, um gleich darauf zu antworten. Sie überspielt ihre Unsicherheit mit Gähnen. »Oh, bin ich müde«, sagt sie, als habe sie seine Worte überhört. »Ja, geh man erst mal zu Bett und schlaf dich aus«, erwidert er. Zärtlicher als sonst legt er zum Abschied den Arm auf ihre Schulter.

Hanna war ganz aufgewühlt von dieser Begegnung. Lange lag sie wach im Bett. Wie sanft er sie mit seiner schwieligen Hand berührt hatte. Hätte sie doch nur den Mut gehabt, die Geste zu erwidern, ihren Arm auf seine Hüften zu legen, über seinen mächtigen Körper zu streichen. Sie stellte sich vor, wie es wäre, wenn er jetzt neben ihr läge und sie küsste. Auf den Mund, auf Schulter und Bauch … Vorstellungen flammten in ihr auf, die sie an vergangene Zeiten erinnerten. Gleichzeitig machte sie sich Vorwürfe. Nicht mal ein Jahr war seit dem Tod dieser Frieda vergangen. Gleich hinter der Friedhofsmauer lag sie doch in ihrem Grab, die arme Frau. Nein, das war nicht recht, hier mit dem Bauern zu poussieren. Am Ende würden die Leute genauso über sie reden wie über die mannstolle Minna. Aber schön war es doch, geliebt zu werden. Und gut sah er aus, so groß und stark. Ja, er war in der Partei, hielt harte Rede gegen Russen und Engländer, gegen Juden und Weichlinge, die sich dem Kampf der Deutschen verweigerten. Hanna hörte das gar nicht gern. Aber irgendwie gefiel es ihr auch. Diese Redensarten waren so weit weg von den frommen Gefühlen, die sie mit ihrem Vater verband, dass sie sie von ihrer eigenen engen Moral befreiten und ihr einen Raum von Wildheit und Wollust eröffneten. Und gleichzeitig glich Eduard ihrem Vater in seiner Ernsthaftigkeit und Tugend. Ja, sie fühlte sich wohl in seiner Nähe.

Die Juninacht war kurz. Schon um fünf ließ Hanna sich von dem Vogelgezwitscher wecken und brach auf zum Melken. Während des ganzen Tages vermied sie es, ihrem Dienstherrn unter die Augen zu treten. Als sie aber in der Dämmerung wieder allein am Abendbrottisch saß, schenkte Eduard ihr ein Glas Apfelsaft ein und setzte sich zu ihr. »Du gehst mir ja wohl nicht aus'm Weg?«, fragte er sie. Hanna schüttelte den Kopf. »Ich hab so viel zu tun, da komm ich gar nicht zu mir selbst«, antwortete Hanna, wohl wissend, dass dies nicht die ganze Wahrheit war. »Ich sag ja immer: Du arbeitest zu viel«, erwiderte Eduard. Hanna blieb diesmal stumm. Plötzlich legte der Bauer seine rechte Hand auf ihre linke – fast so, wie es Doktor Klawitter immer getan hatte. Hanna zog die Hand nicht zurück, sondern legte die Rechte noch obendrauf. Als wäre das Eis gebrochen, zog Eduard jetzt seine Hand weg und schloss Hanna in seine Arme. Die wehrte sich nicht, sie ließ es geschehen. Einige Tage später, als alle schon fest schliefen, packte sie ihr Tagebuch aus dem Koffer und machte ihrem Herzen Luft. »Ich weiß nicht, ob es recht war, aber schön ist es gewesen. Ich weiß auch nicht, wie es hier weitergeht mit mir, aber es ist doch besser, eine Familie um sich zu haben, als immer nur fremde Leute zu bedienen. Wenn es man bloß mit Albert besser gehen würde. Aber verstehen kann ich den Jungen ja.«

Und der Sommer ging ins Land. Mochten die Wehrmachtsberichte auch immer dramatischer werden, Heu und Korn mussten eingefahren, Rüben und Kartoffeln gehackt, Kühe gemolken und Schweine gefüttert werden. Hanna und Eduard taten nach außen hin, als wäre zwischen ihnen alles beim Alten. Doch manche Nacht verbrachte die Haushälterin nun schon im Ehebett des Bauern. Opa Karl blieb dies nicht verborgen. Immer feindseliger wurden die Blicke, die er Hanna zuwarf. Schließlich war es seine Tochter gewesen, deren Bett diese Frau nun einzunehmen begann. Dabei klammerte sich der alte Mann an den kleinen Albert als natürlichen Bündnisgenossen. Er lehrte ihn, die Sense zu schwingen, ließ ihn auf den Ackergäulen reiten. Er scherzte mit ihm und machte ihn zum Zuschauer seiner Stierkämpfe, die er mit dem Schafsbock veranstaltete. Stolz zog Albert jetzt mit den Pimpfen zum Jungvolk. Da hielten sie Wettkämpfe im Laufen und Ringen ab, marschierten singend durch Wald und Flur, ließen Lagerfeuer auflodern und spielten Krieg. Albert fühlte sich stark. Ein richtiger Kerl, das wollte er sein. Auch bei Lehrer Krachmann galt als vorbildlich, wer bei den Geländespielen bewies, dass ein guter Soldat in ihm steckte. Als Kreispropagandaleiter der NSDAP hatte Krachmann schließlich eine höhere Aufgabe, als seine Schüler einfach nur im Schreiben und Rechnen zu unterweisen. »Flink wie Windhunde, zäh wie Leder und hart wie Kruppstahl« sollten seine Jungens sein – genau so, wie der Führer es befohlen hatte. Hanna hielt nicht viel von solchen Übungen, ihr war es lieber, wenn Albert beim Strohholen oder Rübenverziehen half. Doch der hatte ja seinen Opa. »Der Junge muss sich doch auch 'n bisschen austoben«, sagte der Alte. »Lass man die Kriegsgefangenen mehr tun, das faule Pack.«

Dagegen kam Hanna nicht an, und so hielt sie sich an Anna, die noch zu klein für Kriegsspiele war. Und sie hielt sich an Eduard, aber vorerst nur heimlich. Auch ihre Leute in Eggersen vergaß sie nicht. Die kleine Anna war jetzt immer dabei, wenn sie zu ihrer Radtour in die alte Heimat aufbrach, hinten auf dem Gepäckträger. Ausweichend antwortete Hanna, wenn sie nach ihrer Beziehung zum Bauern gefragt wurde. Schließlich konnte sie es nicht mehr aushalten. »Wir mögen uns leiden«, gestand sie. »Wir sind zusammen.« Sehr weit über solche Andeutungen ging sie nicht hinaus. Aber das reichte auch. »Das is aber man schön, Hanna«, bestärkten Schröders sie. »Aber lass dich bloß nich ausnutzen. Wenn er dich wirklich will, dann muss er dich auch heiraten. Wer weiß, wie es noch mal kommt.« Hanna hatte es gar nicht nötig, ihren Eduard zur Heirat zu drängen. Er selbst machte ihr den Antrag, als Mitte November die letzten Rüben geerntet waren. Schon am Sonnabend vor dem zweiten Advent sollte die Hochzeit sein.

Ins Bett einer Toten

Festtagsstimmung wollte nicht aufkommen. Gäste waren genug
da. Auf der großen Diele mit dem angrenzenden Kuh- und Rinderstall reihte sich Tisch an Tisch. Auch von Hannas Seite hatten sich zwei Dutzend in Ahrendsen eingefunden: ihre Leute aus
Eggersen, Onkel, Tanten, ein Cousin und eine Cousine und
auch Theodor Klawitter, der väterliche Freund aus Ahlden. Obwohl der Krieg die Vorräte auffraß, war die Mittagstafel reich
gedeckt. Alles vom Feinsten: Hochzeitssuppe mit Fleischklöß-
chen, Eierstich und Spargel, Hühnerfrikassee, Schmorbraten
mit Bohnen und Erbsen und mehrere Sorten Pudding und Kaffee. Die Nachbarn in Ahrendsen hatten großzügig zu dem Fest-
schmaus beigetragen. Den Bauern ging es ja noch recht gut. Auf
eine Tanzkapelle hatte man mit Rücksicht auf den Krieg und den
erst ein gutes Jahr zurückliegenden Tod der ersten Frau des Bauern verzichtet. Auch Hanna wollte ihrer Vorgängerin den gehö-
rigen Respekt erweisen. Und so trug sie zwar einen langen weißen Schleier, aber dazu ein schwarzes Kleid, das sie sich von einer Freundin in Eggersen aus dem Kleiderstoff ihrer Mutter hatte nähen lassen. Schwarz und Weiß – die ungewöhnliche Kom-
bination aus Trauer- und Hochzeitsstaat verlieh Hanna die
Würde einer schwermütigen Königin. Und die Kleidung entsprach ganz ihrer Stimmungslage. Denn auch ihre Trauer um
den Tod der Eltern wirkte an diesem Ehrentag noch nach.
Gleichzeitig aber war sie stolz und glücklich, endlich nicht mehr
das Aschenputtel spielen zu müssen, sondern als Bauersfrau ganz
vorn an der Tafel zu sitzen.

Und Eduard machte es ihr leicht. »Siehst gut aus«, lobte er sie, als sie aus ihrer Kammer in die Küche trat. »Du aber auch«, erwiderte Hanna schmunzelnd.

Auch Anna war entzückt vom festlichen Aufzug der beiden. Schon vorher war Hanna ja für sie zu einer Art Mutter geworden. Jetzt forderte Eduard sie feierlich dazu auf, dies auch in der Anrede zum Ausdruck zu bringen. »Das is nu deine Mama, Anna«, verkündete er, während er der Tochter die Wange tätschelte. »Freuste dich?« Das Mädchen mit den rosa Schleifen im Haar nickte und übernahm bereitwillig die Aufgabe, dem Brautpaar auf dem Weg zur Kirche Blumen zu streuen. Ihr Bruder Albert dagegen war nirgendwo zu finden. Nach längerer Suche entdeckte man ihn im Kuhstall, wo er seinem Opa half, den Kühen Heu vorzugeben. Sein Vater schimpfte mit den beiden. Aber Opa Karl blieb unerbittlich. »Einer muss die Arbeit ja machen«, sagte er. »Nee, nee, ich geh nich mit inne Kirche, da geht ihr man alleine hin.« – »Die Arbeit schaffen die beiden Russen doch auch ohne dich«, entgegnete der Bräutigam, unternahm aber keinen weiteren Versuch, seinen Schwiegervater umzustimmen. Auf seinen Sohn wollte Eduard natürlich nicht verzichten. Wie hätte das ausgesehen? Und es hätte ihm wohl auch wehgetan, wenn sein Albert dem Fest fern geblieben wäre. So zerrte er den Jungen kurzerhand aus dem Stall. Dass sich Albert seine Sonntagsjacke ausgezogen und stattdessen einen Pullover übergestreift hatte, war nun nicht mehr zu ändern. Die Zeit drängte. Und so wurde Albert von einem Onkel väterlicherseits an die Hand genommen und buchstäblich in Richtung Kirche geschleift. Der Stallgeruch, der von dem Jungen ausging, umwehte auch das Brautpaar. Er gab der Trauung eine ganz besondere Würze – eine bäuerlich herbe Duftnote.

Der Pastor sprach von den schweren Zeiten, in die diese Hochzeit falle – privat und weltpolitisch. Doch mit Demut und Gottes Gnade werde alles schon seinen rechten Gang gehen. »Was Gott tut, das ist wohl getan, es bleibt gerecht sein Wille«, sang die Gemeinde. Tränen der Rührung liefen Hanna über die Wangen, als der Pastor »Großer Gott, wir loben dich« anstimmte. Schneeflocken fielen, während die Hochzeitsgesellschaft die Kirche verließ. Männer in Uniform hatten vor dem Portal ein Spalier gebildet, Feuerwehrmänner, aber auch Parteigenossen mit ihren gewichsten Lederstiefeln und Schirmmützen. »Heil Hitler«, grüßten sie zackig. »Und viele gesunde deutsche Kinder«, riefen sie lachend dem Brautpaar nach. Hanna ärgerte sich über diesen Zuruf und legte Anna, die wieder Blumen streuend vor ihr herging, instinktiv eine Hand auf die Schulter. Freudig winkte sie dagegen zurück, als Stanislaw und Schorsch, die beiden Kriegsgefangenen, die Hände zum Gruß erhoben. Sie waren gerade mit einer Strohfuhre unterwegs und lachten, als sie das Brautpaar entdeckten, wohl auch in Vorfreude auf die Reste vom Hochzeitsmahl, die ihnen winkten.

Die feuchten Schneeflocken fielen dichter, während die Hochzeitsgesellschaft auf das Gasthaus zuschritt. Manch einer dachte dabei an die Soldaten im fernen Russland, die bereits zwei eiskalte Winter hinter sich hatten. Auch Hannas Neffe Walter aus Nebelhagen, gerade achtzehn Jahre alt, war an die Ostfront verlegt worden. Seine Eltern hatten lange gezögert, ob sie die Einladung zur Hochzeit annehmen sollten. Aber als sie dann schließlich Feldpost von ihrem Sohn bekamen, legte sich ihre Unruhe ein wenig. »Hier ist es bitterkalt, aber ganz ruhig. Nur ganz von ferne klingt der Geschützdonner zu uns herüber. Ihr müsst Euch keine Sorgen machen, bald bin ich wieder bei Euch. Ich denke viel an zu Hause«, hatte Walter geschrieben. Doch Sorgen machten sie sich natürlich dennoch.

Nein, Festtagsstimmung will nicht aufkommen. Nur unter Zwang hat sich Albert mit seiner Schwester und dem Brautpaar zum Hochzeitsfoto aufgestellt. Mit seiner grimmigen Miene gibt er deutlich zu verstehen, dass er diese Heirat ein Jahr nach dem Tod seiner Mutter missbilligt. Seinen Vater in demselben schwarzen Anzug zu sehen, den der ein gutes Jahr zuvor noch bei der Beerdigung getragen hat, empfindet er als schlimmen Verrat. Opa Karl sitzt bereits an der Hochzeitstafel, als die übrigen Gäste aus der Kirche dazukommen. Mit keinem Blick würdigt der Alte das Brautpaar. Und auch Hanna vermeidet es, den Griesgram anzublicken. Es gibt ja genügend freundliche Gesichter, die sie anlachen. Besonders gut tut es ihr, dem Doktor in die Augen zu schauen. »So habe ich mich noch nie auf einen Patientenbesuch gefreut«, hat der ihr augenzwinkernd zur Begrüßung gestanden. »Siehst gut aus, Hanna.« Und der alte Welfe lässt es sich auch nicht nehmen, gleich nach der Hochzeitssuppe einen Toast auf das Brautpaar auszubringen. »Und wenn dieser verdammte Krieg endlich zu Ende ist, dann wollen wir noch einmal zusammenkommen und tanzen und lachen«, beendet er seine kurze Ansprache. Die meisten nicken zustimmend, aber einige geben auch durch lautes Murren zu erkennen, dass sie solche Töne keinesfalls billigen. Und so fühlt sich denn der Ortsgruppenleiter von Ahrendsen bemüßigt, dem Doktor mit etwas anderen Glückwünschen für das »deutsche Paar« entgegenzutreten. »Dankbar 'sollten wir sein, dass der Führer, den uns die Vorsehung geschickt hat, alle Kräfte darauf richtet, uns den so notwendigen Lebensraum im Osten zu erobern, auf dass das deutsche Volk blühe und gedeihe und auch die Kinder und Kindeskinder dieses Paares noch genügend Erde unterm Pflug haben.« Jetzt gelte es zusammenzustehen. Jetzt zeige sich, wer es verdiene, sich Deutscher zu nennen. Und dann richtet er seinen Blick unverhohlen auf Klawitter. »Klugscheißer, Schwächlinge und Miesmacher können wir in dieser Lage nicht gebrauchen. Aber den Sieg werden uns diese Leute natürlich nicht vermasseln.« Starker Beifall brandet auf, als der stämmige Redner wieder Platz nimmt. »Sieg Heil«, rufen seine Parteigenossen. Auch der Bräutigam klatscht mit. Und sogar Hanna rührt höflich die Hände, obwohl Schamesröte ihr Gesicht erhitzt, weil sie spürt, dass sich die Worte gegen ihren alten Freund richten. Aber sie kann sich doch jetzt nicht gegen die Gemeinschaft stellen, jetzt, wo ihr Leben eine neue Wende nimmt. Zum Glück sind ihre Leute aus Eggersen da, mit denen sie zwischen Mittagessen und nächtlichem Kaffeetrinken Neuigkeiten über gemeinsame Bekannte und Erinnerungen an alte Zeiten austauschen kann.

Und dann heulen die Sirenen auf. Fliegeralarm. Hanna erschrickt. Wohin mit den vielen Leuten, wenn es ernst wird?, schießt es ihr durch den Kopf. »Keine Bange, die fliegen woanners hin«, versucht der Bräutigam die Hochzeitsgesellschaft zu beruhigen. »Das is nich das erste Mal, dass wir das hier erleben.«

Hanna aber hatte sich immer noch nicht daran gewöhnt. Glücklicherweise war es noch nie so bedrohlich geworden, dass sie den Erdbunker auf dem Hof aufsuchen mussten. Auch diesmal rauschten die Flieger über Ahrendsen hinweg. Doch das Sirengeheul hatte nicht nur Hanna einen Schrecken versetzt. Und so wurde es zum Signal des allgemeinen Aufbruchs.

Als die letzten Gäste den Hof verlassen hatten und die beiden Kinder im Bett lagen, waren Hanna und Eduard endlich ganz allein. Sie leerten noch eine angebrochene Flasche Wein und ließen die Hochzeit Revue passieren. Ja, es war alles gut gegangen, und Albert und Opa Karl würden sich auch noch an die neue Lage gewöhnen, versicherten sie sich gegenseitig. Jetzt waren sie also Mann und Frau. Doch wirklich nahe gekommen waren sie sich mit dieser Trauung noch nicht. Sie saßen einander gegenüber, ohne sich zu berühren. Es war, als stünde immer noch eine dicke Wand zwischen ihnen.

Eduard kündigte seiner Frau an, sie werde bald Hilfe von einer Polin bekommen. Der Bürgermeister habe versprochen, ihnen eine Kriegsgefangene aus dem Frauenlager ins Haus zu schicken. »Dann wird das ja richtig vornehm hier bei uns«, antwortete Hanna bemüht dankbar, aber ohne übermäßige Freude.

Die Unruhe, in die sie das Sirengeheul gestürzt hatte, war nicht von ihr gewichen. Auch die Aussicht auf die erste Nacht im Ehebett, die nun auch kirchlich abgesegnet war, vermochte sie nicht heiterer zu stimmen. Sie wurde das Gefühl nicht los, ins

Bett einer Toten zu steigen. Und sie musste immer an das Grab denken, das doch keine zweihundert Meter entfernt war. Nein, Albert hatte mit seinen Vorbehalten schon ganz Recht gehabt.

Der Bräutigam spürte, wie schweigsam und bedrückt seine Frau geworden war. Auch ihm war nicht nach einer stürmischen Liebesnacht zumute. »Jetzt lass uns mal ins Bett gehen«, sagte er mit bemüht fester Stimme, während er Hannas Hand ergriff. »Ich glaub, wir sind beide tüchtig müde, und morgen is die Nacht zu Ende.«

Neue Hausgenossen

Der Morgen nach der Hochzeit war winterlich verklärt. Eine dünne Schneeschicht lag über Wegen und Dächern. Der Schnee leuchtete im Morgendunkel. Es war Hanna, als hätte der Himmel eine weiße Decke über die Vergangenheit gelegt, um den Boden für einen Neubeginn zu bereiten – so rein wie die Tischdecken im Hotel zur Post. Sie war als Erste aufgestanden. Sie heizte den Küchenherd an, molk die Kühe, kochte Kaffee und deckte den Frühstückstisch an diesem Ersten Advent des Jahres 1943. Die Arbeit half ihr, über die Schwermut der Hochzeitsnacht hinwegzukommen. Ja, immer nur tüchtig arbeiten, dann würde es schon werden. Sie atmete auf und fühlte sich bestärkt, als Eduard dazukam und den so schön gedeckten Tisch lobte. Gleich nach dem Mittagessen werde sie auch einen Adventskranz binden, kündigte Hanna an. Vorher aber wolle sie noch zur Kirche gehen. »Ja mach man, man zu, aber immer langsam«, murmelte Eduard noch ein wenig schläfrig.

Unterdessen waren auch die Kinder aufgestanden. Sie hatten sich gleich ein Stück von dem süßen Rosinenbrot abgeschnitten, das es trotz der schlechten Versorgungslage immer noch beim Bäcker gab. Mit der Marmelade aus den selbst gesammelten Waldheidelbeeren wurde für die beiden ein sonntäglicher Leckerbissen daraus. Und dann standen da ja auch noch die Reste von der Hochzeit herum. Zufrieden mummelten Anna und Albert vor sich hin. Ermutigt von dem Anblick der Kinder klopfte Hanna auch an die Tür von Opa Karl. »Frühstück is fertig«, rief sie. »Komm gleich«, krächzte der Alte zurück. Kurze Zeit später setzte er sich schweigend an den Tisch. Hanna stimmte dies alles zuversichtlich. Vielleicht würde das Eis ja doch bald tauen. Und frohen Mutes folgte sie dem Ruf der Kirchenglocken.

Wenige Tage später kam Regina ins Haus, ein neunzehn Jahre altes Mädchen aus der Nähe von Lublin. Abgemagert bis auf die Rippen war die junge Polin mit dem dunkelblond gelockten Haar und dem schmalen Gesicht. Bisher hatte sie in der Munitionsfabrik gearbeitet. Mit ihrem gebrochenen Deutsch konnte sie sich schon recht gut verständlich machen. Sie half bei der Hausarbeit und freundete sich schnell mit Anna an. Sie sang ihr polnische Lieder vor. Nicht selten hatte sie dabei Tränen in den Augen. Hanna spürte, wie sie unter Heimweh litt. Und sie war freundlich zu ihr und schnitt ihr nach dem kargen Mahl am Fremdarbeitertisch eine Scheibe Brot ab. Heimlich. Denn streng genommen war so viel Fürsorge für Fremdarbeiter untersagt, ja sogar mit Gefängnis bedroht. Eduard ermahnte seine Frau auch ständig, es nicht zu weit zu treiben. Und argwöhnisch blickte er, wenn Anna mit Regina Kriegen spielte. Doch seine Frau besänftigte ihn immer wieder. »Sieht ja keiner.«

Im früheren Backhaus war eine kleine Kammer für die Haushaltshilfe eingerichtet worden, die allen Mahnungen zum Trotz bald zur Familie gehörte. Mit Regina und den beiden Weißrussen wurde es zwar eng in der Küche, aber sie brachten auch Bewegung ins Haus und erleichterten es Hanna, sich in ihrer neuen Rolle als Bauersfrau zu üben.

Alles war jetzt im Fluss, der Krieg stieß die gesamte Ordnung um. Nichts war wie gewohnt. Die alte Welt geriet zusehends aus den Fugen. Jeder Tag hielt neue Katastrophenmeldungen und Bedrohungen bereit. Fliegeralarm und Feldpostbriefe, Durchhalteparolen und Todesnachrichten von der Front. Auch Hans-Georg, der erst zwanzig Jahre alte Sohn der Nachbarn, war im kalten Russland gefallen. »Ihr Sohn ist in der Nacht zum 4. Dezember den Heldentod gestorben«, teilte sein Hauptmann den Eltern kurz vor Weihnachten mit. »Der Tod trat augenblicklich ein. Wir haben Hans-Georg als einen lieben Kameraden schätzen gelernt. Den anderen ist er ein leuchtendes Beispiel für Pflichterfüllung und Tapferkeit gewesen. Seinem Fahneneid getreu, hat er nun sein Leben für Führer und Vaterland hingegeben.« Ein schwacher Trost. Aber immerhin eine Nachricht. Andere im Dorf hatten schon seit Wochen nichts mehr von ihren Männern, Söhnen und Vätern gehört.

Hanna war froh, dass Eduard als unabkömmlich galt. Er hatte nicht nur den Hof zu führen. Als Milchkontrolleur waren ihm weitere Aufgaben an der Heimatfront zugefallen. Vor allem oblag es ihm nun auch, die Einhaltung der staatlichen Vorschriften für Ackerbau und Viehhaltung zu überwachen. Das bescherte der Familie ein bisschen mehr Geld und einige zusätzliche Bezugsscheine. Aber es verbot sich damit auch für Brandes, bei Nacht und Nebel ein Schwein zu schlachten, wie es wohl die anderen taten. Als Respektsperson musste Eduard schließlich Vorbild sein. Hanna war dies nur recht. Lieber wollte sie auf Fleisch verzichten, als in Angst zu leben. Und so fiel Weihnachten nicht eben üppig aus. Aber der Bauernfamilie ging es natürlich immer noch viel besser als den Menschen ohne Milch und Eier, Eingewecktem und Hausgeschlachtetem, wie den Arbeitern in der benachbarten Munitionsfabrik, aber vor allem den Städtern, deren Häuser zerbombt waren.

Ganz zu schweigen von den Kriegsgefangenen. Hanna schnürte es die Kehle zu, als sie sah, wie ein langer Zug von ausgemergelten Russen am Dorf vorbei zum Lager bei Oerbke getrieben wurde. Die meisten hatten sich nur Lumpen um die Füße gewickelt, manche schützten ihre kahl geschorenen Köpfe mit Säcken vor der schneidenden Winterkälte. Nein, das konnte nicht recht sein. Die Propagandasprüche von den »bolschewistischen Untermenschen« platzten wie Luftballons angesichts dieses Zugs der Elenden.

Mochte Eduard ihr auch noch so oft predigen, dass die »Untermenschen« den deutschen Soldaten Schlimmes angetan hätten. Hanna hasste diesen Krieg, und sie empfand Mitleid mit den armen Schluckern, die darunter litten.

Zorn überkam sie, als Regina an einem froststarren Januartag schluchzend vom Nachbarhof zurückkehrte und berichtete, man habe Eugen aufgehängt. Andere Kriegsgefangene hatten es ihr erzählt. Eugen, ein polnischer Landsmann, war als Zwangsarbeiter auf einem Hof in Jarlingen, keine zehn Kilometer entfernt, eingesetzt worden. Regina hatte diesen ruhigen Mann in der Munitionsfabrik kennen gelernt. In seinem Heimatland war er Lehrer gewesen. Oft hatte er bei der Arbeit schöne Lieder gesungen. Und nun war er tot. Zum Tode verurteilt, weil er angeblich mit einem deutschen Mädchen angebändelt hatte. Zu Tode gebracht in einem kleinen Buchenwäldchen in der Nähe des Hofs. Sie hatten ihn zu der Hinrichtung aus dem Gefängnis in Lüneburg geholt. Alle männlichen Kriegsgefangenen aus dem Landkreis mussten zusehen, als sie ihn an der Buche aufhängten, so um die dreihundert Mann. Damit allen die Lust verging, sich an deutschen Frauen zu vergreifen, wie gesagt wurde. Dabei hatte Eugen dem Mädchen gar nichts getan. Sie hatten einander gemocht, und das allein war schon Grund genug gewesen, beide zu verhaften. »Ist gemein, ist so gemein«, schimpfte Regina schluchzend. »Warum muss Eugen tot sein? Liebe ist doch nichts Böses. Nein, das sind keine Menschen, Tiere sind das. Schlimmer als Tiere.« Hanna legte der jungen Frau tröstend einen Arm über die Schulter – ganz selten ließ sie sich sonst zu so zärtlichen Gesten hinreißen. »Nich so laut, Regina. Du machst dich ja selbst unglücklich«, redete sie auf die Polin ein. »Aber Recht hast du, Deern. Recht hast du. Das is wirklich schlimm, was die da machen. Wie können die bloß so was tun?«

Später sprach Hanna Eduard auf die Hinrichtung an. Der hatte schon davon gehört, wollte sich aber nicht dazu äußern. »Da dürfen wir uns nich einmischen«, ermahnte er Hanna. »Und die haben ja auch selbst Schuld gehabt. Die wussten doch, dass es verboten war, was sie gemacht haben. Gesetze sind dazu da, dass

man sie einhält. Das is schon immer so gewesen, Hanna.«
»Schöne Gesetze sind das«, erwiderte Hanna und zog sich enttäuscht zurück.

So ging der Winter ins Land. Die deutschen Truppen gerieten im Westen wie im Osten immer heftiger unter Beschuss und mussten den Rückzug antreten. Die ersten Flüchtlinge aus den Ostgebieten trafen in der Heide ein. Schon längere Zeit wurden die Heidjer aufgefordert, Ausgebombte aus den Städten aufzunehmen.

Nun wurde auch Brandes eine neue Hausgenossin zugewiesen: Therese Odenwald, eine kinderlose Sekretärin aus Bremen, klopfte im März an die Tür des Bauernhauses, elegant gekleidet mit dickem Pelzmantel und großem Koffer in der Hand. »Bin ich hier richtig bei Brandes?«, erkundigte sich die Mittfünfzigerin höflich. Hanna bejahte die Frage, sorgte sich aber, ob sie dieser vornehmen Dame wirklich die zweite Kammer im Backhaus zumuten konnte, die die Weißrussen auf die Schnelle notdürftig hergerichtet hatten. Nur eine alte Matratze hatte sich noch als Schlafstatt gefunden. Um falschen Erwartungen gleich vorzubeugen, ging Hanna sofort mit der Frau aus Bremen zum Backhaus. Vorsorglich stimmte sie sie schon auf das bescheidene Domizil ein. »Wenn Ihnen das man reicht.« Doch Therese Odenwald schien fest entschlossen, sich mit den Verhältnissen zu arrangieren. »Wunderschön haben Sie es hier zwischen den alten Eichen, märchenhaft. Wenn man aus Bremen kommt, weiß man solche Beschaulichkeit zu schätzen, glauben Sie mir, Frau Brandes.« Hanna fühlte sich geschmeichelt von solch vornehmer Rede. Sehr oft war es noch nicht vorgekommen, dass jemand sie als »Frau Brandes« angesprochen hatte. Die meisten nannten sie bei ihrem Vornamen. Und so spürte sie schon bei der ersten Begegnung, dass sie sich mit dieser Frau gut verstehen würde. »Wie niedlich«, schwärmte die Bremerin, als sie in das Backhaus blickte. »Wir werden es uns hier schon gemütlich machen.« Hanna war erleichtert. »Na, denn kommense man erst mal mit rein und lassense uns ne Tasse Kaffee trinken. Bohnenkaffee haben wir natürlich nicht.«

Die beiden hatten sich schnell angefreundet. »Frau Odenwald«, wie Hanna sie weiter nannte, half dabei, Lebensmittelmarken und andere Bezugsscheine zu organisieren. Sie tauschte Eier und Kartoffeln gegen Schuhe und Kleidung für die Kinder. Auch ein neues Radiogerät erstand sie für die Familie. Heimlich stellte sie auch mal den englischen »Feindsender« an und hörte Nachrichten von der anderen Seite. In den seltenen Momenten, wenn sie mit Hanna allein in der Stube war, suchte Therese Odenwald am liebsten Tanzmusik aus. Und dann konnte es geschehen, dass sich die beiden freuten wie die Kinder, sich an den Händen fassten und nach dem knisternden Dreivierteltakt einen Walzer tanzten. Auch die ersten Tangoschritte lernte Hanna von der Freundin aus der Stadt. »Was macht der Meyer am Himalaja?« Nicht einmal das Heulen der Sirene brachte sie dann von ihrem Tanzvergnügen ab. Eine neue Welt tat sich für Hanna auf. Begierig lauschte sie den Geschichten der Freundin über das Leben in der Stadt, über die Arbeit im Kontor der Kaffeerösterei, über den Alltag im Mietshaus. Auch Anna war ganz Ohr, wenn Frau Odenwald erzählte. Vor allem all die Karussells und Attraktionen auf dem Bremer Freimarkt setzten sie in Erstaunen. »Wenn der Krieg vorbei ist, gehen wir da zusammen hin«, versprach die einquartierte Städterin.

Dass dieser Krieg unbedingt bald gewonnen werden musste, hatte Anna ja schon in der Schule bei Lehrer Krachmann gelernt. »Wenn hier die Engländer einmarschieren, dann Gnade euch Gott«, predigte der Lehrer in einem fort. Und die Kinder konnten sich in dieser Lage natürlich nicht mehr damit begnügen, einfach nur die Schulbank zu drücken. Mindestens einmal die Woche zog die ganze Schule aus, um irgendetwas zu sammeln: Heilkräuter oder Alteisen, Knochen oder Kartoffelkäfer. Anna fand großes Vergnügen daran. Albert betrachtete diese Sucherei mit den Kleinen dagegen eher als Kinderkram. Ihm gefielen die Wettkämpfe bei den Pimpfen besser. Da konnte man sich doch schon wie ein Frontsoldat fühlen. Bald hatte sich der Junge an die Anwesenheit Hannas gewöhnt. Und wie seine Schwester sprach er sie schließlich auch als »Hanna-Mama« an.

So rückte die Heuernte näher. Die Kühe konnten auf die Weide getrieben werden. Und Hanna war wieder mit dem Melkerad unterwegs. Eines Abends im Mai hatte sie es besonders eilig. Sie übersah einen Ast auf der Straße und stürzte. Eimer und Kannen schepperten, Hanna schrie auf vor Schmerz. Die Unterschenkel beider Beine hatte sie sich bei dem Sturz aufgeschürft. Blut sickerte ihr durch die Strümpfe. Glücklicherweise hatte sie zwei große Taschentücher dabei, mit denen sie die Wunden notdürftig verbinden konnte. Wimmernd setzte sie ihre Fahrt fort. Es tat furchtbar weh, aber es nützte ja nichts: Die Kühe mussten gemolken werden. Und als sie nach Hause kam, lief Anna ihr schon entgegen. Sie hatte sich wieder einmal geweigert, von Frau Odenwald ins Bett gebracht zu werden. Noch manch andere Aufgabe wartete auf Hanna, bevor sie schließlich einen Verband um die wunden Waden legen konnte. Der Schmerz hatte nachgelassen, und so kümmerte sie sich nicht weiter um die Verletzung. Doch die Nachlässigkeit rächte sich. Drei Tage später waren die Unterschenkel feuerrot und schwollen stark an. Hanna verspürte ein heftiges Brennen. »Du gehst sofort nach 'n Dokter«, befahl Eduard. Und Hanna sah ein, dass keine Zeit mehr zu verlieren war. Natürlich wollte sie zu Klawitter, den sie schon einige Monate nicht mehr gesehen hatte.

Er hat gar keine Sprechstunde mehr, als sie gegen Abend in Ahlden ankommt. »Da musst du dir so eine böse Entzündung holen, damit wir uns mal wiedersehen«, begrüßt er Hanna. »Du hättest dich ruhig mal wieder blicken lassen können.«

Tapfer erträgt es Hanna, als der Doktor ihr eine brennende Salbe auf die Wunden streicht. Und das anschließende Gespräch beschränkt sich nicht darauf, dass Klawitter Hanna ermahnt, nur ja die entzündungshemmenden Tropfen regelmäßig einzunehmen und mehr an ihre Gesundheit zu denken. Hanna nutzt den Besuch auch, dem Doktor über die großen Veränderungen in ihrem Leben zu berichten. »Das ist ja man fein«, sagt der Alte mit dem Kaiser-Wilhelm-Bart. »Wenigstens dir geht es gut, wo die ganze Welt zu einem einzigen großen Schlachtfeld wird.« Klawitter ist ganz ernst, als er das sagt, kein spöttischer Unterton färbt seine Stimme. Eine Woche später soll Hanna wiederkommen.

Und sie kehrte gern nach Ahlden zurück und nutzte den Arztbesuch auch, um »Tante Lene« zu besuchen. Die Wunden waren noch nicht verheilt. Klawitter zog seine Stirn in Sorgenfalten.

Die eiternde Verletzung sollte nicht die einzige Sorge bleiben, die diesen Sommer überschattete. Mitte Juli bekam auch Eduard Brandes seine Einberufung. Die hohen Verluste der deutschen Wehrmacht und die ernste Lage an den Fronten machten es nötig, dass nun auch der Bauer seinen Ehrendienst fürs Vaterland antrete, hieß es in dem Schreiben. Mit Hilfe der Kriegsgefangenen sei der Betrieb des Hofes ja sichergestellt. Brandes musste aber im Gegensatz zu den jüngeren Männern nicht damit rechnen, schon in allernächster Zeit an die Front beordert zu werden. Vorerst war sein Platz in der Kaserne eines Versorgungsbataillons in Hannover. Er musste ja auch erst ausgebildet werden für den Krieg. Ohne zu murren, fügte sich der Landwirt in sein Schicksal. Es war ihm anzusehen, dass ihn die Aussicht auf den Kriegsdienst bedrückte. Doch er kämpfte Angst und Wehmut nieder, indem er Hanna haarklein diktierte, was alles in seiner Abwesenheit auf dem Hof beachtet werden müsse und zu tun sei – vom Kornverkauf bis zum Kuhkalben. Sie musste sich das aufschreiben. Diese vielen Aufgaben, die ihr da so plötzlich zufielen, machten ihr Angst. »Wie soll das bloß alles gehen?« – »Opa Karl is doch da, der hilft dir. Und ich bin ja schließlich auch nicht aus der Welt«, beruhigte sie ihr Mann.

Ja, das war wirklich ein Trost für Hanna. Hannover war ja

nicht weit. Was aber, wenn sie ihn doch an die Front schickten? Je näher die Abschiedsstunde rückte, desto drückender wurde die Sorge. Dass sie mit ihrem Mann möglichst nicht darüber sprach, machte die Qual nicht kleiner. Bangen Herzens schließlich winkte Hanna dem Einberufenen auf dem Bahnhof von Walsrode nach, als sich der Zug in Richtung Hannover zischend und schnaufend in Bewegung setzte.

Ende einer Zugfahrt

Es ist Sonntag, der 15. Oktober 1944, halb neun Uhr morgens. Die Luft ist herbstlich kühl. Aber klar. Der Nebel, besiegt von der Sonne, hat sich schon gelichtet. Blau strahlt der Himmel. Erst wenige Bäume haben sich von ihren Blättern getrennt, die sich in prächtigen Gold- und Rottönen noch einmal von ihrer schönsten Seite zeigen, bevor der Herbstwind sie von den Zweigen bläst. Spinnweben spannen sich glitzernd über Wiesen und Brombeerbüsche. Aufgeregt zwitschernd und flatternd sammeln sich Vögel zum Abflug.

Hanna steht auf demselben Bahnhof, auf dem sie sich drei Monate zuvor von ihrem Mann verabschiedet hat. Sie wartet auf den Zug, der sie nach Hannover bringen soll. In ihrer großen Handtasche hat sie eine Thermosflasche mit Kaffee und einen Topfkuchen. Sie will ihren Mann besuchen, der seinen Dienst in der Kaserne verrichtet. Erst zweimal haben sie sich seit der Trennung im August gesehen. Vier Wochen nach dem Abschied war Eduard Brandes an einem Sonntag nach Ahrendsen gekommen. Er war bis nach Walsrode mit dem Zug gefahren und hatte sich dort von Verwandten ein Fahrrad geborgt, um schnell seine Familie zu erreichen. Stolz war er gewesen, als er in seiner Ausgehuniform auf dem Hof gestanden hatte, stolz wie ein Feldherr. Drei Wochen später hatte Hanna ihn in Hannover besucht. Nicht in der Kaserne, sondern in der Wohnung einer befreundeten Familie hatten sie sich getroffen. Nach dem Kaffee waren die beiden noch ein wenig durch die Straßen der Umgebung geschlendert. Kein schöner Anblick. Viele Häuser waren zerstört gewesen, die großen Schaufenster zersplittert und ausgeräumt. Glücklicherweise war es an jenem Sonntag gerade ruhig gewesen. Trotzdem hatte Hanna Angst gehabt, furchtbare Angst, über die sie mit ihrem Mann nicht zu sprechen wagte, diesem Soldaten in seiner feldgrauen Verpuppung.

Der Zug fährt ein. Hanna wundert sich, dass mehrere Abteile regelrecht voll gestopft sind, während in anderen noch viel Platz ist. Der Schaffner winkt die Fahrgäste vorbei an den besetzten Waggons, in denen Hanna lauter Männer mit kurz geschorenen Haaren und abgerissenen Arbeitsanzügen entdeckt. Traurige Augen blicken sie aus den blinden Abteilfenstern an, müde und matt. Es sind Kriegsgefangene auf dem Weg von ihrem Lager in Oerbke zu Aufräumungsarbeiten nach Hannover, wie Hanna vom Schaffner erfährt. Russen? Polen? Franzosen? Der Schaffner weiß es nicht. In ihrem Elend sehen sie ja auch sowieso alle gleich aus.

Schaffnerpfiff. Türenschlagen. Der Zug dampfte ab. Der Anblick der zusammengepferchten Mitreisenden war Hanna auf die Nieren geschlagen. Mochte der Himmel noch so heiter strahlen. Die Unruhe hatte sich in ihrem Bauch eingenistet. Immer wieder hatte es in der letzten Zeit Fliegeralarm gegeben. Auch Züge waren schon beschossen worden. Hanna musste an ihren Onkel denken, der als Heizer in einem Güterzug unterwegs gewesen war. Auf der Höhe von Ahlden hatten Tiefflieger auf die Lokomotive gefeuert. Der Heizkessel war getroffen worden, der Heizer vermutlich verbrüht. Ein furchtbarer Tod. Sich das vorzustellen. Nein, es gelang Hanna nicht, sich auf das Wiedersehen mit ihrem Mann zu freuen. Es war eher etwas wie Pflichterfüllung. Es gehörte sich so. Nicht sehr oft waren sich die beiden nach ihrer Hochzeit nahe gekommen, nicht nur wegen der Toten auf dem Friedhof. Auch dieses Gewimmel auf dem Hof erschwerte intime Begegnungen. Hinzu kam die beständige Angst vor den Tieffliegern. Außerdem waren sich Hanna und Eduard einig geworden, keinesfalls Kinder in die Welt zu setzen, solange der Krieg andauerte. Und schließlich war auch diese Therese Odenwald in Hannas Leben getreten. Schon als Eduard noch auf dem Hof gewesen war, hatten die beiden viel Zeit miteinander verbracht, sie waren gemeinsam mit Anna nach Eggersen geradelt und hatten zusammen Musik im Radio gehört und danach getanzt. Manch argwöhnischen Blick hatte Eduard seiner Frau zugeworfen. Und schon wenige Tage nachdem der Bauer eingerückt war, hatte Hanna ihre Freundin eingeladen, zu ihr ins Schlafzimmer überzusiedeln. Nun schlief Therese neben Hanna im Ehebett. Warum denn nicht? Die Wärme ihrer Freundin hatte Hanna gut getan, ähnlich wie damals in Eggersen nach dem Tod der Eltern, als sie sich die kleine Lisa ins Bett geholt hatte. Sollte das eine Sünde sein? Ach nein, warum denn wohl? Es hatte doch niemand Schaden davon. Nur Eduard durfte es natürlich nicht mitkriegen. Bloß nicht.

Der Zug hielt in Eggersen. Sehnsüchtig blickte Hanna auf den Hasenberg, diesen sandigen Hügel, hinter dem ein Dach aufleuchtete, unter dem sie so viele Jahre gelebt hatte. Nun wohnten andere in ihrem Elternhaus. Es versetzte ihr einen Stich, daran zu denken. Weiter, weiter. Die Wälder und frisch gestriegelten Äcker flogen nur so vorbei. Der Zug rumpelte über die Allerbrücke. Hanna verspürte einen leichten Schwindel. Auch ihre Beine schmerzten. Die Wunden waren nie richtig verheilt nach ihrem Sturz mit dem Fahrrad. Alle drei, vier Wochen war sie darum seither bei Doktor Klawitter in Ahlden gewesen. Immer hatte sie es genossen, sich mit dem alten Mann zu unterhalten, der ihr fast zu einer Art Vater geworden war. Einmal hatte Therese Odenwald sie begleitet und sich ganz begeistert vom Hotel zur Post gezeigt, wo die beiden kurz eingekehrt waren. Immer noch verstand es »Tante Lene«, ihren Gästen Köstlichkeiten auf den Tisch zu bringen. »Das ist ja wunderbar«, hatte Therese geschwärmt. »Für diese Wirtschaft will ich Reklame machen, wenn ich wieder in Bremen bin.«

Schwarmstedt, Hope. Der Zug ratterte durch ein Waldgebiet,

stieß ein heiseres Tuten aus. Hanna zuckte zusammen, weil es sie an das Heulen der Sirene erinnerte. Doch es war ja nur das übliche Warnsignal vor unbeschrankten Übergängen. Hanna atmete auf, meinte aber plötzlich einen ganz anderen Ton zu vernehmen. Was war das? Ein lang gezogenes Singen, leise schwirrend wie bei einem Hornissenflug, auf- und abschwellend. Sssssssssss … Ferne Fluggeräusche. Hanna spürte, wie sich ihre Kehle zusammenschnürte. Englische Kampfbomber auf dem Weg nach Hannover, durchfuhr es sie. Worauf hatte sie sich da bloß eingelassen? Warum begab sie sich denn ohne Not in Gefahr? Dieses Singen wurde lauter, wandelte sich in Dröhnen, Donnern. Hanna sah Tiefflieger über den Wäldern. Der Bahnhof von Lindwedel war erreicht. Der Zug fuhr ein auf Gleis 1. Die Fluggeräusche verebbten wieder. Doch der Schrecken wollte nicht weichen. Alle Fahrgäste sprangen von den Sitzen und rissen die Fenster auf. Auf Gleis 2 wartete bereits ein Güterzug. Den Reisenden blieb keine Zeit, die Waggons näher zu betrachten. »Sofort auf den Boden werfen und unter die Sitze«, brüllte ein Soldat am Bahnsteig. »Tieffliegerangriff.«

Hanna hat das Gefühl, gefangen zu sein in diesem Zug. Sie will einfach nur raus, bloß schnell raus, weg von hier, weg. Ohne zu überlegen, steigt sie auf den Holzsitz, klettert ins Fenster und springt ins Freie. Sie stürzt auf das Kopfsteinpflaster, schlägt sich die Knie blutig, schürft sich die Unterarme auf. Aber die Angst ist größer als der Schmerz. Sofort steht sie wieder auf und rennt, rennt, wie sie wohl noch nie in ihrem Leben gerannt ist. Denn das Singen hat sich wieder in lautes Dröhnen verwandelt und zu Donnern gesteigert. Die Tiefflieger sind fast über ihr. Weg, bloß weg, egal wohin. Plötzlich ein gewaltiger Knall und eine Druckwelle, die sie zu zerreißen droht.

Beide Hände über den Kopf gepresst, wirft sich Hanna auf den Boden. Ein Telegrafenmast stürzt unmittelbar vor ihr nieder. Dann wird ihr schwarz vor Augen. Und sie hört auch nicht mehr das weitere Krachen, die folgenden Explosionen. Sie sackt zusammen. Doch schon wenige Sekunden später rappelt sie sich wieder auf und läuft wie in einem bösen Traum weiter, mehr torkelnd als zielstrebig, unfähig, einen klaren Gedanken zu fassen. Sie läuft und läuft, immer weiter. Egal wohin.

Lebte sie überhaupt noch? Alles schien auf einmal so unwirklich. Es war dunkel geworden. Eine Staubwolke verfinsterte die Sonne, machte sie zu einem schwarzen Flecken. Und was war mit den Bäumen passiert? Viele waren umgeschlagen, alle hatten ihr Laub verloren, diese schönen bunten Blätter. Hanna kam an einem Bauernhof vorbei. Die Dächer waren abgedeckt und eingestürzt, Fachwerk und Türen herausgebrochen, Fenster zersplittert. Ein Schuppen war zu einem Trümmerhaufen zusammengesunken. Mittendrin sah Hanna Eisenräder, eine Achse, Teile eines Eisenbahnwaggons. Fassungslos liefen Menschen auf dem Hof umher, doch Hanna beachtete sie nicht, wollte nur weg, weit weg. Überall diese entlaubten Bäume. Oh, das war ja ein schöner Herbststurm gewesen. Wie ein göttliches Strafgericht war der übers Land gekommen. Mit welcher Wucht der gewütet hatte! Was hing denn da im Baum? Hanna sah Kleiderfetzen. Aber da steckte ja noch was drin. Ein Oberkörper baumelte da zwischen den Ästen, ein Rumpf ohne Kopf und Arme. Hanna wandte den Blick ab. Menschenfleisch. »Ich rieche, rieche Menschenfleisch.« In welchem Märchen kam das noch vor? Es grauste Hanna. »Herrgott im Himmel«, entfuhr es ihr. Nur ein Wispern brachte sie hervor, keinen Schrei. Nur weg, weg, war ihr einziger Gedanke.

Irgendwann erreicht sie das Nachbardorf Hope, wankt auf den Hof von entfernten Verwandten. Auch hier sind noch die Fensterscheiben zerborsten, bis hierher ist der Staub geflogen. »Hanna, wie siehst du aus? Wo kommst du her? Was war da los?«, bedrängen sie die Leute auf dem Hof. Nur in abgerissenen Sätzen kann Hanna erzählen, was sie erlebt hat. Wie das alles gekommen ist, weiß sie ja auch nicht. Sie will nur schnell nach Hause. Zu den Kindern. Sie sollen wissen, dass sie lebt.

Aber die hatten bestimmt noch gar nichts von der Explosion gehört. Ahrendsen lag ja wohl viel zu weit vom Unglücksort entfernt. Ach, Hannas Gedanken verwirrten sich. Erst jetzt wurde ihr bewusst, dass ihre Strümpfe zerrissen waren, und der Mantel hing ihr in Fetzen vom Leib. Und wo war denn die Handtasche geblieben? Ausweis, Geld, alles weg. »Bleib doch hier, leg dich erst mal hin«, redeten die Verwandten in Hope auf sie ein. Aber sie wollte weiter. Auf eine einzelne Radfahrerin würden diese fliegenden Engländer ja wohl keine Bomben werfen.

Irgendwann spürte Hanna, dass die Sonne wieder schien und Laub auf den Bäumen leuchtete. Geblendet von dieser Helligkeit kniff sie die Augen zusammen. Sie trat in die Pedale, als müsste sie immer noch flüchten. Weg, bloß weg. In Windeseile erreichte sie Eggersen. Die Kirchenglocken läuteten, als sie ins Dorf einfuhr. War jetzt erst der Sonntagsgottesdienst zu Ende? Nein, es war der Todeszug, den die Glocken beläuteten. Auch in Eggersen war die Wucht der Detonation spürbar gewesen. Die Wände hätten gewackelt, die Fensterscheiben vibriert, erzählten die Leute. Ungläubig starrten sie Hanna an, als sie da plötzlich in ihrem zerfetzten Mantel vor der Tür stand. »Dass du da mit deinem Leben davongekommen bist, Hanna, dass du das überlebt hast«, wiederholte Schröders Mutter immer wieder. »Du musst 'n guten Schutzengel haben.« Jetzt spürte Hanna heftige Kopfschmerzen. Schröders ließen daher gleich im Pastorenhaus bei Doktor Klawitter in Ahlden anrufen, der auch schon eine Stunde später mit seinem klapprigen Borgward in Eggersen eintraf. Auch er staunte, dass Hanna keine ernsteren Verletzungen davongetragen hatte. Auf dem Rückweg fuhr er einen Umweg, um Hanna auf ihrem Hof in Ahrendsen abzuliefern.

Dort war das Erstaunen groß, als die Überlebende am frühen Nachmittag an die Tür klopfte. Bis nach Ahrendsen war das Beben ja nicht vorgedrungen, und so wusste noch niemand im Dorf von dem Unglück. Anna weinte, als ihre Mutter von all den schrecklichen Bildern erzählte. »Gut, dass dir nich mehr passiert is«, sagte Opa Karl ungewohnt mitfühlend. Und auch Albert zeigte Anteilnahme. Ganz genau wollte er wissen, was geschehen war. Aber Hanna konnte nur immer wieder erzählen, was sie selbst gesehen und gehört hatte. Erklärbar war das alles für sie nicht. Auch in der Walsroder Zeitung war in den folgenden Tagen nichts von dem Zugunglück zu lesen. Nur ein böser Traum, das alles? Die offiziellen Stellen hätten keine Informationen herausgegeben, hieß es später. Man habe den Durchhaltewillen der Bevölkerung nicht noch mehr strapazieren wollen.

Weil Hanna immer noch hoffte, ihre Handtasche sei gefunden worden, fuhr sie zwei Tage später mit ihrer Freundin Therese Odenwald zurück nach Lindwedel. Wie es da aussah! Ein riesiger Krater klaffte an der Stelle, wo vorher das Bahnhofsgebäude gestanden hatte, wohl zehn Meter tief und um die fünfzig Meter lang war das Loch. Die Dienst habenden Eisenbahner seien in den Kellerräumen verschüttet und später tot geborgen worden, erfuhr Hanna. Viele, viele hätten den Tod gefunden, hieß es. Wohl vierhundert oder mehr. Glücklicherweise, wurde gesagt, hätten nicht allzu viele Deutsche in dem Zug gesessen. Vor allem die Kriegsgefangenen habe es getroffen. Die armen Leute, dachte Hanna. Wer würde ihre Angehörigen verständigen?

Aber von diesen Namenlosen war nicht die Rede. Getrauert wurde vor allem um die Menschen aus Lindwedel, die die Explosion in ihren Häusern zerrissen und verschüttet hatte. Besonders um die kleine Inge tat es den Leuten Leid. Sie war ausgerechnet an jenem Unglücksmorgen zu Besuch bei ihren Großeltern gewesen, die in einem kleinen Altenteilerhaus ganz in der Nähe des Bahnhofs gelebt hatten. Das Mädchen war in den Trümmern des Hauses erstickt, und ihre Großeltern hatten so schwere Verletzungen erlitten, dass sie ebenfalls wenig später im Krankenhaus gestorben waren.

Auch die Namen der Eisenbahner und deutschen Reisenden standen auf den Schleifen, die bei der großen Beerdigung die Kränze zierten. Lang war die Reihe der Eichensärge, die mit einem feierlichen Trauerzug von Lindwedel zum Schwarmstedter Friedhof eskortiert wurden, befördert auf Lafetten, die eigentlich als fahrbare Untergestelle für Geschütze dienten. Die Reihe wäre noch sehr viel länger geworden, hätte man auch die sterblichen Überreste der Fremdarbeiter in Särgen aufgebahrt. Deren zerrissene Leiber aber fanden auf höheren Befehl ihre letzte Ruhestätte in einem Massengrab im Wald. Bei der Trauerfeier mit Ehrenformationen von Wehrmacht und SS und den vielen Hakenkreuzfahnen spielten diese Toten keine Rolle.

In flammenden Ansprachen prangerten die Trauerredner die Unmenschlichkeit der Engländer an, die ihre Bomben auf wehrlose Menschen, auf Kinder und Frauen geworfen hätten. Doch die Versammelten wussten, dass dies nur die halbe Wahrheit war. Denn die ungeheure Zerstörungskraft war nicht von den englischen Raketen ausgegangen, sondern von deutschen Unterwassergeschossen und Seeminen, gelagert in jenem Güterzug, der auf dem Nebengleis gestanden hatte, als Hannas Zug eingelaufen war. Die Briten waren wohl selbst von der Wucht überrascht gewesen, die ihre Bomben ausgelöst hatten. Einem beteiligten Jagdbomber aus dem Vereinigten Königreich war die unerwartete Explosion sogar zum Verhängnis geworden. Ein Bauer hatte die Trümmer des Flugzeugs am nächsten Tag auf seinem Acker gefunden.

Hanna erfuhr diese Einzelheiten erst nach und nach von ihren Verwandten in Hope. Zu der Trauerfeier hatte sie niemand eingeladen. Und sie wäre wohl auch nicht hingefahren. Die Überreste ihrer Handtasche mitsamt Geld und Ausweis hatte sie bei der Fundstelle in Lindwedel zu ihrer eigenen Überraschung zurückerhalten. Nun sah sie keinerlei Grund mehr, sich in die Nähe des Unglücksortes zu begeben. Denn immer stärker trat ihr das Grauen vor Augen, das sie durchlebt hatte. Die Bilder brachten sie um den Schlaf. Nein, so was wollte sie nicht noch einmal mitmachen. Da blieb sie lieber zu Hause. Doch ganz sicher war es auch in Ahrendsen nicht. Immer öfter hörte sie jetzt im Haus dieses Singen in der Luft. Es gingen einige Wochen ins Land, bis sie die Kraft fand, ihre Erlebnisse in ihr schwarzes Heft zu schreiben. »Ich muss dem lieben Gott dankbar sein, dass er mir einen so guten Schutzengel geschickt hat«, schrieb sie. »Aber warum hat er die andern alle im Stich gelassen? Ach, es ist alles so schwer. Gottes Wege sind unerforschlich.«

Nun, Sturm, brich los

»Nun, Volk, steh auf, und Sturm, brich los«, hatte Joseph Goebbels schon im Februar 1943 im Berliner Sportpalast seinen Anhängern zugerufen. Nun, anderthalb Jahre später, tobte der Sturm. Und wie. Von Osten und Westen her hatten die Alliierten begonnen, das »Tausendjährige Reich« sturmreif zu schießen – zu Lande und Wasser und aus der Luft. Trübe, kalte Tage kamen. Immer neue Todesbotschaften von den verschiedenen Fronten trafen in Ahrendsen ein. Trauer und Angst gruben sich in die Gesichter, und die eigenen Sorgen versperrten den Blick auf jene Menschen, denen es noch schlimmer ging. Wer Augen im Kopf hatte, konnte jetzt im Heidedorf die Züge der ausgemergelten Gestalten nicht mehr übersehen, die mit Knüppelschlägen und Peitschenhieben den Todeslagern in Oerbke und Bergen-Belsen zugetrieben wurden. Aber die jahrelange Propaganda hatte solchen Bildern die Kraft der Verstörung genommen und ihnen eine ideologische Botschaft aufgeprägt: Keine bedauernswerten Menschen waren das, sondern Bestien – Tiere, verantwortlich für all das Elend, das jetzt die Heidjer getroffen hatte. Was die für Augen hatten! Wie schmutzig die waren! Das sollten Menschen sein?

Hanna hatte da eine andere Sicht der Dinge. Ihre Wahrnehmung war nicht geformt von der großen Propagandastanze, sondern eher schon von ihren Gottesdienstbesuchen. »Alle Menschen sind vor Gott gleich«, predigte der Pastor immer wieder. Und das waren doch Menschen. Aber das Mitleid, das sie empfand, konnte sich nicht entfalten und ihr Handeln lenken. Es verblasste hinter den Herausforderungen des Alltags. So viele Mäuler waren jetzt auf dem Hof zu stopfen, da musste man sich was einfallen lassen, da konnte man sich nicht einfach nur an die vielen vorgegebenen Regeln halten. Und weil sie nicht mehr wusste, was sie für die Kinder und Kriegsgefangenen, für Opa und Frau Odenwald kochen sollte, bestellte sie ihren Schwager August zum Schlachten. Eduard, der nur noch höchstens alle sechs Wochen kam, hätte das sicher missbilligt. Aber der konnte ja nun auch nicht mehr dafür zur Rechenschaft gezogen werden.

Es war schon später Abend, als August und ein Nachbar mit dem Beil in den Stall stiefelten. Nur kurz quiekte das Schwein, dann hörte Hanna auch schon den dumpfen Schlag. Fast die ganze Nacht über waren die Männer mit Abbrühen, Zerlegen und Verwursten beschäftigt. Auch Albert half mit. In allen Dingen bemühte er sich, seinen Mann zu stehen, obwohl er doch gerade erst vierzehn war. Gern hätte er sich auch schon dem Volkssturm angeschlossen. Aber dazu war er noch zu jung. So wollte er sich jetzt wenigstens mit Feuereifer beim Jungvolk an den Wehrübungen beteiligen. »Wenn die Tommies kommen, stellen die uns alle an die Wand und knallen uns ab«, hatte Lehrer Krachmann den Kindern eingeschärft. Diese Schreckensvision machte Anna fast verrückt vor Angst. Ständig fuhr sie im Schlaf auf. Hanna hatte sie daher schon zu sich ins Bett genommen, wo sie nun zwischen den beiden Freundinnen die Nächte verbrachte. Albert dagegen hielt wieder mehr Abstand zu »Hanna-Mama«. Nur sehr widerwillig ließ er sich von ihr zum Konfirmandenunterricht schicken. »Das is das Letzte, was wir jetzt brauchen können«, tönte er. Er hielt Hanna vor, dass sie zu viel für die Kriegsgefangenen und zu wenig für die Verteidigung der »Heimatfront« tat. »Du solltest dich schämen«, zeterte er. »Papa is Soldat, und du hilfst unsern Feinden.« Der Führer werde es schon noch allen Zauderern zeigen. Wenn erst die »Wunderwaffe« in Betrieb sei, werde sich das Blatt wieder wenden.

Hoho, Albert hatte andere Träume als seine Schwester. Wie ein Held wollte er sich den Feinden Deutschlands entgegenstellen, zäh wie Leder, hart wie Kruppstahl. Hoho, die »Wunderwaffe« werde den Engländern schon Beine machen. Beim Jungvolk hatte er gehört, dass die Raketen ganz in der Nähe gebaut wurden. Von wegen Durchhalteparolen. Da steckte schon was dahinter!

Von den Älteren hingegen wollten immer weniger an die »Wunderwaffe« glauben. Immer schutzloser sahen sich die Heidjer den Luftschlägen der Alliierten ausgesetzt. Und Hanna wurde die Erinnerung an die furchtbaren Bilder in Lindwedel nicht los. In Tag- und Nachtträumen saß sie in diesem Todeszug, flüchtete vor umherfliegenden Wrackteilen, rannte um ihr Leben, sah Tote in Bäumen hängen. Auch an ihren Onkel, der in seiner Lokomotive verbrüht war, musste sie oft denken. Doch glücklicherweise riss sie die Gegenwart immer wieder aus solchen Grübeleien heraus. Jeder Tag stellte ja neue Aufgaben, mit denen sie bisher nie zu tun gehabt hatte. Zum Glück stand Therese Odenwald an ihrer Seite. Auch die Briefe, die sie abends in ihrer schönen Schrift an Eduard in Hannover schrieb, halfen ihr, das Erlebte zu verarbeiten. Ehrlicher allerdings konnte sie ihrem Tagebuch anvertrauen, was ihr auf der Seele brannte. »Wie das noch alles enden wird?«, schrieb sie. »Die ganze Welt ist verrückt. Jetzt hetzen sie schon die Kinder in den Krieg. Und Eduard glaubt immer noch an den Endsieg. Hoffentlich passiert ihm nichts. Aber manchmal habe ich auch richtig Angst, dass er plötzlich in der Tür steht und sieht, wie nah Therese und ich uns gekommen sind. Dann frage ich mich, was eigentlich in mich gefahren ist. Aber es gibt auch wieder Momente, wo ich mich einfach nur freue, dass ich endlich eine Freundin gefunden habe.«

Und so wurde es Weihnachten, trübe Weihnachten mit Regen statt Schnee. »Ganz Deutschland verbrüdert im festen Siegeswillen«, stand groß auf der ersten Seite der »Walsroder Zeitung«. Eduard hatte geschrieben, dass er wohl nicht kommen könne, und so hatten die Frauen ihr Bestes getan, um ein bisschen festlichen Glanz im Haus zu verbreiten – der Kinder wegen, wie sie sagten. Opa Karl hatte eine kleine Tanne in die Stube gestellt, die Regina mit dem alten Christbaumschmuck behängte.

Wie selbstverständlich nahm auch Regina, die Kriegsgefangene aus Polen, an diesen Vorbereitungen teil, denn sie gehörte fast schon zur Familie. Böse Vorwürfe allerdings hatte sie sich anhören müssen, als sie schwanger geworden war. Dass sie ein Verhältnis zu einem Russen hatte, war ja im Haus schon kein Geheimnis mehr gewesen. Aber dass die beiden es so doll getrieben hatten … Doch dann erledigte sich das Problem von selbst. Regina hatte eine Fehlgeburt. Obwohl es so wohl besser für sie war, weinte sie viel. Hanna und Therese hatten Mitleid mit ihr und luden sie bisweilen sogar ein, am Tisch der Deutschen Platz zu nehmen. Auch Stanislaw, einer der beiden russischen Kriegsgefangenen auf dem Hof, rückte näher an die Familie heran. Schließlich verließ er das Gefangenenlager im Dorf und bezog Quartier im Bauernhaus. Schorsch, dem anderen Russen, traute Hanna nicht über den Weg. Opa Karl hatte ihn schon dabei erwischt, wie er Eier aus dem Haus schmuggeln wollte. Natürlich kam es für Hanna nicht in Frage, ihn anzuzeigen, aber sie war vorsichtig geworden.

Zum Mittagessen am ersten Weihnachtstag hatte sie jedoch beide Kriegsgefangenen und natürlich Regina eingeladen. Heiligabend dagegen wollte sie nur mit den Kindern verbringen. Für Anna hatte sie ihre eigene Puppe aus dem Hasenberghaus reparieren lassen, und Albert sollte eine warme Winterjacke kriegen, die eine befreundete Schneiderin in Eggersen aus Stoffresten genäht hatte. Doch selbst die schönste Bescherung, dachte Hanna, würde die beiden nicht darüber hinwegtrösten können, dass ihr Vater nicht da war. »Worum kummt Papa nich?«, hatte Anna immer wieder gefragt. Dass Albert seinen Vater vermisste, spürte Hanna auch, ohne dass er davon sprach. Und so musste sie schweren Herzens mit den beiden allein zum abendlichen Weihnachtsgottesdienst gehen.

Als sie dann aber auf den Hof zurückkehrten, meinten sie ihren Augen nicht zu trauen. Im dämmrigen Licht zeichnete sich eine Gestalt ab, die ein Fahrrad vor sich herschob. Eduard? War es möglich? Tatsächlich, Eduard war doch noch gekommen. »Papa, Papa«, rief Anna sofort, und alle stürmten ins Haus. Der Besucher hatte sogar Geschenke im Rucksack: eine funkelnagelneue Puppe für Anna, ein Taschenmesser für Albert und eine goldene Kette für Hanna. Wie früher bei der Weihnachtsfeier der Freiwilligen Feuerwehr war Eduard Brandes unverhofft zum Weihnachtsmann geworden. »Wo hast du das bloß her?«, fragte Hanna flüsternd. »Das haben mir die Engel gebracht«, gab der unverhoffte Gast ebenso leise zur Antwort. Später am Abend bekannte er dann, dass er die Geschenke gegen Tabaks- und Lebensmittelkarten vor der Kaserne getauscht hatte.

So kam es doch noch zu einem schönen Fest an diesem Heiligabend, wenngleich Eduard die Anwesenheit von Frau Odenwald in der guten Stube sichtlich missfiel. Aber er verlor kein böses Wort darüber. Es wäre ja auch schade um die Zeit gewesen, denn schon am nächsten Morgen musste er wieder zurück in die Kaserne.

Von Weihnachtsfrieden konnte doch keine Rede sein. Der Krieg ging ja weiter. Unauffällig holte Therese Odenwald ihr Nachthemd aus dem Ehebett und machte es sich auf ihrer Matratze im klammen Backhaus so gemütlich wie möglich. Glücklich währenddessen schmiegte sich in dieser Weihnachtsnacht Hanna an ihren Mann. Es war die letzte Nacht, die die Eheleute miteinander verbrachten.

Mordnacht in Ahlden

Alles, und mag es noch so furchtbar sein, wird irgendwann zur Gewohnheit. Auch die ständige Bedrohung wurde für Hanna schließlich Teil ihres Alltags. Und so radelte sie trotz der jederzeit möglichen Fliegerangriffe an diesem sonnigen Märztag des Jahres 1945 nach Ahlden. Die offenen Beine schmerzten so sehr, dass sie nachts nicht zur Ruhe kam. Und bereits bei geringer Anstrengung begann ihr neuerdings das Herz zu rasen. Drei Monate war sie schon nicht mehr bei Doktor Klawitter gewesen. Jetzt war es unumgänglich geworden. Die Salbe für die Beine, die Herztabletten – alles war aufgebraucht. Und außerdem wollte sie den Doktor einfach fragen, wie es um sie stand. Sie konnte doch jetzt nicht schlappmachen.

Das Wartezimmer war voll. Kriegsgefangene aus aller Herren Länder hockten da mit gesenkten Blicken neben Einheimischen. Klawitter war dafür bekannt, dass er keine Unterschiede machte. Jeder musste warten, ohne Ansehen der Person. Und so waren bereits etliche von Klawitters alten Patienten aus Protest zum Arzt im Nachbarort gewechselt, der nur einmal in der Woche Ausländer in einer Sondersprechstunde behandelte. Hanna wartete geduldig. Um drei Uhr war sie schon angekommen, erst gegen sechs wurde sie aufgerufen. »Hanna, warum sagst du denn nichts?«, begrüßte sie der alte Mann. »Ich weiß doch, wie viel du um die Ohren hast, bei dir hätt ich doch eine Ausnahme gemacht.« Hanna wehrte ab. »Ach, lassen Sie man. Bei uns in Ahrendsen sind genug im Haus, und Frau Odenwald passt schon auf, dass keiner Dummheiten macht.«

Unter freundlichem Geplänkel horchte der Doktor seine Patientin ab, nahm den Blutdruck und untersuchte die Beine. »Das sieht alles nicht gut aus. Du arbeitest zu viel, du musst mehr an dich denken«, ermahnte er Hanna. »Ich kann doch jetzt nicht die Beine hochlegen, wo Eduard im Krieg ist«, erwiderte die. »Im Krieg? Ich denke, der sitzt da in der Kaserne rum und spielt den ganzen Tag Karten«, scherzte der Doktor. »Nee, nee«, antwortete Hanna. »Den habense jetzt auch losgeschickt mit seiner Einheit. Die sollen in Pommern die Russen aufhalten.« Klawitter schüttelte so heftig den Kopf, dass ihm die weißgrauen Haare über die Stirn fielen. »Diese verrückten Hunde, wann begreifen die endlich mal, dass es vorbei ist«, schimpfte er. »Jetzt schicken sie schon das letzte Aufgebot an die Front. Und hier hetzen sie die Kinder in den Tod. Jungen, die gerade eben mal konfirmiert sind, bilden sie jetzt schon an der Panzerfaust aus. Die sollten sich was schämen.« Der alte Welfe sprach Hanna aus dem Herzen. »Ja, ja, das ist schlimm. Unser Albert ist auch gar nicht mehr zu bremsen. Die Kinder werden in der Schule ja ganz verrückt gemacht«, pflichtete sie ihrem Arzt bei. »Aber Angst hab ich auch. Was soll bloß aus uns werden, wenn die Russen und Engländer hier einmarschieren?« Der Doktor legte seine Hand auf ihre Schulter. »Ach, Hanna, schlimmer als jetzt wird es schon nicht. Die werden uns doch nicht alle über'n Haufen schießen. Wir beide haben doch nichts Unrechtes getan. Manch einen gibt es wohl, der gute Gründe hätte, sich Sorgen zu machen. Aber warum sollen wir uns nach denen richten?«

Kaum hatte Klawitter seinen Satz beendet, heulten die Sirenen auf. »Geht schon wieder los, Hanna«, sagte der Arzt im gleichen ruhigen Ton. »Damit können wir wohl für heute Feierabend machen. Aber in den Bunker geh ich nicht mehr. Da erstickt man ja in dieser Enge. Da leg ich mich lieber ins Bett. Irgendwann kommt sowieso der Moment, wo uns der Herrgott ruft, ich bin ja schließlich nicht mehr der Jüngste. Aber du, Hanna, du musst auf dich Acht geben. Du wirst noch gebraucht«, fuhr Klawitter fort. »Du kannst auf keinen Fall heute nach Hause fahren. Du bleibst bei uns. Auf eine mehr oder weniger hier kommt es auch nicht an.« Das war wie ein Befehl, der keinen Widerspruch duldete. Sofort beauftragte der Doktor seine Sprechstundenhilfe, beim Kaufmann in Ahrendsen anzurufen, der Hannas Familie benachrichtigen sollte.

Das Wartezimmer hatte sich unterdessen schlagartig geleert. Dafür war das Gewimmel in der Diele umso größer. Flüchtlinge aus Schlesien und Ostpreußen, Ausgebombte aus Hamburg und Hannover und Kriegsgefangene hatten Quartier im Fachwerkhaus des Arztes bezogen. Da war kaum ein Raum, in dem nicht Decken oder Matratzen auf dem Boden lagen.

Hanna kam gerade passend zum Abendbrot. »Wir haben noch einen Gast mehr gekriegt. Stellt noch einen Teller dazu«, ordnete der Doktor an. Es gab Steckrübensuppe. »So was Feines kriegt man nicht mal im Hotel zur Post«, scherzte Klawitter. Die Gesellschaft verteilte sich auf zwei lange Tische. Es war kaum mehr als Schlürfen und das Klappern der Löffel zu hören. Sogar die beiden Kinder auf der Diele löffelten stumm ihre Suppe. Alle schienen mit ihren eigenen Erinnerungen und bangen Erwartungen beschäftigt. In die Stille hinein brach das Summen und Brummen der Flugzeuge. Doch die Geräusche kamen von so weit her, dass sie niemanden in Panik versetzten. Keiner machte Anstalten, einen Bunker aufzusuchen. Wie Hanna hatten wohl auch die anderen Schlimmeres erlebt. Außer Klawitter war nur ein einziger Mann im Haus, ein Kriegsgefangener aus Polen, der ganz selbstverständlich mit den Deutschen an einer Tafel saß. Der Hausherr speiste standesgemäß in der guten Stube mit der Familie seiner Tochter. Schon bald nach dem Essen ging der Doktor ins Bett. Er war früh aufgestanden und hatte den ganzen Tag hart gearbeitet. Und schließlich war er auch schon weit über siebzig.

Hanna kam mit einer Frau ins Gespräch, die erst sieben Wochen zuvor aus Ostpreußen geflüchtet war. »Ach nee, nee, nee«, klagte sie immer wieder. Sie war erst Ende zwanzig, sah aber aus, als sei sie schon weit in den Vierzigern. »Mit Panzern und Tieffliegern hamse uns jetrieben. Übers Frische Haff sind wir marschiert, immer auf'm Eis lang. Manche sind eingebrochen, da waren ja doch überall Löcher von den Tieffliegerangriffen. Und der Wind pfiff bitterkalt. Ein langer Treck war das, alte Leute und Kinder und wir Frauen mit den ganzen Koffern und Taschen. Zu Fuß sind wir neben den Pferdefuhrwerken herjelaufen. Am schlimmsten war es für die kleinen Kinder bei dieser furchtbaren Kälte. Am Wegrand haben wir Kinderwagen mit steif gefrorenen Säuglingen gesehen. Oh, diese armen Kinder. Ich hatte nur meine beiden Mädchen dabei, Jutta und Karin, die sind ja doch erst acht und zehn. Ach, was haben die geweint und gejammert. Mama, wann sind wir da? Mama, wann sind wir da? Und dann hab ich se jesetzt auf den Pferdewagen. Da sind se gleich eingeschlafen von dem Gezuckel zwischen all den Taschen und dem Bettzeugs. Und dann sind wieder die Tiefflieger gekommen, die Pferde sind galoppiert. Und auf einmal waren die beiden weg. Nichts mehr zu sehen von meinen Mädchen. Ach nee, nee, nee.« Die Frau weinte leise in sich hinein. »Alle habe ich gefragt. Habt ihr meine Mädchen gesehen? Rote Mütze und dunkelblauen Mantel hat Jutta angehabt, und Karin hatte die Strickjacke an, die ich ihr letzten Winter gestrickt hab, die hellblaue Strickjacke. Hoffentlich war se nicht zu dünn. Wird gefroren haben, die Kleine. In dem kalten Wind.« Wieder versickerte der Redestrom in gedämpftem Schluchzen. »Keine Nachricht hab ich von den beiden. Wo die bloß abjeblieben sind? Wo die bloß abjeblieben sind?«, fuhr die Frau fort. »Und mein Mann, der ist in Russland. Der hat Weihnachten das letzte Mal jeschrieben. Seitdem hab ich von dem auch nichts mehr gehört. Meine Eltern und Geschwister. Was ist aus denen geworden? Es musste ja alles so schnell gehen, da war ja keine Zeit mehr, sich zu besprechen. Alle haben doch versucht, noch einen Platz auf einem Schiff zu kriegen. Bloß schnell zum Hafen in Pillau jetzt, nu ma los, hieß es, los, los. Der Landweg war doch versperrt. Viel früher hätten se uns müssen rauslassen, viel früher«, klagte die Frau. Immer wieder musste sie weinen, immer wieder begann sie aufs Neue zu reden, erzählte von dem Hof ihrer Eltern, den großen Wäldern und prächtigen Seen ihrer Heimat, von Elchen und Wölfen. Hanna hatte nicht genau verstanden, wo das war. Sie kam auch gar nicht dazu, nachzufragen. Denn unablässig setzte die Frau mit ihrer wispernden Stimme gleich nach, erzählte von dem überfüllten Schiff, wie die Menschen gedrängt und geschoben hatten, um noch an Bord zu gelangen. Wie dann die Tiefflieger gekommen waren. Diese Angst, das Geschrei der Kinder, das Wimmern der Kranken und Frierenden …

Die Schilderungen der Frau vermischten sich in Hannas Vorstellung mit den Bildern ihrer eigenen kurzen Flucht bei der Explosion auf dem Bahnhof von Lindwedel. Ja, das war die Strafe, die Strafe für den Hochmut und diese gottlosen Reden, dachte Hanna im Stillen. Die Strafe für all das Elend, das diese Leute über die armen ausgehungerten Menschen gebracht hatten, die da in die Lager getrieben wurden.

Ja, ein gewaltiger Sturm brauste nun übers Land. Gleich nach dem Tod ihrer Eltern war ja dieser Sturm schon entfesselt worden, hatte sie fortgeweht aus ihrem Elternhaus, immer weiter weg vom Paradies ihrer Kindheit. Oh wie gut, dass ihr Vater dieses Elend nicht mehr erleben musste.

Hannas eigene Gedanken überschlagen sich, während sie mit halbem Ohr der Frau zuhört, die immer weiter spricht. Hanna hat gar nicht gemerkt, dass sie nun beinahe die Letzte auf der Diele ist. Plötzlich hört sie Musik. Eine alte Frau hat sich im Nebenraum ans Klavier gesetzt und leise zu spielen begonnen. Hanna kennt die Melodie nicht, aber sie ist bezaubert davon. So schöne Musik hat sie wohl noch nie in ihrem Leben gehört. Auch die Ostpreußin verstummt und horcht auf. All das Furchtbare, das eben noch den Raum erfüllt hat, scheint sich jetzt aufzulösen in diesen sanften Tönen. Es klingt tröstlich. Wie ein

Wiegenlied. Hanna wird müde, denkt daran, das Schlaflager aufzusuchen, das ihr zugewiesen worden ist.

In diesem Moment vernimmt sie lautes Poltern. Männerstimmen. »Aufmachen, sofort aufmachen«, ruft jemand draußen vor der Tür. Doch keiner rührt sich. Hanna wagt kaum zu atmen. Da hört sie, wie das Glas der großen Haustür splittert. Drei Männer stürmen in die Diele, bedrohliche Gestalten in schwarzgrün gefleckten Tarnjacken mit tief über die geschwärzten Gesichter gezogenen Pudelmützen. Hanna sieht, dass jemand eine Axt in der Hand hält – ein älterer Mann, der ihr irgendwie bekannt vorkommt. »Wo is denn der Vaterlandsverräter, wo hat er sich denn versteckt, der feine Herr, der Hund?«, brüllt einer der beiden Jüngeren. Ohne die Antwort auf ihre Frage abzuwarten, stürmen die Eindringlinge weiter, reißen Türen auf und poltern die Treppe hoch. Hanna hört Schritte, Türenschlagen und dann dumpfe Schläge. Einmal, zweimal, dreimal. Hanna ist starr vor Angst. Schreie gellen durch das Haus. Sie springt auf, rennt zur Treppe. Da kommen ihr die Männer schon entgegen. Ein jüngerer stößt sie zur Seite. Doch sie rappelt sich wieder hoch. Das darf man doch nicht einfach so geschehen lassen. Unversehens steht sie dem älteren Mann mit dem Beil gegenüber. Seine Ärmel sind voller Blutspritzer. Die Mütze ist ihm vom Kopf gerutscht. Und nun erkennt sie ihn: Paul Buchtemann, Maurermeister Buchtemann – ihr früherer Dienstherr, der sich einst vor sie gestellt hatte wie ein Vater. »Du, du«, entfährt es Hanna. »Wat mokst du denn hier?« Mit einem Ruck wendet der Enttarnte sein Gesicht zur Seite. »Halt bloß den Mund, Hanna, halt bloß den Schnabel, du«, flüstert er ihr zu, bevor er sich den anderen anschließt und aus dem Haus läuft.

Lautes Wehklagen erhob sich nun aus dem Schlafzimmer des Arztes. Klawitters Tochter und die Haushälterin beugten sich über das Bett, riefen nach Binden, stürzten zum Telefon, um einen Arzt anzurufen. Doch sie mussten wohl auch gespürt haben, dass all das nichts mehr nützte. Der alte Doktor lag in seinem

Blut. Das gute alte Gesicht war nicht mehr zu erkennen. Der Lärm hatte mittlerweile alle Schlafenden aufgeweckt. »Polizei, wir müssen die Polizei holen«, rief die Frau, die eben noch Klavier gespielt hatte. Und keine halbe Stunde verging, bis der Dorfpolizist im Haus war. Es war Willi, Hannas alter Feund. Wie benommen war er, nachdem er den Toten gesehen hatte. »Hat jemand die Leute erkannt?«, fragte er pflichtschuldig und gleichzeitig hilflos in die Runde. Aber niemand antwortete, auch Hanna nicht. Kaum jemand weinte, fast alle waren stumm vor Entsetzen. Vor allem mussten jetzt erst einmal die Kinder beruhigt und wieder zum Schlafen gebracht werden. Für Willi blieb genauso wenig zu tun wie für den herbeigerufenen Arzt aus dem Nachbarort, der nur noch den Tod bescheinigen konnte. Der Wachtmeister musste jetzt auf Weisungen seiner vorgesetzten Behörde warten. Er hatte sofort nach dem Anruf aus dem Arzthaus mit der Dienststelle in Hannover telefoniert. Das war bei einem Mord selbstverständlich. »Wahrscheinlich werden sie gleich einen von der Kripo vorbeischicken, da ist es am besten, ich geh wieder nach Hause«, sagte Willi zu Hanna, die es vermied, ihm in die Augen zu blicken.

Auch als Willi fort war, kam sie nicht zur Ruhe. Sie kämpfte weiter mit sich. Buchtemanns Paul – was war bloß in den gefahren? Das war doch kein Unmensch. Der war doch immer so freundlich zu ihr gewesen, hatte ihr die Zeit in Hohenbostel überhaupt erst erträglich gemacht. Deutlich erinnerte sie sich, wie er ihr das Kaninchen abgenommen hatte. Und nun hatte er den Doktor genauso totgehauen wie damals das zappelnde Tier. Einen alten Mann mit dem Beil im Bett zu erschlagen – wie hinterhältig. Oh ja, dafür mussten die drei hart bestraft werden. Das durfte man ihnen nicht durchgehen lassen. Das war Hanna dem Doktor schuldig. Der war doch immer so gut zu ihr gewesen. Bis zuletzt. Sie durfte doch nun nicht seinen Mörder decken. Wie Buchtemann ihr gedroht hatte: »Halt bloß den Mund, Hanna.« Was nur in den gefahren war?

Lange saß sie so in sich selbst versunken am Tisch, bis sie einen Entschluss fasste. Sie wollte sich mit Willi beraten. Dem vertraute sie. Sie brauchte jetzt einfach jemanden, mit dem sie reden konnte. Willi hatte ja gesagt, er würde auf Nachricht von seinen Vorgesetzten warten. Da musste er ja noch wach sein. Sofort machte Hanna sich auf den Weg.

Es war stockfinster. Nur bei längerem Hinsehen hoben sich die Umrisse der Häuser von der Schwärze der Nacht ab. Alle Bewohner waren ja aufgefordert worden, nur ja keinen Lichtschein nach außen fallen zu lassen. Die Kirchturmuhr schlug zweimal. So spät schon. Hanna eilte durch die Nacht. Schwarze Vögel flatterten vor ihr auf. Vögel? Nein, das mussten wohl Fledermäuse sein, so körperlos, wie die durch die Nacht huschten. Manch einer hätte sich erschrocken vor diesen geflügelten Gesellen. Aber Hanna hatte andere Sorgen. Die Nacht machte ihr keine Angst. Sie kannte ja jede Wegbiegung, hatte ja lange genug in Ahlden gewohnt. Ob die Leute schliefen? Wenn die wüssten, was in ihrer Nachbarschaft geschehen war! Ob Doktor Klawitter immer noch in seinem Bett lag? Hanna wollte es nicht glauben, dass sie nun nie mehr in seine freundlichen Augen blicken konnte. Wäre es doch nur ein böser Traum gewesen! Ja, vielleicht war es ja ein Traum. Vielleicht ging sie ja jetzt nur als Schlafwandlerin durch diese kohlrabenschwarzen Straßen. Das konnte doch alles gar nicht wahr sein.

Schließlich steht sie vor dem Polizeirevier. Das Fenster der Wachtmeisterei. Und wirklich, durch die Ritzen des Rollos dringt schwaches Licht. Hanna klopft an die Scheibe. Sie hört, wie ein Stuhl zur Seite gerückt wird. Schritte. Die Tür wird geöffnet.

»Hanna? Wat wutt du denn jetzt noch hier?« Willi scheint wenig erfreut über diesen Besuch zu so ungewohnter Stunde. Er sieht müde und zergrübelt aus. »Ich muss noch was mit dir bereden, Willi«, antwortet Hanna auf Hochdeutsch. Es ist ja schließlich eine Art Dienstgespräch, das sie mit dem alten

Freund zu führen gedenkt. »Na, denn kumm mol rin«, fordert Willi sie eher mürrisch auf. Hanna hält es nicht mehr aus, mit dem, was ihr auf der Seele lastet, länger hinterm Berg zu halten. »Ich hab einen erkannt«, beginnt sie ohne Vorrede. »Aber du musst mir versprechen, dass du es nich gleich weitergibst. Ich will erst mal mit dir drüber reden.« – »Na, da bin ich aber mal gespannt, Hanna«, sagt Willi in einem Ton, der nicht eben brennendes Interesse verrät. Aber Hanna achtet jetzt nicht auf Zwischentöne. »Buchtemanns Paul war's«, bricht es aus ihr heraus, »der alte Buchtemann, der Maurermeister aus Hohenbostel, bei dem ich in Stellung gewesen bin. Ach, ich kann es gar nicht glauben, dass der so was tut. Das will in meinen Kopf einfach nich rein. Das ist doch kein schlechter Kerl gewesen; der war doch immer so gut zu mir.« Jetzt schießen Hanna Tränen in die Augen. »Was sind das bloß für furchtbare Zeiten«, wimmert sie. »Nu wein man nich mehr, Hanna. Brauchst keine Bange zu haben, Buchtemann passiert nix. Die haben gerade aus Hannover bei mir angerufen. ›Unternehmen Sie nichts mehr in dieser Sache‹, hamse gesagt. ›Das ist kein Mord, sondern eine Strafaktion. Von höchster Stelle gebilligt.‹« Hanna sieht ihn fragend an. »Es gibt eine neue Anordnung, Hanna«, fährt Willi fort. »Wer öffentlich zur Aufgabe aufruft, betreibt Wehrkraftzersetzung und ist unnachsichtig zu verfolgen. In schweren Fällen soll sofort die Todesstrafe vollstreckt werden. Überall haben die von der Partei jetzt Einsatzstäbe gebildet, die sich die so genannten Vaterlandsverräter vorknöpfen sollen. SS und Wehrmacht sind auch mit von der Partie. Ich bin ihnen wohl nicht zuverlässig genug, deshalb haben sie mich da rausgelassen. Anderswo sind auch Polizeibeamte dabei. Der Sicherheitsdienst lenkt die Aktionen und beauftragt seine Spitzel, Verräter auszuspähen. Dass Buchtemann für den Sicherheitsdienst arbeitet, weiß ich schon lange. Als es mit seiner Baufirma immer weiter abwärts ging, hat ihm seine Frau die Hölle heiß gemacht und ihn gedrängt, sich bei denen 'n bisschen was dazuzuverdienen. Und als sein Junge gefallen ist, waren auf einmal alle Frontsoldaten Helden für ihn, und er hatte eine große Wut auf jeden, der gesagt hat, dass der Krieg sinnlos ist. Nee, dass sein Junge sinnlos gestorben ist, das wollte einfach nicht rein in seinen Dickschädel. Unsern Doktor hatte er schon lange auf'm Kieker. Schon vor vier Wochen hat er mir erzählt, dass er aus dem Wartezimmer gelaufen ist, weil reihenweise Russen vor ihm drangekommen sind. ›Die, die meinen Ernst auf'm Gewissen haben, behandelt der besser als einen anständigen Deutschen‹, hat er geflucht. Da kann ich mir vorstellen, dass er nicht lange gezögert hat, die Gelegenheit zu nutzen. Der muss den Spähtrupp angeführt haben.«

Hanna hat stumm zugehört, nur immer wieder fassungslos den Kopf geschüttelt. »Aber warum kommen die denn wie die Raubmörder mit schwarzen Gesichtern bei Nacht und Nebel, wenn das sowieso alles genehmigt ist?«, fragt sie. »Ach, die wollen sich ja nicht noch verhasster machen bei den Leuten. Die wissen genau, wie beliebt unser Doktor hier in der Gegend ist. Da schlagen sie ihn eben lieber heimlich tot. Diese verdammten Hunde«, schimpft Willi. »Am liebsten würde ich denen meine Uniform vor die Füße schmeißen. Recht und Gesetz gelten hier doch schon lange nichts mehr.« Es hält ihn nicht mehr auf seinem Stuhl. »Auch bei unserm Bürgermeister sind se gewesen. Sie haben ihn aus dem Haus geholt und in der Nähe vom Schloss mit so'm Beil auf'n Kopf geschlagen. Aber er hat wohl Glück gehabt. Er hat die Hände vor den Kopf gehalten und den Schlag damit 'n bisschen abgebremst. Gut, dass Doktor Meinen gerade da war. Als er bei Klawitter aus dem Haus gekommen ist, haben sie ihn abgefangen und zu Bunje gebracht. Da hat er ihn gleich an Ort und Stelle verarztet und zum Krankenhaus nach Walsrode gefahren.« Wie getrieben läuft Willi in seiner Wachtmeisterei auf und ab. »Diese verrückten Hunde. Dabei war Bunje eher in der Partei als mancher von den Schreihälsen hier. Aber als seine beiden Jungs gefallen sind, hat er den Glauben an diesen verdammten Krieg verloren. Von wegen Heldentod. Ich kann einfach nicht begreifen, dass einer wie dieser Buchtemann noch fanatischer wird, wenn der eigene Sohn ins Gras beißt.«

Erst jetzt bemerkt Willi, dass Hanna die ganze Zeit über gestanden hat. »Warum setzt du dich denn nich hin?«, fragt er. »Die Nacht is ja sowieso schon bald vorbei.« Dankbar nimmt sie auf dem Stuhl Platz, den Willi ihr hinschiebt. »Ich will bald nach Hause«, wispert sie kraftlos. »Was soll ich hier denn noch?« Als auch Willi sich wieder gesetzt hat, hocken sie sich gegenüber wie bei einem Verhör. Schweigend, dem Gesagten in Gedanken nachhängend. Hanna wagt es nicht, ihrem Gegenüber in die Augen zu blicken. Mitten in der Nacht, allein mit einem verheirateten Mann, geht es ihr plötzlich durch den Kopf. Nein, das gehört sich nicht.

»So, denn will ich mal los«, sagt sie unvermittelt und springt auf. Auch Willi erhebt sich, geht auf sie zu und fasst sie am Arm. »Schön, dass du hier warst, Hanna«, sagt er. »Man dreht ja durch, wenn man immer so allein ist mit seinen Gedanken.« Hanna wird es plötzlich ganz heiß im Gesicht. »Wir zwei beide hätten man zusammenbleiben sollen, damals«, sagt Willi. »Ach, das is nu schon so lange her«, antwortet Hanna abwehrend. Doch ihr Körper kennt keine Abwehr: Er genießt Willis Berührung. Und ohne dass es ihr recht bewusst geworden ist, hat sie auf einmal ihren Arm um die Hüfte ihres früheren Freundes gelegt. Sie kommt sich klein vor im Vergleich zu diesem großen Mann mit den kurz geschnittenen Haaren, der immer noch gut aussieht. Hanna ist plötzlich alles egal. Und wieder wehrt sie sich nicht, als Willi die Initiative ergreift. Sie lässt sich von ihm in den Arm nehmen und fest an sich drücken. Sie lässt es geschehen – die Umarmung, den Kuss, die Küsse, die sie erwidert.

Ach, es war doch jetzt alles egal, und es war schön, endlich so geborgen zu sein und die Wärme dieses Mannes zu spüren und seinen Körper zu riechen. Wilde Regungen stiegen in ihr auf, die sie schon lange nicht mehr verspürt hatte. Und sie sträubte sich nicht dagegen, dass Willi seine Uniform auszog und ihren

Mantel, ihr Kleid und ihre Strümpfe abstreifte. Alles war jetzt ins Fließen geraten, und Hanna ließ sich gerne treiben. Und sie liebten sich, bis die Kirchturmuhr die fünfte Stunde schlug.

Als Hanna im Morgengrauen nach Ahrendsen radelte, begleitete sie schon der Gesang der gefiederten Frühaufsteher. Sie musste an die Prinzessin von Ahlden denken. »Welche Freude, welches Vergnügen, welches Entzücken habe ich in Ihren Armen gefühlt – Gott, welche Nacht habe ich verbracht.« Wessen Worte waren das gewesen? Sophie Dorotheas? Königsmarcks? Der Doktor hätte es ihr sagen können. Aber den konnte sie ja nun nicht mehr fragen.

Das Ende vom Lied

Die Kirschbäume blühten früher als gewöhnlich. Der April des Jahres 1945 zeigte sich von seiner schönsten Seite schon in der ersten Monatshälfte. Die Wiesen waren saftig grün, und die Birken legten sich schon ihr Laubkleid an. Die Vögel jubilierten unter der warmen Frühlingssonne. Den Menschen dagegen war nicht zum Jubeln zumute. Tag und Nacht heulten jetzt die Sirenen, und in Ahrendsen konnten sie das Donnern der Geschütze hören, manchmal sogar das Knattern von Maschinengewehrsalven. Nachts sahen sie, wie Feuerregen vom Himmel fiel, wie Suchscheinwerfer Schneisen in die Dunkelheit schnitten. SS-Männer zogen mit Panzerfaust und Karabiner durch die Kiefernwälder der Umgebung, um britische Panzer zu stoppen. Am heftigsten tobten die Kämpfe im Allertal. Südlich von Eggersen standen sich Engländer und Marinesoldaten gegenüber, junge Leute durchweg – keine achtzehn Jahre alt mancher. In Schützenlöchern mussten sie sich eingraben, um dem Feind standzuhalten. Auch über Ahrendsen sausten die englischen Jagdflieger in niedriger Höhe hinweg, und die Panzer der Angreifer rückten immer näher.

Hanna und ihre Leute kamen kaum mehr aus Keller und Bunkern heraus. Kühe und Rinder hatten sie schon auf die Weide getrieben. Nur noch zwei Stunden am Tag gingen die Kinder jetzt zur Schule, manchmal fiel der Unterricht ganz aus. Einige der älteren Schüler hatten sich schon dem Volkssturm angeschlossen. Sechzehnjährige wurden in Schnellkursen mit der Panzerfaust ausgebildet. Hanna konnte Albert nur mit großer

Mühe davon abhalten, sich in Walsrode zu melden. »Wir brauchen ihn auf dem Hof«, hatte sie denen von der NS-Kreisleitung gesagt.

Erst vor drei Wochen war Albert konfirmiert worden. Trotz all der Knappheit hatte Hanna ihm bei ihrer Freundin in Eggersen einen Anzug schneidern lassen. Die Kirchenglocken hatten gegen das ferne Wummern angeläutet. Zum Glück waren sie während des Gottesdienstes von Fliegeralarm verschont geblieben. Dennoch war es ein trauriges Fest geworden. Denn ausgerechnet einen Tag zuvor war Alberts Vater mit seiner Einheit nach Oberschlesien verlegt worden. Eduard Brandes hatte beim Kaufmann angerufen und kurz Bescheid geben lassen. Albert war enttäuscht, furchtbar enttäuscht. Er vermisste seinen Vater, auch wenn er kaum Worte darüber verlor. Und auch Hanna wirkte bedrückt. Schwer lastete die Entgleisung in der Ahldener Mordnacht auf ihr, und sie machte sich heftige Vorwürfe, dass sie es dazu hatte kommen lassen. Zum Glück war nicht viel Zeit zum Grübeln an diesem Tag. Obwohl ihr Helferinnen zur Seite standen, hatte sie alle Hände voll zu tun, um Mittagessen und Kaffeetafel zu richten. Und am Ende war sie immerhin stolz, die eingeladene Verwandtschaft mit einem richtigen Festessen überrascht zu haben. Es war schließlich nicht leicht, Zutaten wie zum Beispiel Mehl und Zucker zu beschaffen. Therese Odenwald hatte sich als großes Talent im Tauschhandel entpuppt und Hanna mit vielem versorgt, was es offiziell gar nicht gab.

Nun, drei Wochen später, war an Festessen natürlich nicht mehr zu denken. Sie hätten auch gar kein Geschirr mehr dafür gehabt. Die guten Teller und Tassen, Tafelsilber, Schmuck und Linnen nämlich hatten sie bereits vorsorglich auf dem Hof eingekuhlt. Denn niemand im Dorf machte sich zu dieser Zeit mehr etwas vor: Es würde nur noch eine Frage von Tagen sein, bis die Engländer vor der Tür stünden. Die Durchhalteparolen drangen nicht mehr bis nach Ahrendsen vor. Der Strom war ausgefallen, die Volksempfänger schwiegen. Und auch die Walsroder

Zeitung hatte ihr Erscheinen eingestellt. So mussten die Heidjer ohne die täglichen Wehrmachtsberichte auskommen. Bis zuletzt hatte die Heimatzeitung noch eine Bauernchronik aus dem Dreißigjährigen Krieg als Fortsetzungsroman veröffentlicht: »Der Wehrwolf« von Hermann Löns, dem Heidedichter, der in der Umgebung von Ahrendsen einst auf Jagd gegangen war. »Slah doot«, lautet der Schlachtruf der Bauern: Schlagt sie tot, die Eindringlinge, die über die Dorfgemeinschaft herfallen. »Slah doot, slah doot.« Man musste nicht studiert haben, um die Botschaft in die Gegenwart zu übersetzen. Oh ja, das war eine unzweideutige Aufforderung, dem Feind die heimatliche Scholle nicht kampflos zu überlassen.

Doch an den verheißenen Endsieg glaubten jetzt wohl nur noch die Jungs im Volkssturm, für die der Krieg ein Abenteuer war. Schon der »Führer« selbst malte ja die Niederlage aus. »Wenn der Krieg verloren geht, wird auch das Volk verloren sein«, zeterte Hitler. »Es ist nicht notwendig, auf die Grundlagen, die das deutsche Volk zu seinem primitiven Weiterleben braucht, Rücksicht zu nehmen. Denn das Volk hat sich als das schwächere erwiesen, und dem stärkeren Ostvolk gehört ausschließlich die Zukunft. Was nach diesem Kampf übrig bleibt, sind ohnehin nur die Minderwertigen: Denn die Guten sind gefallen.« Doch was auch immer der »Führer« verkündete – wer hörte jetzt noch auf diesen Scharfmacher? Der Krieg übertönte seine eigenen Propagandisten.

An einem sonnigen Apriltag mit Blütenpracht und Bienengesumm vernahm Hanna ein Brummen, das immer lauter dröhnte. Das konnten nur die Engländer mit ihren Panzern sein. Die deutschen Soldaten hatten das Dorf geräumt, und auch vom Volkssturm war nichts mehr zu sehen – zum Glück, wie Hanna fand. Denn Gegenwehr hätte ja wohl nur dazu geführt, dass das ganze Dorf kaputtgeschossen worden wäre. Man hatte ja gesehen, was in den Nachbarorten los war. Rauchsäulen stiegen da von so manchem Haus auf, das diese Verrückten hatten verteidigen wollen. Endlich, endlich konnte man laut sagen, dass der Wahnsinn ein Ende haben müsse. Noch vor wenigen Tagen waren ganz in der Nähe Soldaten erschossen worden, die sich unsinnigen Befehlen verweigert hatten. Gut, dass es jetzt vorbei war mit diesen Standgerichten, die kurzen Prozess mit Fahnenflüchtigen und »Wehrkraftzersetzern« machen sollten.

Wütend presste Hanna die Lippen zusammen, als sie daran denken musste, wie sie den Doktor totgeschlagen hatten. Oh ja, wenn alles vorbei war, dann würde sie schon den Mund aufmachen. So eine Tat durfte nicht ungestraft bleiben. Was war das für eine Beerdigung gewesen! Die große Kirche in Ahlden hatte die Menschen nicht fassen können. Lang, lang, lang war der Trauerzug gewesen. Die Kriegsgefangenen hatten dicht vor dem Friedhofstor gestanden, um ihrem Wohltäter die letzte Ehre zu erweisen. Und dann dieser Berg von Kränzen und Gestecken vor dem Sarg! Ein einziges gelbweißes Blumenmeer. Gelbweiß – die Farbe der Welfen als Grabesgruß gegen die Verderber in Braun. »Oh Haupt voll Blut und Wunden«, hatte es aus hunderten von Mündern geschallt. »Wer hat dich so geschlagen?«, hatten sie gesungen. Es war ja Passionszeit. Aber das waren nicht einfach nur Kirchenlieder. Das waren Klagegesänge, die sich auch gegen die Mörder und ihre Hintermänner richteten. Aber zum Glück standen die ja jetzt kurz vor dem Ende. Und dann würde sie ihren Teil dazu beitragen, dieses Unrecht zu sühnen. Aber Hanna fürchtete sich auch vor dieser Zukunft. Was würden die Engländer mit den Deutschen machen? Und erst die Russen? Bestimmt würden sie Rache nehmen – plündern, brandschatzen, morden. Wie wollten die denn unterscheiden, wer Nazi gewesen war und wer nicht?

Wie wild pochte der Bauersfrau das Herz, während sie da mit Anna und Therese im Erdbunker hockte. Anna weinte. Das Kind zitterte am ganzen Körper. »Is bald vorbei, Anna, musst keine Angst haben«, raunte Hanna dem Mädchen zu. »Die Tommies tun uns nichts, wir haben ja auch nichts Böses gemacht.« Indem sie Anna beruhigte, sprach sie sich selbst Mut zu.

Albert hatte mit seinem Opa die Schafe in den Wald getrieben. Die Kriegsgefangenen waren im Haus geblieben. Die hatten ja nichts zu befürchten, die warteten ja nur darauf, dass ihre »Befreier« kamen. Das konnte ihnen keiner verübeln, und Hanna hatte sich gefreut, als Stanislaw ihr gesagt hatte: »Du gute Frau, du brauchen keine Angst haben. Englischmann gut Mann.« Ja, mit diesem Weißrussen hatte sie sich prima verstanden. Auch mit Schorsch war sie ausgekommen, wenn sie ihm auch nie ganz über den Weg getraut hatte.

Das Brummen wurde lauter. Da, die ersten Spähpanzer fuhren ins Dorf. Rasselnd ruckelten sie mit ihren schweren Ketten über das Kopfsteinpflaster, mahlten sich langsam durch die Sandwege. Jeeps folgten. Plötzlich kam der Zug zum Stehen. Mit vorgehaltenen Maschinenpistolen stürmten die Soldaten in die Häuser, traten Türen ein, riefen Wörter, die Hanna nicht verstand. Schließlich entdeckten sie das Mädchen und die beiden Frauen im Bunker. Ein Soldat gab den dreien winkend zu verstehen, dass sie ins Freie treten sollten. »Come out, come out. Kommen«, rief der Mann – ungeduldig und herrisch zwar, aber nicht drohend. »Dein Haus?«, fragte der Soldat und zeigte auf das reetgedeckte Bauernhaus. Hanna nickte. »Wir hier schlafen«, verkündete der Engländer, von einer Frau zur anderen blickend. »Nur eine Nacht«, fügte er beruhigend hinzu.

Hanna und ihre Leute waren nicht die Einzigen, die ihr Haus räumen und die folgende Nacht in der Schule verbringen mussten. Dreißig, vierzig Menschen drängten sich in dem nicht eben geräumigen Schulgebäude. Sie holten Decken und Kissen aus ihren Häusern und errichteten sich provisorische Schlaflager. Alles war so ungewiss und unabsehbar, dass Hanna erst gar nicht den Versuch unternahm, sich ihre Lage auszumalen, geschweige denn ihre Zukunft. Doch große Angst hatte sie nun nicht mehr. Die Soldaten hatten niemandem etwas getan. Einer hatte Anna sogar übers Haar gestreichelt und ihr lächelnd einen Riegel Schokolade in die Hand gedrückt.

Hanna horcht in die Nacht. Wie leise es jetzt auf einmal ist. Das Birkenlaub raschelt im Wind. Das Wummern hat aufgehört. »Sollst mal sehen«, sagt Frau Odenwald zu Hanna gewandt. »Jetzt kann es nur noch besser werden.« Hanna atmet tief durch und faltet die Hände. Anna liegt bereits in tiefem Schlummer angeschmiegt neben ihrer Stiefmutter. Der gleichmäßige Atem des Kindes lässt auch Hanna langsam zur Ruhe kommen. Und trotz der Enge und des Gewispers der vielen Menschen gelingt es ihr schließlich sogar, ein wenig Schlaf zu finden, bevor sie, geweckt vom Flöten einer Amsel, im Morgengrauen zum Melken aufbricht.

Schon vor dem Mittagessen hatten die Tommies das Haus wieder verlassen. Erleichtert stellte Hanna fest, dass nur die Butter und sämtliche Eier fehlten, Mettwurst und Schinken hatten sie vorsorglich im Schuppen versteckt. Die Einrichtung hatten die »Eroberer« geschont. »Na, die waren ja ganz manierlich«, stellte Hannas Freundin fest. »Ja, ich glaube, da können wir Gott danken, dass es die Engländer waren, die hierher gekommen sind«, sagte Hanna. »Die Russen sollen ja ganz schön rumwüten.«

In diesem Moment musste Hanna an die Kriegsgefangenen denken. Schorsch war schon gleich mit den Briten mitgezogen. Das Lager auf dem Truppenübungsplatz war jetzt auch befreit und zur Anlaufstelle für die vielen Gefangenen und Verschleppten umfunktioniert worden. Stanislaw hatte es nicht so eilig. »Ich bleiben und Frau helfen«, sagte er. Erfreut über diese Treue in der Zeit des Umbruchs nahm Hanna das Angebot gern an.

Wo aber war Regina? Hanna fand die polnische Magd im Schlafzimmer. Sie stand vor dem Kleiderschrank und probierte Hannas Kleider an. »Jetzt ich feine Dame, Frau«, fuhr sie forsch die frühere Herrin an, während sie in den Spiegel blickte und keck die Hüften drehte. Hanna war so verdutzt, dass ihr die Worte fehlten. Die Magd, mit der sie so lange unter einem Dach gelebt hatte, war ihr plötzlich unheimlich geworden. Schließlich bestand ja nun die Gefahr, dass diese Regina sich mit ihren Landsleuten zusammentun und viel schlimmere Dinge anrichten konnte, als sich ihrer Garderobe zu bemächtigen. Hanna ließ sie daher lieber gewähren, auch wenn es ihr um den Mantel und das schöne dunkelrote Kleid Leid tat.

Damit war sie aber noch lange nicht vor weiteren Begehrlichkeiten geschützt. Gruppen entlassener Kriegsgefangener hatten sich zu Banden zusammengeschlossen, um sich für die erlittene Pein schadlos zu halten – oder auch einfach nur, um ihren Hunger und Durst zu stillen. Sie hatten kaum Gegenwehr zu erwarten. Die deutsche Polizei war entwaffnet, und die Bürger hatten nicht nur ihre Gewehre, sondern auch mögliche Stechwaffen bei den Besatzern abgeben müssen. Stanislaw war Hanna in diesen Tagen eine große Hilfe. Schützend stellte er sich immer wieder vor die Bauersfrau, indem er beteuerte, wie gut sie zu den Gefangenen gewesen sei und dass es sowieso nichts zu holen gebe. Am liebsten wäre er geblieben. »Du arbeiten zu viel, Frau«, hatte er immer wieder zu Hanna gesagt und ihr alle schweren Arbeiten abgenommen. Doch schon bald ging seine Zeit in der Heide dem Ende zu. Er hatte Angst, nach Weißrussland zurückzukehren. Zu viel hatte sich dort jetzt geändert. Aber ihm blieb keine Wahl. Russische Soldaten holten ihn schließlich Mitte Mai vom Hof. Er nahm Hanna in den Arm, drückte sie fest. Und er blickte sich nicht mehr um, als sie ihn zum Militärauto führten.

Er sollte Hanna fehlen. Sie vermisste seinen Schutz, als ein Trupp von Polen unter Führung seines früheren Kollegen Schorsch auf den Hof kam. Zuerst fragten sie nur nach Milch, doch als sie die bekommen hatten, verlangte es sie nach gebratenen Eiern. Ängstlich gehorchte Hanna den Wünschen der Eindringlinge. Als sie dann aber auch noch Schnaps forderten, mischte Opa Karl sich ein. »Sluck har ick uck gern«, entgegnete er ihnen barsch. »Nu lot us man dat beten Krom.« So ließ sich die Gruppe aber nicht abspeisen. Schließlich wusste Schorsch ganz genau, wo Opa Karl seinen Rübenschnaps verborgen hielt.

Und er erinnerte sich noch an manch anderes Versteck, sodass am Ende auch mehrere Paar Schuhe, Alberts schöner neuer Konfirmationsanzug sowie ein Schinken und einige Dutzend Gläser eingekochte Gurken und Bohnen fehlten.

Doch es war ja Sommer. Der Gemüsegarten war gut bestellt, und die Kühe gaben jeden Tag frische Milch. Nein, Hunger leiden mussten sie nicht. Unruhige Nächte bereitete Hanna etwas anderes. Schon Anfang Mai hatte sie einen Brief von Eduard erhalten. »Liebste Hanna, liebe Kinder! Bin auf dem Weg zu Euch«, hatte er geschrieben. »Wahrscheinlich komme ich eher an als dieser Brief.« In Gedanken war er schon wieder ganz bei der Landwirtschaft gewesen, hatte Hanna eingeschärft, das Kalb, das bald geboren werden sollte, keinesfalls zu verkaufen. »Bis bald, Euer Eduard.« Doch der Brief war angekommen und der Absender nicht. Tage, Wochen warteten Hanna und die Kinder.

Schließlich, es war schon Ende Juni, standen zwei unrasierte Männer vor der Tür. »Wir sind Kriegskameraden von Eduard Brandes. Sind Sie die Frau?«, fragten sie Hanna. Zuerst misstraute sie den beiden. So manche zwielichtige Gestalten klopften in diesen Tagen an, die angeblich Nachrichten von Vermissten zu überbringen hatten, in Wirklichkeit aber nur auf Essbares oder Schnaps aus waren. Doch diese Männer hatten etwas in der Hand: Briefe, oh ja, das war eindeutig Eduards Handschrift. Und dann überreichten sie Hanna noch ein kleines Päckchen, eingewickelt in ein Taschentuch. Ein Schmuckkästchen, aus Holz geschnitzt, fein geschliffen und verziert mit den Initialen »H B« auf dem Deckel! Hanna war so überwältigt, dass sie nur noch stammeln konnte. »Oh, denn kommense doch man rein. Ich mach Ihnen auch gleich was zu essen, 'n Glas Schnaps trinkense doch sicher auch?« Hanna redete und redete, um ihrer Gefühle Herr zu werden. Und es dauerte eine ganze Weile, bis sie die Frage herausgebracht hatte, vor deren Antwort ihr so graute: »Wie geht es ihm denn?« Sie atmete auf, als die Männer berichteten. Eduard, erzählten sie, sei bei seiner Rückkehr gefangen genommen und wieder nach Oberschlesien gebracht worden. In der Nähe von Beuthen habe er gemeinsam mit ihnen im Kohlebergwerk gearbeitet. Sie seien geflüchtet. »Er wollte es nicht riskieren, mit uns zu kommen, als wir mit 'nem Pferdefuhrwerk abgehauen sind. Er hatte Angst, dass sie uns erschießen. Lieber wollte er noch eine Weile in Gefangenschaft bleiben, hat er gesagt, dafür aber irgendwann wieder lebend zu seiner Familie zurückkehren.« Lange hatte Hanna sich zusammengerissen, bebend die Lippen aufeinander gepresst. Jetzt konnte sie nicht mehr an sich halten. Die Tränen schossen ihr in die Augen, und beschämt verdeckte sie ihr Gesicht. Mit der anderen Hand umklammerte sie das Schmuckkästchen.

Warten

Wieder und wieder las Hanna die Briefe, die Eduard ihr geschrieben hatte. Dass er sicher bald zurückkomme. Dass er nun in einem Kohlebergwerk arbeiten müsse. Dass die Arbeit schwer sei. Dass er zuletzt bei der Wehrmacht Lastwagen mit Munition habe fahren müssen. »Gefährlicher kann es jetzt in der Gefangenschaft auch nicht mehr werden«, ließ er Hanna wissen. Und er erkundigte sich nach den Kindern, nach Opa Karl, nach seinen Brüdern. »Ich kann es gar nicht mehr abwarten, wieder bei Euch zu sein«, schrieb er. »Du kannst Dir nicht vorstellen, wie Ihr mir fehlt, Du und die Kinder. Ja, Hanna, da musste ich erst so weit weg sein von zu Hause, dass mir klar geworden ist, was Du mir bedeutest. Ich habe Dich tief in mein Herz geschlossen.« Hanna hielt immer das Schmuckkästchen in der Hand, wenn sie diese Briefe las, strich zärtlich über die glatt polierte Oberfläche des sanft gewölbten Deckels. Mit Hilfe von Therese, die sie trotz ihrer Freundschaft immer noch respektvoll »Frau Odenwald« nannte, fragte sie bei der britischen Militärregierung an, wie es möglich sei, mit Eduard in Oberschlesien in Kontakt zu treten. Aber sie erhielt nur abschlägigen Bescheid. »Kein Postverkehr dorthin zur Zeit«, hieß es. Und so blieb Hanna nichts anderes übrig als zu warten.

Auch die Kinder warteten. »Wann kommt denn Papa endlich nach Hause?«, fragte Anna Tag für Tag. Albert sprach nicht darüber. Er hatte sich wieder stärker mit Opa Karl verbündet, der ihn lehrte, Gras und Korn zu mähen, zu pflügen und zu eggen. Gegenüber Hanna gab er sich sehr verschlossen, wollte sich auch nichts mehr sagen lassen von ihr. Je mehr er ackerte, desto mehr fühlte er sich als der Bauer auf dem Hof. Oh, wie würde sein Vater staunen, wenn er zurückkäme und sähe, was er schon alles konnte! Die Schule war immer noch geschlossen, sodass die Kinder Zeit hatten, von morgens bis abends auf dem Hof mitzuarbeiten.

Und so ging der Sommer ins Land, und die Erntezeit kam. Holländer, die mit den Nationalsozialisten gemeinsame Sache gemacht hatten und von den Engländern auf dem Truppenübungsplatz interniert worden waren, halfen bei der Kartoffelernte. Albert gab schon die Kommandos mit seinen fünfzehn Jahren. Stolz trug er die Lederstiefel seines Vaters, auch wenn sie ihm noch ein bisschen zu groß waren.

Und dann kam der Septembermorgen, den er nie mehr vergessen sollte. Nebel hing noch über Friedhof und Feldern. Albert trat aus dem Haus, um die Schweine zu füttern. Da sah er, wie sich in weiter Ferne aus dem Morgendunst ein Mann auf einem Fahrrad dem Hof näherte. Albert stockte der Atem. Wie angewurzelt stand er da. Je näher das Rad kam, desto sicherer schien ihm das Unbegreifliche, das so lange Ersehnte: Das musste sein Vater sein. Er lief dem Radfahrer entgegen. »Papa, Papa«, rief er aus Leibeskräften. Wie ein kleiner Junge freute er sich. Tatsächlich kam der Mann auch auf den Hof gefahren. Wie aber war Albert enttäuscht, als er feststellte, dass er sich geirrt hatte. Es war sein Onkel August, der dem Vater so ähnlich sah. »Junge, wie bis du groot worn«, begrüßte der ihn. Albert hatte keine Kraft mehr, den Gruß zu erwidern, und sackte in sich zusammen. »Junge, wat is denn?«, fragte ihn sein Onkel. Ohne zu antworten, lief Albert fort. Er wollte jetzt niemanden und nichts mehr sehen und schloss sich in der Stube ein. Hanna klopfte immer wieder an die Tür, sie wollte ihn trösten. Aber Albert blieb stur: Die hatte ihm jetzt gerade noch gefehlt.

Onkel August blieb einstweilen auf dem Hof. Seitdem die Kriegsgefangenen fort waren, war Hanna die Arbeit immer mehr über den Kopf gewachsen. Ein kräftiger Mann hatte allenthalben gefehlt. Immer wieder hatte sie ihren Nachbarn gebeten, ihr zur Hand zu gehen, wenn die Ackerwagen zum Heu- oder Strohholen umgebaut werden mussten oder wenn eine Kuh kalbte. Und Albert konnte nur morgens mit anpacken – er ging jetzt jeden Nachmittag zur Landwirtschaftsschule nach Walsrode. Als großer Vorteil stellte es sich auch heraus, dass August gelernter Schlachter war. Seitdem die Polen den Schinken mitgenommen hatten, gab es fast kein Fleisch mehr im Haus. Wurst und Fleisch waren knapp in dieser Zeit – und so wertvoll wie nichts anderes auf dem Schwarzmarkt, wie Therese Odenwald zu berichten wusste, die immer noch in Ahrendsen lebte. So spürte Hanna Erleichterung, aber auch Angst, als sie an einem nebligen Novemberabend wieder ein Schwein auf dem Hof quieken hörte. Und bald darauf quoll dichter Dampf aus der Schweineküche, die eigentlich so hieß, weil dort der Kartoffeldämpfer stand, mit dem normalerweise das Schweinefutter gekocht wurde. An diesem Tag diente sie gewissermaßen dem gegenteiligen Zweck. Im großen Brühkessel siedete das Fleisch, und Hanna, Albert und August zerhackten Koteletts, schnitten Speck und Schwarten, fütterten und kurbelten den Fleischwolf und banden die Würste ab. Wie im Krieg hatte dies immer noch nachts in aller Heimlichkeit zu geschehen, denn was sie taten, war verboten. Schweine mussten gemeldet und nach der Mästung abgeliefert werden.

Eduard hätte das selbstverständlich missbilligt, ging es Hanna durch den Kopf. Er war ja immer so auf Ordnung bedacht gewesen, ob bei der Milchkontrolle oder bei der Überwachung der Anbauvorschriften. Aber jetzt hätte er vielleicht doch Verständnis gehabt. Schließlich mussten die Leute auf dem Hof satt werden. Oft dachte Hanna, wie es wohl wäre, wenn er plötzlich in der Tür stünde. Vielleicht war er schon auf dem Weg nach Hause. Wer konnte denn wissen, ob er noch in diesem Bergwerk arbeitete. Hanna hatte ja schon so lange nichts mehr von ihm gehört. »Weihnachten is er bestimmt wieder bei uns«, sagte sie, wenn Anna wieder einmal nach ihrem Vater fragte.

Immer noch machte sich Hanna Vorwürfe, dass sie ihrem Mann untreu gewesen war in dieser furchtbaren Nacht in Ahlden. »Ich komme mir ganz schlecht vor, wenn ich daran denke«, schrieb sie in ihr Tagebuch. »Lieber Gott, vergib mir, was ich getan habe.« Doch wegen dieser Nacht plagte sie noch aus einem anderen Grund das Gewissen. Bei all der Aufregung nach Ende des Krieges war sie nicht dazu gekommen, Buchtemann anzuzeigen. Dann hatte sie bei einem Besuch in Eggersen gehört, dass er in ein Internierungslager gesteckt worden war – allerdings nicht etwa wegen seiner Beteiligung an dem Mord, sondern wegen seiner Spitzeldienste. Außer Willi hatte Hanna bisher niemandem anvertraut, dass sie ihn erkannt hatte, nicht einmal ihrer Freundin Therese Odenwald. Immer noch hielt sie diesem Buchtemann zugute, wie väterlich er sie früher in Schutz genommen hatte. Und vielleicht bekam er ja auch im Internierungslager schon seine gerechte Strafe. Nein, es war ihr nicht angenehm, daran zu denken.

Und so hatte sie das traurige Kapitel bei all den neuen Sorgen schon fast aus ihrem Kopf verdrängt, als Ende November ein Brief aus Ahlden kam. Kein Absender stand auf dem Umschlag, doch Hanna ahnte gleich, wer ihn geschrieben hatte. »Liebe Hanna«, stand da in steifer Schrift. »Wie geht es Dir? Ich habe lange nichts mehr von Dir gehört. Ich hoffe, Du bist mir nicht böse wegen dieser Nacht im März. Das war eine Dummheit, die wir da gemacht haben. Aber ich habe sie nicht bereut. Seit einigen Wochen bin ich wieder in Ahlden im Dienst. Die Engländer haben Wind von dem Mord an unserm Doktor gekriegt und mich beauftragt, sie bei ihren Ermittlungen zu unterstützen. Ich weiß nicht, was ich tun soll. Es besteht die Gefahr, dass sie mich wegen Mitwisserschaft drankriegen, wenn es rauskommt. Außerdem bist Du ja die einzige Zeugin. Wenn Du aussagen würdest, dann wäre mir das recht. Aber ohne Dein Einverständnis unternehme ich erst einmal nichts. Bitte melde Dich doch bald mal. Dein Willi.« Gleich nachdem Hanna den Brief gelesen hatte, zerknüllte sie ihn und steckte ihn in den Ofen. Was der sich wohl dachte? Nein, nein, sie hatte jetzt keine Kraft, sich all dem auszusetzen. Kein einziges Mal war sie mehr seit der Mordnacht nach Ahlden gefahren. Sie hatte sich einen neuen Arzt in Walsrode gesucht. Ihr wurde immer noch warm ums Herz, wenn sie an Willi dachte. Aber gerade darum wollte sie ihn nun vergessen, ihn ausblenden aus ihrer Vorstellungswelt. Und darum beantwortete sie auch seinen Brief nicht.

Langsam kehrte eine gewisse Ordnung ein. In der ersten Adventswoche konnte Anna wieder zur Schule gehen. Ein neuer Lehrer namens Karl Werner begrüßte die Schüler. »Guten Morgen, Kinder«, sagte der schon etwas ältere Schulmeister. »Schön, euch alle so putzmunter zu sehen.« Dabei war manchem Mädchen und manchem Jungen am schmalen blassen Gesicht anzusehen, dass das Essen nicht eben reichlich gewesen war. Aber Herr Werner zeigte sich redlich bemüht, Zuversicht zu verbreiten. »Wem Gott will rechte Gunst erweisen, den schickt er in die weite Welt«, war das erste Lied, das er ihnen beibrachte. Und dann lernten sie nur noch Adventslieder. »Bald nun ist Weihnachtszeit, fröhliche Zeit …« Die alten Parteigesänge waren jetzt natürlich verpönt. Aber die Jungen sangen sie manchmal auf dem Nachhauseweg, wenn sie besonders ausgelassen waren und sich mutig fühlten, wohl wissend, dass man sich damit Ärger einhandeln konnte. An der Klassenzimmerwand, dort, wo jahrelang das Hitler-Bild gehangen hatte, leuchtete nun ein weißer Fleck. Überhaupt sah es in der Schule karg aus. Es fehlte nicht nur an Landkarten, die ja wegen der geänderten Grenzen alle überarbeitet werden mussten. Auch an Fibeln, Heften und Stiften herrschte Mangel. Schulmeister Krachmann war noch im Internierungslager und wohl auch zu sehr belastet, um wieder unterrichten zu können. In die neu getaufte »Evangelische Volksschule Ahrendsen« hätte der Nazi-Propagandaleiter wohl auch nicht gepasst. Hanna freute sich, dass die Schule jetzt so einen schönen christlichen Namen hatte und die Kinder auch wieder an das Evangelium herangeführt wurden. Ihr selbst war die Kirche ja während der Kriegszeit ein großer Halt gewesen. Jeden Sonntag hatte sie den Gottesdienst besucht und dann, als ihre Familie unbeschadet den Krieg überstanden hatte, aus vollem Herzen »Großer Gott, wir loben Dich« gesungen. Unbeschadet? Hoffentlich!

Hanna war dem Pastor dankbar, dass er auch die Kriegsgefangenen aus dem Dorf in seine sonntägliche Fürbitte aufnahm. Inbrünstig presste sie an dieser Stelle des Gebets ihre Hände zusammen. Doch das Weihnachtswunder des vergangenen Jahres wiederholte sich nicht. Sie warteten vergebens auf Eduard. Bedrückt sangen sie die Weihnachtslieder ohne ihn. »Oh du fröhliche«? Nein, davon konnte leider keine Rede sein.

Das quälende Warten nahm kein Ende. Hanna war davon so angespannt, dass sie immer reizbarer wurde. So konnte es geschehen, dass sie Anna schon eine Ohrfeige gab, wenn die sich nur weigerte, die Hühner zu füttern. Albert ging ihr jetzt fast ganz aus dem Weg, und Hannas wichtigster Halt war nun Frau Odenwald. Doch seitdem sie von Eduards Gefangenschaft erfahren hatte, wagte sie es nicht mehr, sich nachts im Bett bei ihr anzukuscheln. Sie hätte es als Verrat an ihrem Mann empfunden, und Therese zeigte Verständnis dafür. Die Freundin unterstützte sie bei ihren Bemühungen, Aufschluss über den Verbleib ihres Mannes zu bekommen. Ob beim Suchdienst des Deutschen Roten Kreuzes, bei der britischen Militärregierung oder beim Landratsamt – überall fragte Therese nach Eduard. Doch niemand konnte helfen. Eines Tages kam Hanna bei einem Besuch in Eggersen ein Gerücht zu Ohren. Eduard, wurde gemunkelt, sei tot. Ein Mitgefangener habe das seiner Frau im Nachbarort geschrieben. Hanna war wie elektrisiert. Sofort erkundigte sie sich nach der Dame und stattete ihr gemeinsam mit Therese einen Besuch ab.

»Ich weiß gar nichts«, wehrt die Frau nervös ab. »Um Himmels willen, ich weiß gar nich, wer so was in die Welt setzt. Das ist doch alles bloß dummer Schnack. Ja, es muss schlimm zugehen da im Bergwerk. Da gibt es manch einen, der das nicht überlebt. Aber von euerm Eduard weiß ich rein gar nichts. Tut mir furchtbar Leid.« Nicht einmal eine Tasse Muckefuck bietet die Frau den Besucherinnen an. Und die Erleichterung ist ihr anzusehen, als sie endlich aufbrechen. »Tut mir wirklich Leid«, stammelt sie zum Abschied. »Aber es wird ja so viel erzählt heutzutage, das darf man ja nich alles glauben.«

Doch die Gerüchte wollten nicht verstummen. Therese radelte noch einmal allein zu der Frau – vergeblich. Sie bestritt, irgendetwas Sicheres zu wissen. Sie selbst habe auch erst nach einem Dreivierteljahr Post von ihrem Mann bekommen. Und so bangte Hanna weiter. »Barmherziger Vater, unser Herz sucht den, den wir lieb haben, und weiß nicht, wo es ihn suchen soll«, schrieb sie in ihr Tagebuch. »Aber Du weißt, wo er ist«, hieß es weiter in diesem Gebet aus dem Gesangbuch. »Wenn er noch lebt, zeige ihm, dass Du ihm nahe bist. Wir können nicht zu ihm reden. Aber Du kannst es, und Dein Wort ist stärker als das unsere. Wir können ihm nicht zeigen, dass wir ihn lieben, aber Du kannst es, und Deine Liebe ist größer als unsere Liebe.« Immer wieder sagte Hanna dieses Gebet vor sich her.

Dennoch wuchs ihre Verzagtheit. Alle anderen hatten ja jetzt immerhin schon ein Lebenszeichen von ihren Angehörigen in der Gefangenschaft erhalten. Nur für sie kam nie der ersehnte Brief. Stattdessen diese hartnäckigen Gerüchte. Aber die Hoffnung wollte sie natürlich nicht aufgeben. So wurde es wieder Frühling. Und Hanna pflanzte Stiefmütterchen in ihrem Garten und auf den Gräbern ihrer Eltern in Eggersen und auch auf dem Grab dieser Toten in Ahrendsen, deren Platz im Ehebett sie eingenommen hatte.

Die Sonne schien wieder länger und wärmer, Eichen und Erlen begrünten sich, und der Sommer kam ins Land. Der Wind kämmte die Kornfelder und trocknete den Schweiß der Landarbeiter. Warmer Sommerwind, kein Sturm mehr. Es herrschte ja Frieden. Die Grundschulkinder konnten jetzt in der Zwergschule Englisch lernen, was sie der britischen Besatzungsmacht zu verdanken hatten. Wieder wurden die Schüler auf die Felder geschickt – jetzt, um Kartoffelkäfer und verloren gegangene Kornähren zu sammeln. Und die größeren durften Postboten spielen und Briefe und Päckchen verteilen. Ach, wäre doch endlich ein Brief von Eduard dabei gewesen.

Hanna ackerte wie ein Pferd und half Anna abends noch bei den Schularbeiten, übte Bruchrechnen mit ihr und hörte sie Gedichte ab. »Auf einem leeren Haselstrauch, da saßen drei Spatzen Bauch an Bauch …«

Bisher hatte ihr Therese die Arbeit im Haushalt abgenommen. Aber damit sollte es nun auch bald vorbei sein. Die Freundin hatte bei ihrer alten Firma, einer Kaffeerösterei in Bremen, angefragt. Schon in ein paar Wochen könne sie dort ihre Stelle als Sekretärin wieder übernehmen, hieß es. Und ein kleines Zimmer hatte sie in Bremen auch schon gefunden. Aber als der Abschied näher rückte, war es ihr gar nicht so eilig. »Wir müssen doch erst einmal sehen, was aus Ihrem Mann geworden ist«, sagte sie zu Hanna. »Ich kann Sie doch jetzt nicht im Stich lassen.« Hanna war gerührt. »Das ist man schön, dass Sie zu mir halten, Frau Odenwald.«

Und dann schlug Therese vor, eine Wahrsagerin in Walsrode zu befragen, nachdem alle anderen Bemühungen ja fehlgeschlagen waren. Hanna war sofort bereit dazu. Sie hatte ja auch schon gute Erfahrungen mit einem Wunderheiler gemacht. Kein Arzt hatte ihr helfen können, als sie vor einigen Jahren an einer Gürtelrose erkrankt war. Aber schon wenige Tage, nachdem dieser kleine alte Mann mit den tief liegenden Augen murmelnd darüber hinweggestrichen hatte, war die Entzündung abgeklungen. Warum sollte man es da nicht auch einmal mit einer Wahrsagerin versuchen? Alle Welt ging ja in dieser Zeit der großen Ungewissheit zu den Spökenkiekern, besonders um Aufschluss über das Schicksal von Vermissten und Kriegsgefangenen zu erhalten.

Die Vorhänge waren zugezogen. Nur eine Kerze beleuchtete an jenem Spätnachmittag im Oktober 1946 das kleine voll gestopfte Hinterzimmer von Maria Morgenstern, einer allein stehenden Dame von Anfang fünfzig. Die rotbraune Dauerwelle der Frau entsprach allerdings gar nicht dem Bild, das Hanna sich von einer Wahrsagerin gemacht hatte. Sie hatte eher an eine Zigeunerin gedacht.

Ein kleiner Kohleofen verbreitete wohlige Wärme. »Setzen Sie sich, liebe Frau«, fordert Maria Morgenstern Hanna auf. Stumm vor Aufregung folgt Hanna der Anweisung. »So, und nun erzählen Sie mir mal, wie Ihr Liebster aussieht«, fährt die Frau fort. »Groß, ziemlich stämmig, breites Gesicht, dunkelblonde Haare …« Hanna fällt es nicht leicht, Eduard zu beschreiben. Zuletzt hatte er ja diese Uniform getragen, war abgemagert gewesen. Wie er wohl jetzt aussah?

»So, und nun wollen wir ganz fest an Ihren Mann denken«, sagt die Wahrsagerin, während sie zu einem Pendel greift und es schwingen lässt. »Ganz fest, ganz fest. Schließen Sie die Augen. Sehen Sie Ihren Mann? Sehen Sie ihn? Antworten Sie nicht, denken Sie nur weiter fest an Ihren Liebsten. Wie heißt er noch? Eduard? Ja, denken wir zusammen an Eduard.« Mit aller Macht versucht Hanna, sich Eduard ins Gedächtnis zu rufen, aber kein Bild will ihr aufscheinen. Stattdessen geht ihr so etwas wie ein Gebet durch den Kopf. »Lieber Gott im Himmel, mach, dass er noch lebt …« Plötzlich reißt die Stimme Maria Morgensterns sie aus ihrer Versenkung. »Oh, ich habe eine gute Nachricht«, teilt sie Hanna mit. »Ich habe Ihren Mann gesehen, er lebt. Er ging auf einen großen Berg zu, einen großen Berg mit grünen Tannen. Er hielt den Kopf gesenkt, er sah traurig aus, mager und müde, aber er lebte. Auch mein Pendel hat es mir gesagt: Ihr Mann lebt, freuen Sie sich.« Oh, und ob Hanna sich freut. Sie ist dieser Wahrsagerin so dankbar. Ob die halbe Mettwurst ausreicht, die sie ihr mitgebracht hat? »Viel zu viel, gute Frau, viel zu viel«, dankt Maria Morgenstern.

Hanna atmete auf. Jetzt wollte sie sich nicht mehr so viele Sorgen machen, sondern alles tun, um Haus und Hof in Schuss zu bringen. Eduard sollte sich freuen, wie gut alles war, wenn er zurückkommen würde. »Unter der Laterne vor dem großen Tor …« Hanna ging der Schlager von dieser »Lili Marlen« durch den Kopf. »Und wenn wir uns dann wiedersehen, bei der Laterne wollen wir stehen, wie einst Lili Marlen«, hieß es darin. »Wie einst Lili Marlen …« Auch Albert und Anna beflügelte die Nachricht.

Und Therese Odenwald nahm die gehobene Stimmung zum Anlass, endgültig ihren Auszug vorzubereiten. An einem Sonnabend im November war die Stunde des Abschieds gekommen. Therese hatte schon bei ihren vorangegangenen Fahrten nach Bremen manches mitgenommen, was sie auf dem Schwarzmarkt erbeutet hatte. Der Rest passte in ihren Koffer, und Hanna überreichte ihr zwei weitere Taschen, gefüllt mit Schinken, Wurst, zwei Dosen Fleisch und eingeweckten Bohnen. Sie musste sie ihr regelrecht aufdrängen. »Ich werden Ihnen nie vergessen, was Sie mir Gutes getan haben, Frau Brandes«, sagte Therese zum Abschied. »Fast könnte man dem Krieg dankbar sein, dass er uns hier zusammengeführt hat. Es war nicht leicht, aber es war auch eine schöne Zeit hier bei Ihnen, liebe Frau Brandes.« Hanna mochte solche großen Worte nicht. Sie hatte genug damit zu tun, die Erinnerungen an die gemeinsamen Nächte aus ihrem Kopf zu verscheuchen. Die Wärme, aber auch die vornehme Lebensart ihrer Freundin würden ihr fehlen, daran hatte sie oft gedacht, wollte aber jetzt nicht davon reden, sondern möglichst sachlich bleiben. »Meinetwegen hätten Sie ruhig hier bleiben können«, sagte sie. »Ich hab ja auch großen Nutzen von Ihnen gehabt.« Therese ergriff Hannas Hände. Doch verschämt entzog die Freundin sie ihr wieder. »Bremen ist ja nicht aus der

Welt, Frau Brandes. Sie müssen mich oft mit Anna besuchen kommen«, fuhr Therese fort. »Aber erst mal kommen Sie man wieder her«, antwortete Hanna. »Bis Weihnachten ist es ja nicht mehr lange hin, dann haben Sie ja wohl frei und können uns hier besuchen.« Unterdessen war der Kaufmann mit seinem klapprigen Lieferwagen vorgefahren, der Therese zum Bahnhof nach Walsrode bringen sollte. Ganz fest nahm die Abreisende die kleine Anna in den Arm, Hanna drückte sie nur die Hand. Zärtliche Gesten hatten die beiden nie in der Öffentlichkeit ausgetauscht.

Als der Lieferwagen davongerumpelt war, tönten Hanna von weit her Klagerufe ins Ohr. Der vielstimmige Chor wurde lauter. Das schien von oben zu kommen. Hanna richtete die Augen zum Himmel und sah, dass ein Schwarm Kraniche übers Dorf zog. Wie gewöhnlich hatten sie einen Keil gebildet, wenn sich auch nicht alle in die Ordnung fügten. Hanna hatte immer schon gestaunt über den großartigen Orientierungssinn dieser Vögel. Ganz bis nach Nordafrika flogen sie ja wohl im Herbst. Aber dieses Mal stimmte etwas nicht. Die flogen ja in die falsche Richtung. Nicht nach Süden flogen die, sondern nach Norden. »Was is denn mit denen los?«, murmelte Hanna vor sich hin. »Is denn alles verrückt geworden? Is denn die ganze Weltordnung durcheinander, dass nich mal die Kraniche mehr wissen, wo's langgeht?« Doch das Schauspiel unterm grauen Novemberhimmel nahm eine Wende. Die Kraniche machten kehrt, änderten die Flugrichtung, und ein kleiner Schwarm gesellte sich dazu. Hanna musste bei all ihrer Wehmut schmunzeln. »Na, jetzt hamses wohl doch noch gemerkt«, dachte sie bei sich. »Denn werden se wohl doch noch irgendwann ankommen.« Ja, und mit Eduard würde sich wohl auch noch alles zum Guten wenden.

Doch die Hoffnung währte nicht lange. Als viele Wochen nach dem Besuch bei der Wahrsagerin immer noch kein Lebenszeichen von ihrem Mann eingetroffen war, wandelte sich die Freude in bittere Enttäuschung. Und wieder verging Weihnachten ohne das ersehnte Wunder. Noch einmal ließ sich Hanna dazu überreden, die höheren Mächte zu befragen. Schröders in Eggersen hatten ihr den Tipp gegeben, doch mal an einer spiritistischen Sitzung teilzunehmen. Hanna war sofort entflammt von der Idee. In einem kleinen Dorf bei Ahlden veranstaltete ein älterer Mann alle zwei Wochen einen Tischkreis. Er warb dafür sogar in der »Walsroder Zeitung« mit Kleinanzeigen. »Botschaften aus der Ferne«, lautete die fett gedruckte Überschrift. »Warten Sie auf Lebenszeichen von Angehörigen in der Gefangenschaft? Ich vermittle Ihnen den Kontakt.«

Diesmal ist Hanna nicht allein. Ein halbes Dutzend Frauen hat sich in dem kleinen Häuschen am Waldrand eingefunden und nach den Anweisungen von Ferdinand Fahrenholz im Kreis um einen Tisch gesetzt. Wieder ist es dämmrig im Raum. Auf dem nackten Holztisch flackert eine Kerze. »So, jetzt wollen wir uns alle an den Händen fassen und an jene denken, die wir gern bald wieder bei uns hätten«, sagt der alte Mann mit den schütteren grauen Haaren, ein früherer Bauer, wie Hanna weiß. Reihum werden nun die Namen der Vermissten aufgerufen. Mit Klopfzeichen sollen die Abwesenden Antwort geben – Klopfzeichen, die vom Tisch übertragen würden. Jetzt ist Hanna an der Reihe. »Eduard. Wenn du uns hören kannst, melde dich«, predigt Fahrenholz in beschwörend singendem Tonfall. »Gib uns durch ein Klopfzeichen zu verstehen, ob du noch am Leben bist.« Abgesehen vom Ticketacke der Wanduhr ist es ganz still im Raum. Draußen lässt der Wind eine Dielentür knarren. Hanna lauscht so angespannt, wie sie wohl noch nie zuvor gelauscht hat. Da. Hat da nicht etwas im Tisch geknackt? Auch die Holzdielen scheinen zu sprechen. Selbst die Truhe hat offenbar eine Botschaft zu übermitteln. Leises Knarren und Ächzen dringt in Hannas Ohren. Ist es das, worauf sie wartet? Der Zeremonienmeister unterbricht das Schweigen. »Oh, ich habe es gehört, genau gehört. Ich glaube, du kannst ganz getrost sein, Hanna: Der, auf den du wartest, lebt. Er lebt, Hanna.« Hanna atmet auf. Weitere Besucherinnen sind an der Reihe. Bei zweien macht Fahrenholz ein bedenkliches Gesicht. »Wo bist du?«, ruft er flehentlich. »Melde dich, wenn es dich noch gibt.« Aber kein Klopfzeichen antwortet, und die Frauen stimmen ein Wehklagen an.

Auf dem Heimweg fiel Hanna ein, dass die eine der enttäuschten Frauen doch wohl eine Cousine von Fahrenholz gewesen sein musste. Das gab ihr zu denken. Und ganz konnte sie nun auch ihre Ahnung nicht mehr beiseite schieben, dass diese Klopferei in Wirklichkeit wohl nichts anderes gewesen war als das normale Arbeiten des Holzes, das Ächzen von Schrank, Tisch und Stuhl, das immer hörbar wird, wenn Ruhe einkehrt. Und schneller als nach dem Besuch der Wahrsagerin verflüchtigte sich diesmal der Hoffnungsschimmer.

Allmählich, ganz allmählich, begann Hanna sich an den Gedanken zu gewöhnen, dass die Gerüchte doch von der bitteren Wahrheit sprachen. Denn die meisten Kriegsgefangenen waren jetzt heimgekehrt oder hatten zumindest geschrieben. Hanna wollte nicht noch einmal zu dieser abweisenden Frau fahren, obwohl die bestimmt mehr wusste, als sie sagte. So stellte sie erneut einen Antrag beim Suchdienst des Roten Kreuzes. Und Ende Februar, als sie gerade Kartoffeln für das Mittagessen schälte und mit den Gedanken bei der Arbeit war, brachte die Posthalterin ihr die Antwort. Der Absender ließ keinen Zweifel offen: DRK-Suchdienst. Das Herz schlug ihr, dass es kaum auszuhalten war. Konnte sie diesen Brief einfach so öffnen? Vielleicht war es ja wieder nur die Mitteilung, dass man nichts wusste. Egal. Hanna riss das Kuvert auf. Sie musste sich setzen. »... haben wir die traurige Pflicht, Ihnen mitzuteilen, dass Ihr Mann, Eduard Brandes, geboren am 3. 9. 1910, am 15. Februar 1946 in der Region Beuthen (poln. Bytom) in Oberschlesien verstorben ist. Wir werden uns bemühen, Ihnen weitere Informationen sowie die Hinterlassenschaften Ihres Mannes so bald wie möglich zu übersenden ...«

Hanna war wie betäubt. Es dauerte eine Weile, bis die ersten

Tränen kamen. Aber dann flossen sie ihr übers Gesicht. Opa Karl war der Erste, der ihr Klagen hörte. »Er is tot, er is tot, und schon so lange, schon 'n ganzes Jahr«, brachte sie schluchzend hervor. Und sie musste daran denken, wie gut er zu ihr gewesen war und wie er ihr dieses Schmuckkästchen und die schönen Briefe geschickt hatte. Zum Glück waren Anna und Albert noch in der Schule. Wie sollte sie es ihnen sagen? Wie würden die es aufnehmen? Dann kam Eduards Bruder August dazu und tröstete sie: »Jetzt muss er nicht mehr leiden, und für dich ist es doch auch besser, dass du endlich Gewissheit hast und dieses ewige Warten vorbei ist.« Hanna fand die Worte zuerst herzlos, aber dann spürte sie, wie ihr doch ein wenig leichter wurde. »Oh, was muss er da durchgemacht haben, und hat keinem was zuleide getan«, weinte sie. So war sie am Ende froh, als Anna endlich aus der Schule kam und sie jemanden hatte, den sie in den Arm nehmen und trösten konnte. Das half ihr, den eigenen Schmerz in andere Bahnen zu lenken.

Anna nahm die Nachricht überraschend tapfer auf. »Papa, Papa. Kommt der jetzt nie mehr wieder? Nie mehr?«, schluchzte sie zuerst fassungslos. Sie konnte sich nicht vorstellen, dass auf einmal alles so gewiss, so unwiderruflich sein sollte. Immer wieder fragte sie, woher die das denn wüssten, aber dann kramte sie ein altes Fotoalbum hervor und betrachtete die Hochzeitsbilder und die Aufnahmen, auf denen sie zusammen mit ihrem Vater zu sehen war. Ganz anders verhielt sich Albert. »Das hab ich mir schon lange gedacht«, sagte er äußerlich unbewegt, als er die Todesnachricht von Hanna erfuhr. Kaum hatte er den Satz beendet, war er schon zur Tür hinaus. Hanna sah aus dem Fenster, wie er zum Friedhof ging.

»Was soll jetzt bloß werden?«, fragte Hanna ihren Schwager August. Der zuckte die Achseln, senkte den Kopf und schwieg. Erst ein paar Tage zuvor hatte er Hanna eröffnet, dass er bald wieder bei Fuchs & Co. anfangen wollte. Die Pulverfabrik, die im Krieg Munition für Hitler hergestellt hatte, sollte schon in

Kürze wieder den Betrieb aufnehmen. Kunstdärme sollten dort jetzt hergestellt werden. Die britische Militärregierung hatte schon ihr Okay gegeben. Dafür wurden Arbeitskräfte gesucht. Viele Landarbeiter hofften, endlich wieder eine Anstellung mit festen Arbeitszeiten und ordentlichem Lohn zu bekommen. Einzig die Aussicht, mit dem Geld doch nicht viel kaufen zu können, hielt noch manchen in der Landwirtschaft, wo man immerhin genug zu essen bekam. Aber August hatte die harte Arbeit auf dem Hof satt. Außerdem wollte er heiraten. Und seine Braut brachte auch einen kleinen Hof in die Ehe ein. »Hanna, ich versprech dir, ich lass dich nicht im Stich«, begann er nach einiger Zeit des Grübelns. »Ich mach die ganze Frühjahrsbestellung noch fertig, und bei der Ernte will ich dir auch helfen. Dann wird sich schon was finden. Gibt doch genug, die Arbeit suchen.« Hanna schüttelte zweifelnd den Kopf. »Was soll bloß aus uns werden? Albert geht auch bald aus dem Haus. Hier lernt er ja nicht genug. Der muss doch auf den Lehrhof. Und dann bin ich mit Anna und Opa Karl ganz allein hier. Wie sollen wir das bloß schaffen?«

Plötzlich fiel ihr ihre Mutter ein, die nach dem Tod ihres Mannes so verzagt gewesen war, so hoffnungslos, dass der Strick ihr als einziger Ausweg erschienen war. Nein, nein, der Gedanke kam einer Mahnung gleich. Solche Grübeleien führten nicht weiter. Sie musste ja auch an Anna denken. Nein, jetzt hieß es: Zähne zusammenbeißen und arbeiten. Das konnte sie ja. Vielleicht würde es bald besser werden. »Der Herr ist mein Hirte, mir wird nichts mangeln ...« Ja, der liebe Gott würde sie schon nicht allein lassen.

Drei Wochen nach der Todesnachricht kam ein Brief von dem Mitgefangenen Eduards aus dem Nachbarort, der jetzt zu seiner Frau zurückgekehrt war. Er lud Hanna zu einem Besuch ein, und die folgte dieser Einladung schon am nächsten Sonntag. Ein kühler Märztag, es hatte in der Nacht noch gefroren. Der Himmel hing grau über den bleichen Allerwiesen. Gleich nach dem

Mittagessen war Hanna losgeradelt. Modergeruch stieg von den Weiden auf, die von einer dünnen Schlickschicht überzogen waren – Hinterlassenschaft des Hochwassers, das gerade erst abgeflossen war. Paul Voss öffnete selbst, als Hanna klopfte. Die Gefangenschaft war dem schmächtigen Mann mit dem eingefallenen Gesicht noch anzusehen. »Meine Frau lässt sich entschuldigen, sie ist bei einer Geburtstagsfeier«, sagte der Mann zur Begrüßung. Hanna war es ganz recht, der Frau nicht begegnen zu müssen, die sie so lange im Ungewissen gelassen hatte. »Ja, ja, das waren schlimme Zeiten«, sagte der Mann verlegen lächelnd. »Das lässt einen nicht so schnell los. Aber man muss ja dankbar sein, dass man noch lebt.« Hanna senkte den Blick. »Ja, Eduard, der hat dieses Glück nicht gehabt«, fuhr Voss fort. »Der hat es nicht ausgehalten, jeden Tag zwölf Stunden in diesem feuchten Bergwerk. Ganz angeschwollen ist er zuletzt gewesen, aufgedunsen im Gesicht. Vor allem in den Beinen hat sich das Wasser gestaut. Ich seh ihn noch genau vor mir, wie er sich kaum noch auf den Beinen halten konnte und auf die Baracken zugetaumelt ist, wenn er seine lange Schicht hinter sich hatte.« – »Wie isses denn passiert?«, fragte Hanna ungeduldig dazwischen. »Ich bin nicht dabei gewesen«, antwortete Voss. »Aber die andern haben es mir erzählt. Er hat getorkelt wie ein Besoffener, als er an diesem Februarabend aus dem Schacht gekommen ist. Es war zwar schon düster, aber durch den Schnee konnte man alles gut erkennen.« Voss holte tief Luft. »Die andern haben ihn gestützt, aber auf einmal konnte er nicht mehr. Da is er umgekippt. ›Doktor, Doktor‹, haben sie gerufen. Aber einen Doktor gab es weit und breit nich. Er hat auch keinen Doktor mehr gebraucht. Das konnte man auch so sehen, dass das keinen Zweck mehr hatte. Der muss gleich tot gewesen sein, da war kein Atem mehr. Die Polen haben uns dann weggeschickt. Man hat ihnen angemerkt, dass es ihnen Leid getan hat. Nee, nee, das sind auch keine Unmenschen. Die hatten eben ihre Befehle, so wie wir früher. Die Kameraden haben dann von den Baracken aus gesehen, wie sie ihn weggetragen und im Schnee untergewühlt haben. Ein Grab konnten sie ihm ja beim besten Willen nicht ausheben. Die Erde war ja steinhart gefroren. Und wegen der Seuchengefahr hatten die Polen die Anweisung, jeden Toten sofort beiseite zu schaffen.«

Unsicher blickte Voss Hanna an. Doch die wirkte gefasst. Ihr fehlten die richtigen Worte. Sie blickte ins Leere. Beide schwiegen. »Ja, denn will ich euch nich länger aufhalten, denn weiß ich ja jetzt Bescheid«, sagte sie so sachlich, dass es Voss verwunderte. Doch der war auch sehr dankbar, dass es so ganz ohne Tränen abging und endlich ein Ende hatte. »Ich hab noch was für Sie«, sagte er, ging ins Nebenzimmer und kam mit einem abgewetzten Büchlein zurück. »Eduards Soldbuch, da steht alles Wichtige drin, was man für die Rente und den Papierkrieg mit den Ämtern braucht.« Hanna schob das Heft ungeöffnet in ihre Handtasche, dankte und nahm hastig Abschied.

Bussardschreie, klagend wie junge Katzen, begleiteten sie, während sie heimwärts radelte. Ganz widerstrebende Vorstellungen bestürmten Hanna. Es tat ihr weh, wenn sie daran dachte, was Eduard durchgemacht hatte. Und doppelt schwer lastete das Gefühl auf ihr, diesen Mann betrogen zu haben in jener Nacht. Es hätte nichts geändert, wenn sie ihm die Treue gehalten hätte, musste sie sich immer wieder klarmachen. Aber sie wurde das Schuldgefühl nicht los. Noch etwas anderes kam hinzu. Die Erzählung von den aufgeschwemmten Beinen hatte sie an den Tod ihres Vaters erinnert. Ihr war, als hätte sie ihren Vater ein zweites Mal verloren. Sie spürte keinerlei Wut oder Hass. Nein, das nicht. Denn sie musste auch an die russischen Kriegsgefangenen denken. Die hatten ja wohl noch schlimmer ausgesehen, diese ausgemergelten Gestalten von Oerbke. Und dann die armen Menschen in Bergen-Belsen. Erst nach Kriegsende hatte man ja auf den Bildern in den Zeitungen die Leichenberge gesehen. Diese elenden Leute, abgemagert bis aufs Skelett! Kinder und Frauen sollen dabei gewesen sein. Die hatten doch niemandem was getan. Nein, nein, das hatte nicht gut gehen können. So ließ der liebe Gott sich nicht verspotten. Das schrie ja geradezu nach Bestrafung. Aber dass ausgerechnet Eduard dafür mit seinem Leben bezahlen musste? Das hatte der doch nicht verdient. Und sie auch nicht.

In Ahrendsen leerte sich das Haus allmählich. Albert war nun auf dem Lehrhof in Böhmetal. Seinen Lehrherrn hatte das Amtsgericht zum Vormund bestellt – nicht nur zu Alberts, sondern auch zu Annas Vormund. Hanna fühlte sich beiseite gedrängt. Es kam ihr so vor, als wären ihr die beiden Kinder von Amts wegen wieder weggenommen worden. Dabei kannte doch dieser Heinrich Heumann Anna überhaupt nicht. Nur ein einziges Mal hatte er sie in Ahrendsen gesehen und kurz mit ihr geplaudert. »Kannst immer kommen, wenn dir irgendwo der Schuh drückt«, hatte er ihr leutselig gesagt. »Ich hab deinen Papa gut gekannt, das war ein feiner Kerl. Ersetzen kann man einen Vater natürlich nie. Aber ich will schon dafür sorgen, dass was Ordentliches aus euch wird.« Sprüche, nichts als Sprüche, dachte Hanna. Mit ihr hatte er kaum gesprochen. Wie eine Dienstmagd hatte sie dieser Großbauer behandelt. »Gut, dass Eduard das Testament gemacht hat, bevor er in den Krieg gezogen ist. Albert erbt den Hof hier in Ahrendsen, und Anna kriegt deinen Hasenberg in Eggersen. Damit hast du dich ja auch einverstanden erklärt und unterschrieben. Und damit is doch alles im Lot.«

Hanna wagte nicht zu widersprechen. Doch innerlich brodelte es in ihr. Alles im Lot? Wie herablassend er von »deinem Hasenberg« gesprochen hatte! Und was wurde jetzt aus ihr? Was blieb ihr? Viereinhalb Jahre hatte sie sich abgerackert auf diesem Hof, und jetzt bestimmte ein anderer darüber und machte sie zur Dienstmagd ihres eigenen Sohnes. Und nicht einmal ihr Elternhaus sollte ihr bleiben? Dass Anna es irgendwann einmal erbte, dagegen hatte sie ja gar nichts. Aber dass jetzt dieser Vormund so tat, als habe er schon stellvertretend für die Kinder darüber zu bestimmen, das tat weh. Wie ungerecht das war! Und dieses Gefühl der Erniedrigung legte sich fortan wie Mehltau über Hannas Tage in Ahrendsen.

Sie war nun nicht mehr die Herrin des Hauses, sondern nur noch Alberts Platzhalterin. Pflichtschuldig fuhr sie während der Sommer- und Herbstmonate weiter zum Melken, versorgte Anna und den Haushalt, jätete Unkraut im Garten, hackte Kartoffeln und Rüben auf dem Feld und heuerte Hilfskräfte für Heu- und Kornernte an. Schwager August hielt zum Glück sein Versprechen, und auch ein Nachbar packte mit an. Aber beide mussten natürlich mit Naturalien entlohnt werden, und für Hanna endete die Arbeit nie. Erschöpft fiel sie immer erst kurz vor Mitternacht ins Bett und stand schon beim ersten Hahnenschrei wieder auf. Sie schaffte es nicht einmal mehr, zum Sonntagsgottesdienst zu gehen. Die Kirchenglocken riefen sie vergebens. In Stall und Haushalt stand ihr Opa Karl zur Seite. Aber dessen Kräfte ließen auch nach. So stand es um die Ordnung auf dem Hof bald nicht mehr zum Besten. Hanna, die immer so akkurat gewesen war, litt darunter, und auch Anna musste darunter leiden, denn sie bekam den Zorn und die Verzweiflung Hannas am stärksten zu spüren. Den ganzen Tag sollte sie nun mithelfen: Erbsen und Bohnen pflücken, Hühner füttern, Kartoffeln hacken. Dabei war sie ja noch ein Kind und wollte spielen wie ihre Freundinnen. Doch wenn sie maulte, wurde Hanna immer gleich wütend. Und wenn Anna sich dann widersetzte, geschah es nicht selten, dass Hanna die Fassung verlor und das Mädchen schlug. »Sloh mi doch doot«, rief Anna dann oft und lief weinend aus dem Haus. Wenige Augenblicke später schon tat es Hanna Leid, dass sie sich nicht beherrscht hatte, und sie versuchte es wieder gutzumachen. Doch künftige Wutausbrüche konnte sie so nicht verhindern. Dabei war doch Anna der Mensch, der ihr am nächsten stand. Sie war ihr ans Herz gewachsen wie eine leibliche Tochter. Ja, es tat ihr in der Seele weh, sich immer wieder einzugestehen, wie sie das Kind quälte.

Albert dagegen hatte sich nun vollends von ihr abgelöst. Nur noch am Wochenende ließ er sich auf dem Hof in Ahrendsen blicken, sah nach dem Rechten und ging mit Opa Karl pflügen. Oft spielte er sich auf, alles wusste er auf einmal besser. Wann der richtige Zeitpunkt war, die Stoppeln unterzupflügen oder die Schweine zu verkaufen, wann das Wintergetreide gedrillt und wie das Vieh gefüttert werden musste … Er war ja nun auf einem großen Hof mit Trecker, Selbstbinder und großen Pflügen. In Ahrendsen dagegen kam ihm alles nur noch erbärmlich vor – rückständig wie im Mittelalter, schmutzig und stinkend. Andererseits war es ja sein Zuhause. Furchtbares Heimweh hatte er in den ersten Wochen gehabt: nach den vertrauten Plätzen und Wegen seiner Kindheit, nach der kleinen Diele mit dem warmen Kuhstall, nach seiner Schwester Anna, nach Opa Karl und – er wollte es sich nicht eingestehen, aber er spürte es doch – auch nach Hanna-Mama. Ja, trotz aller Streitereien wusste er, dass er sich immer auf sie hatte verlassen können. So war er ganz zerrissen und freute sich bei all seiner Unzufriedenheit auf seine Besuche zu Hause. Umso größer war dann jedes Mal die Enttäuschung.

Die Zusammenstöße mit Hanna häuften sich. Besonders schlimm war es an einem sonnigen Novembertag.

»Sind denn die Kühe immer noch auf der Weide?«, fragt er Hanna vorwurfsvoll. »Das Gras ist doch noch gut. Wir müssen sparsam mit dem Heu sein, damit es den Winter über reicht«, gibt die zur Antwort. »Aber das bringt doch alles nichts, ist doch schon viel zu kalt draußen«, poltert Albert. »Dies bisschen Milch, die du da noch zusammenbekommst. Da können wir die Kühe auch gleich zum Schlachter bringen.«

In vielen Fragen der Landwirtschaft fühlte Hanna sich selbst unsicher und war daher dankbar für fachmännischen Rat, aber bei der Milch, da sollte ihr keiner was vormachen. Da verlor sie alle Beherrschung, wenn ihr jemand reinreden wollte.

»Dass du dich nicht schämst«, faucht sie Albert an. »Ich fahr hier bei jedem Wind und Wetter auf die Weide und melk mich halb tot. Und dann kommst du und schimpfst mich auch noch aus dafür. Überall, wo ich gewesen bin, haben sie immer gestaunt, was ich aus den Kühen raushole. Da lass ich mir von dir nicht erzählen, wann sie in den Stall zu kommen haben. Du mach mal erst mal deine Ackerbauschule zu Ende, bevor du hier den Chef spielst.« Albert zittert vor Wut. »Hör bloß auf zu sabbeln, du!«, brüllt er. »Du hast mir hier gar nichts mehr zu sagen. Das ist mein Hof. Und ich kann es nicht mehr mit ansehen, wie das hier aussieht, seitdem du hier allein rumwirtschaftest. Die Schweine stehen in der Jauche, und ihr habt es immer noch nicht geschafft, den Winterroggen zu drillen. Das ist doch eine einzige Misswirtschaft hier. Und im Haus sieht es genauso schlimm aus. Guck dir doch deine Küche an: Überall stehen die dreckigen Teller und Töpfe rum. Bei Opa Karl war früher mehr Ordnung. Wie gut, dass Papa nicht mehr erleben muss, wie du unsern Hof ruinierst.«

Hanna hat sich bisher nur mühsam zurückhalten können. Jetzt platzt es aus ihr heraus. »Du Scheusal, du, von dir lass ich mich nicht länger kujonieren. Du willst mich wohl auf den Friedhof bringen, damit du hier freie Hand hast. Aber so schnell geht das nicht«, schreit sie ihn an. »Du brauchst ja nicht wiederzukommen, wenn es dir hier nicht gefällt. Bleib doch lieber bei deiner Herrschaft in Böhmetal. Dann haben wir wenigstens unsere Ruhe.« Albert lässt sich davon nicht einschüchtern. »Du willst mich von meinem eigenen Hof treiben? Da lachen ja die Hühner«, setzt er ihr ebenso lautstark entgegen. »Ich hab jetzt genug von dir, ich fahr wirklich weg, damit du endlich deine Ruhe hast und dir deine Frau Odenwald aus Bremen zu Besuch holen kannst. Aber ich komm wieder, und dann jag ich dich aus dem Haus. Worauf du dich verlassen kannst.« Mit diesen Worten schlurft er mit seinen immer noch zu großen Lederstiefeln aus der Küche und schlägt die Tür hinter sich zu, dass es knallt. »Du Scheusal, du«, ruft Hanna ihm nach. »Komm mir bloß nich mehr unter die Augen.« Doch schon im nächsten Moment sackt sie schluchzend zusammen. »Wat schall ick hier bloß noch? Wat schall ick hier bloß?«, wimmert sie. »Lieber Gott, wenn es bloß bald zu Ende wär mit mir, wenn ich bloß bald erlöst wäre von der Pein.«

Lange saß sie da und weinte, und immer deutlicher kam ihr zu Bewusstsein, dass Albert ja vielleicht Recht hatte. Was hatte sie hier eigentlich noch verloren auf seinem Hof? Warum sollte sie sich länger wie eine Dienstmagd herumstoßen lassen, wenn er doch irgendwann sowieso käme, sein Erbe anträte und sie vertriebe wie einen räudigen Köter? Und es gab ja für sie seit einiger Zeit eine neue Aussicht. Ihr Onkel Walter aus Nebelhagen hatte ihr geschrieben. Dessen Sohn, der ebenfalls Walter hieß, war – gerade achtzehn Jahre alt – im Krieg gefallen. Nun war Onkel Walter mit seiner Frau Dora allein auf dem Hof. »Willst Du nicht zu uns kommen, Hanna?«, hatte er sie in seinem Brief gefragt. »Wir schaffen es bald nicht mehr allein hier, und Du hast doch gesagt, dass Albert bald den Hof in Ahrendsen übernimmt und Du nicht weißt, wie es dann weitergeht mit Dir. Komm doch zu uns. Du hast Deine Eltern verloren und wir unsern Jungen. Da können wir uns doch zusammentun.« Hanna hatte den Brief zuerst beiseite gelegt. Sie konnte doch jetzt in Ahrendsen nicht alles stehen und liegen lassen. Und was sollte auch aus Anna werden? Aber nun war sie plötzlich entschlossen: Ja, sie wollte fort von hier. So konnte es wirklich nicht weitergehen. Die Ernte war ja jetzt zum Glück unter Dach und Fach, und die Futtervorräte reichten bis zum Frühjahr. Aber dann wollte sie weg. Was hielt sie denn noch auf dem Hof? Anna. Aber die konnte sie ja vielleicht mitnehmen.

Onkel und Tante in Nebelhagen freuten sich über Hannas Ja, und sie hatten auch gegen Anna nichts einzuwenden. So wurden im Winter schon alle Vorbereitungen getroffen. Vormund Heumann suchte gemeinsam mit Albert einen Pächter, und daraufhin wurde die Hofstelle in Ahrendsen »mit lebendem und totem

Inventar«, wie es im Vertrag hieß, auf drei Jahre verpachtet. Zu dem lebenden Inventar zählte gewissermaßen auch Opa Karl. Dem alten Mann wurde eine Altenteilerwohnung im Backhaus zuerkannt, Verpflegung eingeschlossen. Opa Karl fügte sich in sein Schicksal, er hatte sich daran gewöhnt, keine Forderungen zu stellen. Und er war froh, auf seine alten Tage nicht noch einmal verpflanzt zu werden. In Ruhe sterben – das war das Einzige, wonach er sich jetzt noch sehnte. Anna hatte große Angst vor den Veränderungen und weinte viel. Hanna musste sie oft trösten. »Sollst mal sehen, wenn wir erst bei Onkel Walter und Tante Dora sind, dann wird schon alles gut. Ich bin doch bei dir. Wird alles gut«, sagte sie ihr dann. »Du bist ja noch jung, dir steht die Welt doch noch offen.«

Und an einem Märztag des Jahres 1948 war es schließlich soweit: Wieder einmal packte Hanna ihre Habseligkeiten zusammen, um einen neuen Anfang zu wagen. Diesmal war es etwas mehr, was sie mitnehmen konnte: Schränke, Betten, Tisch und Stühle, dazu Geschirr und Linnen. Das hatte Vormund Heumann ihr nicht verweigern können. Schließlich ging es ja auch um Annas Zukunft. Hanna bestellte eine Spedition für den Umzug. Aber aufstellen konnte sie die vielen Möbel in Nebelhagen nicht. Das meiste lagerte sie in einem Schuppen. Denn sie wohnte nun in einer kleinen Kammer, die sie sich mit Anna teilen musste.

Ja, es hieß, wieder von neuem anzufangen. Hanna war es, als habe sich ihr Leben im Kreis gedreht. Neun Jahre nach dem Tod ihrer Eltern sollte sie bei Onkel und Tante wieder in die Rolle der erwachsenen Tochter schlüpfen. Doch manches hatte sich auch verändert. Sie brachte ihre eigene Tochter mit, und auch die Schatten der Toten konnte sie nicht einfach hinter sich lassen. »Du musst auch mal an dich denken, Hanna«, hatte Doktor Klawitter immer zu ihr gesagt. Ja, den hatte sie fast schon vergessen. Es ging das Gerücht, Buchtemann sei seit einiger Zeit aus dem Internierungslager entlassen worden und habe wieder

Tritt gefasst als Bauunternehmer. Die Wut auf diesen Mann erfüllte Hanna aufs Neue mit großer Unruhe. Vielleicht könnte sie sich jetzt auch mal wieder bei Willi melden, überlegte sie. Sie wohnte ja nun fast im Nachbardorf.

Bei Onkel und Tante

Wieder war der Kirchhof nah. Von der Stube aus konnte Hanna bei offenem Fenster hören, wie der Totengräber Schlager und Stimmungslieder pfiff, während er seiner Arbeit nachging. »Die Nacht ist nicht allein zum Schlafen da, die Nacht ist da, dass was geschieht ...« Die Spatenstiche gaben knirschend den Takt an. Den Mittelpunkt des kreisförmig angelegten Friedhofs bildete eine kleine Kirche aus rotem Ziegelstein. Und wenn zum Ende des Gottesdienstes die Kirchentür geöffnet wurde und der Wind günstig stand, wehte der Schlusschoral samt Orgelbegleitung zum Haus von Onkel Walter und Tante Dora herüber. Hanna sang natürlich lieber selbst mit, zumal jetzt Anna als Vorkonfirmandin mit ihr den Gottesdienst besuchte. Doch sie kam nicht jeden Sonntag dazu, in die Kirche zu gehen. Meistens hatte Tante Dora Arbeit für sie. »Hanna, wir müssen unbedingt die Bohnen hacken, das ganze Beet is ja überwuchert von lauter Franzosenkraut«, ordnete die kleine Frau mit der piepsigen Stimme an, wenn sich Hanna gerade fein für den Kirchgang machte. Den Einwand, man müsse doch nicht ausgerechnet sonntags Unkraut jäten, ließ sie nicht gelten. »In der Woche is für so was keine Zeit«, hieß es dann.

Auch sonst wurden Hanna und Anna nicht gerade verwöhnt in Nebelhagen. Ihre Kammer war klein und unbeheizbar. Mutter und Tochter mussten sich ein Bett teilen. Und wenn zum Sonntagsessen eine Dose Kochfleisch geöffnet wurde, war das schon ein großer Luxus. Während der Woche gab es nur dünne Suppe, und wenn Anna um eine zweite Tasse Milch zum Abendbrot bat, erhob Tante Dora ein Gezeter, als gälte es, drohendes Unheil abzuwenden. »Du bringst uns noch alle ins Armenhaus«, lamentierte sie bei solchen Gelegenheiten. Ja, der Geiz dieser Frau hatte schon krankhafte Züge. Nur ihrem Sohn Walter hatte sie manchen Taler zugesteckt und stets eine Extraportion Sauerfleisch auf den Abendbrottisch gestellt. Als die Nachricht von seinem Tod in Stalingrad gekommen war, soll sie eine Woche lang kein Wort gesprochen und nichts gegessen haben. »Wer soll bloß für uns sorgen, wenn wir alt sind?«, fragte sie später immer wieder. Nein, über den Tod ihres Jungen war sie nie hinweggekommen. Sein Foto mit schwarzer Schleife stand auf der Kommode in der guten Stube. Es war an Walters achtzehntem Geburtstag gemacht worden. Der Tod ihres Sohnes hatte Tante Dora verbittert. Manchmal war es Hanna, als nähme sie es den anderen übel, dass sie lebten. Dabei hatten Anna und sie ja wohl oft genug die Nähe des Sensenmannes zu spüren bekommen.

Die Entfernung von Ahrendsen half Hanna immerhin, auch Abstand zu Eduards Tod zu gewinnen. Sie war jetzt ihren Wurzeln wieder näher. In einer guten halben Stunde konnte sie mit dem Rad in Eggersen sein. Zwischen Nebelhagen und ihrem Heimatdorf lag jedoch die Aller, sodass die Überfahrt manchmal zu einer Verzögerung führte. In der Erntezeit kam es oft vor, dass die Fähre gerade mit einer Heufuhre abgelegt hatte. Und in der kalten Jahreszeit musste sie zuweilen lange rufen, bis sie den Fährmann in seinem Häuschen am gegenüberliegenden Ufer auf sich aufmerksam gemacht hatte.

Nach Ahlden, dem übernächsten Dorf, gelangte sie dagegen, ohne den Fluss zu überqueren. Gern radelte sie zum Hotel zur Post. Es stimmte sie froh, dass es dort noch genauso vornehm zuging wie zu ihrer Stellungszeit. Das Regiment führte nach wie vor Pohlmanns Lene, die Hanna stets wie eine alte Freundin begrüßte. Hauptsächlich aber fuhr Hanna jetzt nach Ahlden, um zum Arzt zu gehen. Denn sie war zu Klawitters Nachfolger gewechselt, einem Doktor Neumann, der die Praxis des alten Welfen übernommen hatte. Beklemmende Bilder bestürmten sie, wenn sie die Diele des Fachwerkhauses betrat und Platz nahm in jenem Wartezimmer, in dem sie einst zwischen den vielen Kriegsgefangenen gesessen hatte. Ihr war, als hätte eine höhere Macht sie zurückgeführt an den Ort dieses Verbrechens. Ihr war, als hätte sie sich durch ihr Schweigen mitschuldig gemacht. Aber sie wagte es auch nicht, jetzt nach so langer Zeit zu Willi zu gehen. So setzte sie auf den Zufall. Irgendwann würde er ihr schon über den Weg laufen. Und tatsächlich – bereits bei ihrer vierten Fahrt nach Ahlden begegneten sie sich.

Es war in der Woche vor Pfingsten, als Hanna mit dem Rad in die Dorfstraße einbog. Willi kam ihr auf einem Motorrad entgegen. Sie erkannten sich sofort. »Mensch, Hanna, gibt's dich auch noch?«, fragte Willi, nachdem er seinen Helm abgenommen hatte. »Unkraut vergeht nich«, antwortete sie errötend. »Guck doch mal rein«, ermutigte Willi sie. »Ja, ja, wir haben ja wohl auch noch was zu beschnacken«, sagte Hanna plötzlich ganz eifrig. Und so verabredeten sie, dass Hanna gleich nach dem Arztbesuch zur Polizeidienststelle kommen sollte.

Die Geister der Vergangenheit. Hanna hatte bei der flüchtigen Verabredung gar nicht daran gedacht, wo sie sich da verabredet hatten. Ausgerechnet hier. Es kostete sie viel Kraft, die Bilder ihres Fehltritts aus ihrem Kopf zu verdrängen! Nicht einmal den Mantel zog sie aus. Ganz steif hockte sie da auf dem Bürostuhl, die Knie aneinander gepresst. Mit beiden Händen klammerte sie sich an die Handtasche in ihrem Schoß. Im Garten zwitscherten die Schwalben.

»Ja, ja, wie die Zeit vergeht«, beginnt Willi. »Allerhand passiert, seit wir uns das letzte Mal gesehen haben.« Hanna ist dieses Stichwort unangenehm. Sie geht erst gar nicht darauf ein, kommt gleich zur Sache. »Ich hab gehört, dass Buchtemann wieder im Lande is«, bemerkt sie mehr fragend. »Ja, ja, der is wieder im Geschäft, ganz der Alte«, bestätigt Willi. »Isses denn nie ans Licht gekommen, was er damals hier gemacht hat?«, fragt

Hanna unumwunden nach. »Ach Hanna, das ist alles nich so einfach«, antwortet der Polizist. »Buchtemann is wieder obenauf. Als er Anfang letzten Jahres zurückgekommen ist, habe ich gedacht, dass ich was unternehmen muss. Ich hatte ja schließlich von den Engländern den Auftrag, ihnen bei diesem Mordfall Klawitter zu helfen. Und wie konnte ich die Leute weiter wegen Schwarzschlachten und so rankriegen, wenn ich einen Mörder decke, der frei rumläuft. Ich hab lange hin und her gegrübelt, bis ich schließlich nach Lüneburg zur Bezirksregierung gefahren bin. Am Telefon kann man so was ja schlecht machen. Ich also angeklopft beim Polizeidirektor. Und was meinst du, wer da hinter dem großen Schreibtisch gesessen hat: derselbe dicke Glatzkopp wie in der Kriegszeit – derselbe, der mich damals zurückgepfiffen hat. Ich hab nicht schlecht gestaunt. ›Oh, schön, Sie zu sehen, Herr Meier. Setzen Sie sich doch. Was verschafft mir denn die Ehre?‹, hat er mich begrüßt. Scheißfreundlich wie immer. Da musste ich erst mal schlucken. Ich wusste gar nicht mehr, warum ich gekommen war.«

Hanna versteht die Welt nicht mehr. »Aber das musstest du doch machen, das war doch deine Pflicht. Du hattest doch den Auftrag von den Engländern«, wirft sie ein. »Ja, das hab ich denn ja auch gesagt, oder besser zusammengestammelt. Du kannst dir nich vorstellen, Hanna, wie der sich da aufgebaut hat. Sofort aufgestanden is er. ›Lieber Herr Meier‹, hat er gesagt. ›Nu rühren Se doch die alten Kamellen nich auf. Was da 1945 bei Ihnen in Ahlden passiert ist, das mag schlimm und grausam gewesen sein, aber es war doch Teil des Krieges. Mit heutigen Maßstäben kann man das nicht beurteilen. Zum Glück lassen die Engländer uns schon fast ganz freie Hand. Die haben jetzt andere Sorgen, glauben Se man. Nee, Herr Meier, wir müssen jetzt in die Zukunft blicken und dürfen nicht an alten Wunden rumdoktern. Wir Deutschen müssen doch zusammenhalten, wo schon die ganze Welt gegen uns ist. Also, ich geb Ihnen einen guten Rat, Meier: Lassen Sie die Finger von dem toten Doktor. Sie würden niemandem einen Dienst damit erweisen. Am allerwenigsten sich selbst.‹ Damit war das Gespräch beendet. Zum Abschluss hat er mir noch grinsend die Hand geschüttelt und mir alles Gute gewünscht. Das hörte sich aber eher an wie ne Drohung.«

Hanna fehlen die Worte. Die Geister der Vergangenheit. »Ja, wenn das so ist, dann bleibt wohl alles beim Alten«, sagt sie verdattert. »Dann muss es eben gehen, wie es geht. Vielleicht gibt es ja wenigstens noch eine höhere Gerechtigkeit.« Bei den letzten Worten war sie auch schon aufgesprungen.

Nebelhagen

Die Ereignisse der hohen Politik fegten über Hanna hinweg wie ein Gewittersturm. Sie wusste nichts von den Mächten, die da am Werk waren, sie spürte nur die Blitze, die in ihrer Nähe einschlugen, und die Schatten, die die schwarzen Wolken auf ihr Leben warfen. Die Währungsreform im Juni 1948 brachte sie um ihre Ersparnisse. Vorsorgend hatte sie all die Jahre Pacht und Miete für ihren Hasenberghof zur Bank getragen. Es war nicht viel gewesen; zwanzig, dreißig Mark im Monat. Aber das Sparguthaben war beständig gewachsen und hatte ihr ein beruhigendes Gefühl der Sicherheit gegeben – Notgroschen für schwere Zeiten und etwas, das ihr gehörte. Ihr ganz allein. Nun waren die Ersparnisse auf ein Zehntel zusammengeschmolzen.

Hanna hatte wieder dieses Gefühl, dass alles so sinnlos war, was sie tat. »Alles ist eitel und Haschen nach Wind.« Wie wahr. Kein Vergnügen hatte sie sich gegönnt, hatte gespart und gearbeitet, gearbeitet und gespart, und nun saß sie da in Nebelhagen und musste sich mit Anna diese kleine Kammer teilen und sich von ihrer Tante tyrannisieren lassen. Immer hatte sie sich abgestrampelt und war doch nie von der Stelle gekommen. »Das Leben zieht an mir vorbei«, schrieb sie in ihr Tagebuch. »Es macht mich nicht reicher, sondern bloß älter.« Ein bisschen kam sie sich in diesem Dorf vor wie die Prinzessin von Ahlden, genauso abgesperrt von der Welt – und ihr Käfig war nicht einmal vergoldet. Grau, furchtbar grau verliefen ihre Tage. Vor allem graute ihr vor den Mahlzeiten. Immer hatte sie darum zu kämpfen, dass wenigstens Anna einigermaßen satt wurde.

Da war es wie ein Geschenk des Himmels, als Allerfischer Reese ihr einmal einen ganzen Eimer voller Aale in die Hand drückte. Oh, das würde ein Festessen werden! Sie war ganz ausgelassen vor Freude. Damit wollte sie die andern überraschen. Doch die Aale lebten ja noch, wie kleine Schlangen wanden die sich im Eimer. Es kostete Hanna große Überwindung, sie zu schlachten. Und wie erschrak sie, weil die Aale plötzlich hochschnellten, als sie sie ins kochende Wasser warf. Hanna musste daran denken, was für geheimnisvolle Wesen diese Tiere waren. Welch weite Reise sie im Herbst antraten, um für Nachkommen zu sorgen. Bis zu fünftausend Kilometer weit, hatte ihr der Fischer erzählt, würden sie nach ihrem Lebensplan zum Ablaichen ziehen – bis zur Sargassosee vor der nordamerikanischen Ostküste. Und wenn dann die Flussaale am Grunde des fünftausend Meter tiefen Meeres ihre Eier gelegt hätten, würden sie absterben. Sich das vorzustellen – von unseren Aalen. Was für eine lange Reise in den Tod! Drei Jahre vergingen dann, bis der Golfstrom die Larven wieder an die Küsten Europas getragen hatte. Und wenn sie sich schließlich in durchsichtige Glasaale verwandelt hatten, folgten sie dem Weg, den ihre Eltern in umgekehrter Richtung gegangen waren: stromaufwärts die Flüsse hinauf. Hinein in die Aller und ihre Altwasser. Sogar über Wiesen konnten sie sich winden. Welche Kraft in ihnen stecken musste! Verständlich, dass sie sich da gegen den Tod in der Küche aufbäumten. Auf so erbärmliche Weise daran gehindert, ihre lange Reise zur Sargassosee anzutreten und für Nachkommen zu sorgen. Diese Entdeckungen beim Kochen hatten Hanna den Appetit verdorben. Zum Glück schmeckte es den anderen. Hanna dagegen überkam Ekel bei dem Gedanken an all die Grausamkeit, an der sie selbst beteiligt war.

Aus solcher Niedergeschlagenheit befreiten sie nur ihre Besuche in Eggersen. Da konnte sie ihrem Herzen Luft machen. Da waren Menschen, die ihr zuhörten und es gut mit ihr meinten. »Du musst wieder mehr unter die Leute gehn, Hanna«, riet ihr

Oltrogges Line, die alte Freundin. »Du hast doch früher so gern getanzt. Amüsier dich doch mal. Du bist ja viel zu ernst.«

Ja, warum eigentlich nicht? Wozu immer nur arbeiten? Schließlich war sie ja nicht die Sklavin ihrer Tante. Und so nahm sich Hanna vor, in diesem Jahr wieder zum Erntefest in Eggersen zu gehen. Von einer Freundin ließ sie sich vorher mit der Brennschere Locken machen. Sie hatte genug von diesem Dutt. Schließlich war sie doch keine alte Jungfer. Sie suchte sich aus der Truhe im Schuppen den roten halblangen Rock und die weiße Rüschenbluse heraus. Wie lange hatte sie diese Sachen nicht getragen! Sie traute sich nicht, sich schon in Nebelhagen in Schale zu werfen. Rock und Bluse packte sie darum in eine Tasche und zog sich erst bei Schröders in Eggersen um. Lisa, die jetzt auch schon zum Tanzen ging, klatschte vor Entzücken in die Hände und jauchzte, als sie Hanna in dem ungewohnten Aufzug sah. Der hingegen war diese Jungmädchenbegeisterung eher peinlich. Aber kichern musste sie doch.

Hanna wusste selbst nicht, wie es geschehen war: Unversehens hatte sie sich von der übermütigen Stimmung dieses Erntefestes anstecken lassen. Es beglückte sie, endlich wieder von Leuten umgeben zu sein, die ihr aus ihrer Jugend vertraut waren. So fühlte sie sich auf einmal ganz leicht. Und sie tanzte, wie sie zehn Jahre nicht mehr getanzt hatte – auch auf ihrer eigenen Hochzeit nicht. Besonders froh stimmte es Hanna, einen Mann wiederzutreffen, den sie fast schon nicht mehr zu den Lebenden gerechnet hatte. Friedrich Frenzen war aus französischer Kriegsgefangenschaft zurückgekehrt, der Bauer, mit dem sie sich damals bei Ida Ravens' Kaffeetafel so gut unterhalten hatte. »Am 19. April bin ich zum zweiten Mal zur Welt gekommen«, teilte er Hanna schmunzelnd mit. »Am gleichen Tag, an dem ich vor fünf Jahren Soldat werden musste, bin ich zurück nach Hause gekommen. Ist das nicht lustig? Wenn das kein Zufall ist. Jetzt fängt für mich ein neues Leben an.«

Hanna freute sich mit ihm. Ein neues Leben beginnen, das

war eine schöne Vorstellung. Aber war denn das möglich? Ging denn das? Egal, ganz egal. Jetzt nicht so viel nachdenken, sondern tanzen. »Trink, trink, Brüderchen, trink. Lass doch die Sorgen zu Haus«, tönte die Kapelle, und alle legten die Arme um die Schultern der Nachbarn und schunkelten. Hanna musste lachen, als sie Fritz an der Theke beobachtete. Wie damals bei der Geburtstagsgesellschaft paffte er eine Zigarre, blies großspurig blaue Rauchwölkchen in den Saal. Als sie bei einer Tanzpause in seine Nähe kam, frotzelte sie ihn keck an. »Na, du hast wohl in Südfrankreich das Tanzen verlernt.« Das ließ er sich nicht zweimal sagen. »Wenn du mir hilfst, dann komm ich schon wieder in 'n Tritt«, gab er zur Antwort. Und als gleich darauf die Musik erneut zu spielen begann, zog Hanna ihn schon bei den ersten Takten auf die Tanzfläche. Es war der Schneewalzer. Nicht gerade ein Vergnügen mit Fritz. Immer wieder trat er ihr auf die Füße, und den Schritten, mit denen er sie führen wollte, fehlte der rechte Schwung. Doch Hanna war guter Dinge. Ihr gefiel dieser Mann, der sich auf so linkische Weise um sie bemühte. Und so ermutigte sie ihn noch einige Male, mit ihr zu tanzen.

Und in den Pausen begannen sie, sich ihr Leben zu erzählen. Fritz sprach von der Kriegsgefangenschaft in Frankreich. Auch er war in einem Bergwerk gewesen, wenn auch nur für kurze Zeit. »Viel länger hätte man es da auch nicht ausgehalten, das war schlimm.« Die größte Zeit seiner Gefangenschaft hatte er auf einem Weingut verbracht, mit Mauleseln und Pferden geackert. Sogar einige Brocken Französisch hatte er gelernt. »Wui heet Ja. Und trawei, trawei heet Arbeiten, Arbeiten«, erklärte er Hanna stolz. »Missjö, habense zu mir gesagt, Missjö Fritz.« Hanna musste lachen. »Missjö Fritz«, wiederholte sie amüsiert. »Und hast du denn auch 'ne Französin kennen gelernt, so 'ne Madam?« Fritz sog an seinem Zigarrenstummel und nebelte Hanna ein. »Och, die Frauen, die waren ja ganz verrückt. ›Fritz Deutschmann‹, hat eine zu mir gesagt. ›Du stark Mann, gut

Mann. Du mich besuchen?‹ Aber das hab ich natürlich nich gemacht. Man wollte ja nix riskieren.« Hanna klopfte ihm auf die Schulter. »Da hast du Recht gehabt, Fritz.«

Und dann kündigte die Kapelle »Damenwahl« an und spielte einen langsamen Walzer. Ganz selbstverständlich sprang Hanna auf und zog Fritz aufs Parkett. Sie tanzten so eng miteinander, dass sie seinen Schweiß und Zwiebelatem roch. Sie ließ es geschehen, ließ alles geschehen, lachte über seine Englischbrocken, die er bei den Amerikanern gelernt hatte, über seine Sprüche »Let's go« oder »Okay, Madam« und über seine Beschreibung des Hafens von Marseille und der Berge Südfrankreichs, der Maulesel und gelben Vögel. Und sie erzählte ihm einige ihrer Kriegserlebnisse, im Plauderton – so, als sei alles irgendwie ganz abenteuerlich und spannend gewesen: die Sirenen, die Zugexplosion, die letzten Kriegstage. »Meide den Kummer und meide den Schmerz, dann ist das Leben ein Scherz. Ja, meide den Kummer und meide den Schmerz, dann ist das Leben ein Scherz«, sang sie schließlich schunkelnd mit den anderen. Sie vergaß Raum und Zeit, ja vor allem die Zeit.

Der Saal hatte sich schon fast geleert, als sie auf die Uhr blickte. »Oh, ich muss los, ich muss ja die Kühe melken«, rief sie erschrocken, verabschiedete sich hastig und brach auf. Der Morgen graute schon, als sie auf Nebelhagen zuradelte.

Ohne Kuss und Umarmung hatten sich die beiden voneinander getrennt. Ja, nicht einmal ein Händedruck hatte den Abschied besiegelt. Dennoch spürte Hanna, dass diese lustige Nacht nicht folgenlos bleiben konnte.

Und sie sollte Recht behalten. Schon drei Tage später erhielt sie einen Brief von Fritz – einen Liebesbrief. »Liebe Hanna«, schrieb er ihr. »Ich hoffe, Deine Füße tun Dir nicht allzu weh. Es tut mir Leid, dass ich so oft auf Dir herumgetrampelt bin. Aber der Abend mit Dir tut mir natürlich gar nicht Leid. Es war schön wie lange nicht. Ich habe gehört, dass Du viel Schweres durchgemacht hast. Aber das Leid hat keine Spuren in Deinem

Gesicht hinterlassen. Du siehst noch genauso gut aus wie vor sechs Jahren. Es wäre schön, wenn wir uns öfter treffen könnten. Ich glaube, wir haben uns noch viel zu erzählen. Bis hoffentlich bald, Dein Fritz«. Hanna war gerührt, aber gleichzeitig auch ratlos. »Bis hoffentlich bald« – wie der sich das wohl vorstellte? Ja, antworten musste sie ihm. Aber was? Das Schlimme war, dass sie mit niemandem in Nebelhagen über ihre »Bekanntschaft« reden konnte, mit Onkel und Tante nicht und auch nicht mit Anna, die sicher Angst bekäme, im Stich gelassen zu werden, und ihr wohl Vorwürfe machen würde. Schröders in Eggersen aber, denen konnte sie sich anvertrauen. Die hatten ihr ja schließlich geraten, zum Tanzen zu gehen.

Und so radelte sie gleich am nächsten Sonntag zu ihnen und fragte sie mit gespielter Gleichgültigkeit, was sie denn von diesem Fritz aus Moordorf hielten. »Och, das is wohl kein unrechter Kerl, 'n bisschen unbeholfen, aber das liegt wohl daran, dass er noch keine Frau hat«, antwortete Schröders Lisbeth mit feinem Lächeln. Hanna errötete. »Ich hab gehört, dass ihr euch gut verstanden habt«, setzte ihre alte Freundin hinzu. »Tanzen kann er nich«, entgegnete Hanna, »aber erzählen kann er gut.« Und nach und nach schwand ihre Scham, und schließlich berichtete sie auch von dem Brief. »Is doch schön, Hanna«, sagte Lisbeth. »Du bist doch noch jung.« Und dann schlug sie ihr vor, diesen Fritz mal zum Kaffeetrinken einzuladen. Hanna könne es ja übernehmen, die Einladung auszusprechen – natürlich auf dem Postwege. Hanna war sofort einverstanden. Der Brief musste doch beantwortet werden.

Noch am selben Abend, als in Nebelhagen alle schon schliefen, schlich sich Hanna in die Stube und schrieb an Fritz. Und drei Wochen später, es war der erste Sonntag im Oktober, fuhr sie zu ihrer ersten Verabredung nach Eggersen. Sie trug das geblümte Kleid, das noch aus der Vorkriegszeit stammte, darüber ihren grauen Mantel. Am Fahrradlenker baumelte die Tasche mit dem Topfkuchen, den sie gebacken hatte. Die Leichtigkeit des Erntefestes war wie weggeblasen. Schwer hing der graue Oktoberhimmel über ihr. Krähen krächzten. In ihrem Kopf wirbelte alles durcheinander. Sie musste vor allem an Anna denken. Konnte sie es diesem Mädchen gegenüber verantworten, dass sie sich einem anderen Mann zuwandte? Anna war für sie doch die lebendige Mahnung, Eduard nicht zu vergessen. Ja Eduard. Wie lange hatte sie gemeinsam mit dem Mädchen gebangt und gehofft. Es war ja noch gar nicht so lange her. Und doch, alles lag irgendwie schon so weit zurück, als gehörte es einer anderen Zeit an, dieser unwirklichen Kriegszeit eben. Es war Hanna, als sei sie gerade mit dem Fahrrad unterwegs von der alten Welt in die neue. Und es bekümmerte sie der Gedanke, dass sie sich doch wieder nur im Gestrüpp der vielen Dornenbüsche verfangen würde, die sich ihr in den Weg stellten. Denn sie strampelte ja nicht nur auf diesen Erntefest-Fritz zu, sondern auch auf den Bauern Frenzen mit Haus, Hof und Familie.

Der Kaffeetisch bei Schröders war schon festlich gedeckt in der kleinen Stube – fein ziselierte Porzellantassen auf weißer Tischdecke. Der Kohleofen glühte ebenso wie Hanna. Es war viel zu warm. Nur Schröders Lisbeth war da. Tochter Lisa besuchte eine Freundin, und Schröders Vater schlief. Endlich, eine Viertelstunde später als angekündigt, traf Fritz ein. Man sah ihm an, dass er gerade erst beim Friseur gewesen war. Der Hinterkopf war nahezu kahl geschoren, das kurze, dunkelblonde Haupthaar hatte er offensichtlich mit Wasser bespritzt, um nur ja nicht struppig zu wirken. Oh ja, er hatte sichtlich Mühe darauf verwandt, sich herauszuputzen. Der Anzug mit den grauen Streifen war offenkundig nicht mehr das neueste Modell, aber wahrscheinlich der einzige, den er besaß. Man sah ihm an, dass er sich unbehaglich fühlte in dieser Verkleidung. Er druckste verlegen, guckte von einem zum anderen, nuschelte kaum verständliche Plattheiten und begann schließlich mit seiner unvermeidlichen Qualmerei. Diesmal war es ein Zigarillo, das er nervös in Brand setzte. Bei all ihrer Schwermut musste Hanna darüber lächeln. Dieses Linkische erweckte wieder ihre Zuneigung und stärkte ihr eigenes Selbstbewusstsein.

Man sprach über gemeinsame Bekannte. Über Tote und Überlebende, über Gefallene und Gestrauchelte. Auf Nachfrage erzählte Fritz auch von seinen Schwestern Emmy und Lore, die noch auf dem Hof lebten. Wie tüchtig sie während seiner Abwesenheit gewesen waren. Dass sie Kuhstall und Wohnhaus wieder aufgebaut hätten. Es war ja fast alles abgebrannt in den letzten Kriegstagen. »Wie die das geschafft haben, diese beiden Frauen«, bemerkte Schröders Lisbeth anerkennend. »So ganz allein mit den vielen Kerlen.« Fritz nahm hastig einen Schluck Muckefuck – verschluckte sich prompt und hustete und prustete, dass Hanna ihm lachend auf den Rücken klopfte. »Kinder sind ja auch genug auf'm Hof, alles Deerns, was?«, setzte die Gastgeberin nach. »Ja, drei Deerns und ein Jung«, erwiderte Fritz tonlos. »Na, da hast du ja so'n richtiges Frauenregiment übernommen«, fuhr Hannas Freundin lächelnd fort. Aber Fritz sprang nicht an auf das Thema. Hanna hielt sich ebenfalls zurück, wissend, dass es mit den Vätern der vier Kinder nicht zum Besten stand. Auch sie vermied es, allzu viel von den Menschen zu berichten, die ihr in den vergangenen Jahren nahe gestanden hatten. Nein, das passte nicht an diesen Kaffeetisch.

Nach einer knappen Stunde erhob sich die Gastgeberin von der Tafel. »Ich muss unbedingt noch zu Snieders Frieda«, gab sie vor. »Aber ihr beiden kommt ja auch ohne mich zurecht.« Hanna war es peinlich, Fritz auf einmal ganz allein gegenüberzusitzen. Sie war froh, als er das Wort ergriff. »Bist du denn damals pünktlich zum Melken gekommen?«, fragte er. »War ja schon fast hell.« Hannas Gesicht heiterte sich auf. »Oh ja, ich musste ganz schön in die Pedale treten«, antwortete sie. »Aber ich hab's nich bereut. So schön gefeiert hab ich schon lange nich mehr.« Nach und nach wärmte sich das Gespräch auf. Hanna äußerte ihr Erstaunen über die schönen Briefe, die Fritz ihr geschrieben hatte. Fritz lobte Hannas Handschrift. Und er stöhnte auch ein wenig über die Verhältnisse, die er auf dem Hof vorgefunden hatte. »Da laufen jetzt so viele Kerle rum, da find man sich gar nicht mehr zurecht«, klagte er. »Unsere Lore hat sich im Krieg einen Rheinländer vom Arbeitsdienst angelacht. Der is fünfzehn Jahre jünger als sie. Zwei Kinder hat sie schon von ihm, und geheiratet hamse jetzt auch. Aber ich glaub, das wird nix Rechtes. Das passt nich zusammen, nee, das passt einfach nich zusammen.« Fritz wollte gar nicht wieder aufhören zu reden. »Und Emmy is jetzt ganz allein mit ihrem lüttjen Jungen. Du weißt ja bestimmt schon, dass Klaus von so 'nem französischen Kriegsgefangenen is. Aber der is natürlich gleich nach 'm Krieg wieder abgezogen. Schon komisch: Ich hätte ihn ja treffen können in Frankreich.«

Hanna dachte an den polnischen Kriegsgefangenen, den sie damals in Jarlingen aufgehängt hatten, weil er angeblich mit einer Deutschen angebändelt hatte. Seine Freundin war ins Konzentrationslager gekommen und erst gegen Ende des Krieges wieder entlassen worden. All das lag schon so weit zurück, dass Hanna es fast vergessen hatte. »Ja, Emmy hat viel Pech gehabt«, fuhr Fritz fort. »Ihr Verlobter aus Eggersen is ja schon im Krieg gefallen, der Vater von Susanne, Emmys ältester Tochter. Und nu hat sie zwei Kinder und keinen Mann. Aber sie is trotzdem ganz fidel. Die lässt sich das nich anmerken, nee. Die hat auf'm Hof das Sagen. Für ihren Rübenschnaps machen die Arbeitsleute alles, den brennt sie selbst. Das is mehr wert als Geld. Dafür machen die Leute wirklich alles.«

Hanna wusste, wie wertvoll Rübenschnaps war. Sie erzählte, dass sie in Nebelhagen einmal drei Tage und Nächte damit beschäftigt gewesen waren, Zuckerrüben zu zerkleinern, aufzukochen, zu sieben und in Schnaps zu verwandeln. Und sie erzählte auch von den übrigen Mühen, die sie dort in Trab hielten – und wie schlecht es ihr vergolten wurde, wie geizig ihre Tante war und wie eingeschränkt auch Anna lebte, die nun bald konfirmiert werden sollte. Von Anna aber wollte Fritz anscheinend nichts wissen. Wenn Hanna auf das Mädchen zu sprechen kam, leitete er abrupt zu anderen Themen über. Anna erinnerte ihn wohl zu sehr an Hannas Vorleben in Ahrendsen – daran, dass sie bereits verheiratet gewesen war.

Aber sie hatten auch so genug zu besprechen. Wie im Fluge verging die Zeit, und Hanna verfluchte im Stillen die Kühe in Nebelhagen, die natürlich wie jeden Tag gemolken werden mussten. Diesmal drückten sie sich die Hände. Brav fiel der Abschied aus, aber sie genossen es beide, die Wärme des anderen zu fühlen. Und so war es klar, dass sie sich bald wiedersehen wollten.

Und wieder setzte Fritz einen schönen Brief auf, und Hanna schrieb in gesitteten Worten zurück. Beide wollten es vermeiden, dass ihre nächsten Angehörigen zu viel mitbekamen von ihrer Liebschaft. Und so trafen sie sich weitere Male bei Schröders in Eggersen, einmal auch abends an einem Samstag. Fritz spielte Hanna Kirchenlieder auf seiner Mundharmonika vor. »Jesu, geh voran auf der Lebensbahn. Und wir wollen nicht verweilen, Dir getreulich nachzueilen …« Hanna war gerührt. Als Fritz dann aber nach ihrer Hand griff, zog sie sie unwillkürlich zurück. »Lass das, Fritz. Das geht doch nich. Ich kann nich«, wies sie ihn zurecht. Ja, es fiel ihr nicht leicht, sich zu öffnen. Solche Zärtlichkeiten waren in ihrem Innern wohl noch zu sehr mit Eduard verbunden.

Grau und düster war jetzt der Herbst über das Marschland hereingebrochen. Von morgens bis abends regnete es. Trübe waren die Tage in dem kleinen Haus und noch trostloser die langen Nächte in der klammen Kammer. Hanna und Anna mussten sich aneinander kuscheln, um warm zu werden. Doch das Verhältnis zu Fritz überschattete Hannas Beziehung zu Anna immer mehr. Was sollte bloß aus dem Kind werden? Sie war hin- und hergerissen: Einerseits war ihr dieses Mädchen so sehr ans Herz gewachsen, andererseits fühlte sie sich dadurch aber auch wie angebunden.

Vor allem jetzt, als Aller und Leine von dem Dauerregen über die Ufer getreten waren und alle Wege zum Geliebten im Hochwasser endeten. Das Wasser spritzte Hanna schon hoch bis zur Pedale, wenn sie nur zum Kaufmann fuhr. Nebelhagen war von einem grauen Meer umgeben. Ein Maler hätte wohl manch schöne Ansicht gefunden. Weiden und Hecken waren eingetaucht in dieses endlose Wasser. Nur die Spitzen der Zaunpfähle ragten noch daraus empor. Schwäne zogen herrschaftlich ihre Kreise. Krähen hockten auf den Strommasten und Überlandleitungen. Besonders schön sah die Landschaft in der Dämmerung aus, wenn die untergehende Sonne sich im Wasser spiegelte und die Marschwiesen in gelbem Glanz glitzerten. Wie auf einem Aquarell warfen dann Häuser und Pappeln ihren zittrigen Schatten auf die Oberfläche der weiten See. Allerlei Strandgut hatte die trübe Flut angespült. Auch Kanister und Geschosshülsen schwappten auf dem braunen Saum des großen Wassers. Strandgut des Krieges, dachte Hanna. Der Wind hatte sich gelegt, der Regen nachgelassen. Eine große Stille lag über allem. Nur das Krächzen einsamer Krähen unterbrach das Schweigen der hereinbrechenden Nacht.

Und der Winter kam früh in diesem Jahr. Schon Anfang Dezember hatte der Frost das Hochwasser in eine riesige Eisfläche verwandelt. Hanna schreckte auf, als sie an einem Spätnachmittag plötzlich Schreie aus der Marsch hörte. Gespenstisch schallt es über das Eis. Hanna versteht nicht, was das zu bedeuten hat. »Efraim, Efraim«, geheimnisvoll wie Bibelworte klingen diese Rufe. Sind es Hilfeschreie eines Ertrinkenden? Hanna stellt die Mistforke beiseite und rennt zum Deich. Erleichtert stellt sie fest, dass es Kinder sind, die auf Schlittschuhen über das Eis flitzen. Auch Anna ist darunter. »Sie haben ihn, sie haben ihn«, schreien sie aufgeregt. Hanna muss lächeln: Kinder.

Die Eisdecke war bald so dick, dass sich auch die Erwachsenen trauten, sie zu betreten. Mit dem Fahrrad fuhren sie über das gläserne Eis zwischen den Zaunpfahlspitzen zur Leinebrücke und stellten so eine Verbindung von ihrer Insel zur Außenwelt her. Hanna aber blieb weiter von Fritz getrennt. Denn die Allerfähre fuhr natürlich nicht bei diesem Eisgang.

Erst in der Woche vor Weihnachten setzte Tauwetter ein. Das Eis schmolz, und das Hochwasser kehrte zurück. Wiesen und Wege waren mit einem feuchten Film überzogen, und neue Regenfälle verwandelten das Land wieder in ein unüberwindliches Meer. So blieb Hanna über die Weihnachtstage mit Onkel, Tante und Anna allein. Und auch das neue Jahr begrüßte sie im Kreise ihrer kleinen Hausgemeinschaft – mit Apfelsaft und einigen Gläschen Schlehenlikör.

Erst eine Woche nach Silvester kam die Post mit den Weihnachtsgrüßen. Auch zwei Briefe aus Moordorf waren dabei. Fritz berichtete vom Fortgang der Bauarbeiten auf seinem Hof. Hanna traute ihren Augen nicht, als sie den Namen des Bauunternehmers las, den er beauftragt hatte: Buchtemann. Buchtemann! Dass dieser Mann sie immer weiter verfolgte! Oh ja, der schien wieder gut im Geschäft zu sein. Aber was ging sie dieser Kerl überhaupt noch an? Dem konnte ja nun sowieso keiner mehr an den Kragen. Das lag doch alles schon so weit hinter ihr. Aber die Bauarbeiten in Moordorf, die ließen sie nicht ganz kalt. Vor allem ein Satz brachte Hannas Herz zum Rasen: »Hier haben wir bald so viele Zimmer, dass auch Platz für Dich ist«, schrieb Fritz. Das hörte sich ja nun schon wie ein Heiratsangebot an. Was sollte sie dazu sagen? Das war alles viel zu rasch gegangen. Sie hatte Fritz ja noch nicht mal auf seinem Hof besucht. Warum hatte der sie eigentlich nicht schon längst mal eingeladen? Und war sie nicht schon viel zu alt? Hanna litt darunter, dass sie diese Fragen mit niemandem besprechen konnte. Immer noch waren die Wege so verschlammt, dass sie nicht nach Eggersen kam.

Da traf es sich gut, dass ihre Freundin aus Bremen einen Wochenendbesuch ankündigte. Sie hatten sich viel zu erzählen. Therese Odenwald berichtete über das Ausmaß der Zerstörung in ihrer Heimatstadt und darüber, wie schwer es gewesen war, satt zu werden. »Es gab nicht das Nötigste zu kaufen in der ersten Zeit. Alle Geschäfte sind leer gewesen. Erst nach der Währungsreform haben sich auf einmal alle Regale gefüllt. Aber da hatte man ja kein Geld mehr.« Dennoch klang Frau Odenwald zuversichtlich. »Hauptsache ist, dass wir wieder arbeiten können. Sollst mal sehen, Hanna, in ein paar Jahren is es wieder schön bei uns in Bremen. Aber besuchen müsst ihr uns schon vorher mal, du und Anna. Auf jeden Fall will ich mit Anna zum Freimarkt gehen, das habe ich ihr doch versprochen.«

Es dauerte eine Weile, bis Hanna ihrer alten Freundin erzählen konnte, dass sie wieder einen Mann kennen gelernt hatte. »Das is aber schön, Hanna«, bestärkte die Freundin sie. »Hier ist es doch nichts für dich auf Dauer. Und du bist doch noch jung.« Nachdenklich aber wurde Frau Odenwald, als Hanna ihr erzählte, wie zurückhaltend Fritz war, ihr seinen Hof zu zeigen. »Das hört sich nicht so gut an. Das musst du dir erst mal angucken da in Moordorf«, riet ihr die Freundin. »Wahrscheinlich traut er sich nicht wegen seiner Schwestern. Aber wenn er dich heiraten will, dann muss er auch den Mut haben, zu dir zu stehen.«

Hanna fühlte sich in ihrem Unbehagen bestätigt. Auch ihre Leute in Eggersen hatten bei aller Sympathie für Fritz von Anfang an ein bisschen gelächelt und bedenklich geguckt. Von »buntem Kram« hatten sie gesprochen, wenn die Rede auf den Hof in Moordorf gekommen war. »Aber wenn der erst 'ne Frau hat, denn kehrt da auch wieder Ordnung ein«, hatten sie Hanna ermutigt. Doch die war hin- und hergerissen. Und sie wagte es nicht, Fritz um Klarheit zu bitten.

Als sie aber an einem Sonntag im Februar wieder mit ihm in Eggersen zusammentraf, schmolzen ihre Bedenken dahin wie Eisschollen in der warmen Frühlingssonne. Wieder saßen sie in der kleinen Stube bei Schröders, wieder war das Zimmer überheizt. Aber es standen keine Kaffeetassen auf dem Tisch, sondern Gläser für Bier und Apfelsaft. Denn es war schon dunkel.

Und sie waren allein. Hanna hatte ihre beiden Kühe bereits am späten Nachmittag gemolken und sich dann gleich aufs Fahrrad geschwungen. Fritz trug wieder seinen alten Anzug. Neu angeschafft hatte er sich einen Hut, den er so lange aufbehielt, bis Hanna ihn bewunderte. Aber an Gesprächsstoff herrschte auch sonst kein Mangel. Fritz gab zum Besten, dass sie in Moordorf gerade zwei Schweine geschlachtet hatten. Als Kostprobe brachte er ihr drei kleine Leberwürste mit. »Die lass dir aber nich von Tante Dora abnehmen«, unkte er. »Ja, Ja«, stöhnte Hanna. »Das wird immer schlimmer mit der. Jetzt kriegen wir schon nich mal mehr jeden Tag Milch zu trinken. Nur noch sonntags. Die andern Tage müssen wir die ganze Milch bei der Molkerei abliefern. ›Wi bruukt dat Geld, Hanna‹, hat sie gesagt.« Fritz nahm einen kleinen Schluck Bier und zündete sich wieder ein Zigarillo an. »Wird Zeit, dass du da wegkommst«, sagte er. Hanna wurde nachdenklich. »Ach«, antwortete sie schließlich. »Ich glaub, für mich is es nirgendwo leicht. Seitdem meine Eltern nich mehr sind, hab ich kein Zuhause mehr. Überall bin ich bloß noch geduldet, immer unterwegs. Ich glaub, mit dieser ewigen Wanderschaft ist es erst vorbei, wenn ich unter der Erde bin.« Fritz unterbrach sie. »Das darfst du nich sagen, Hanna. Komm doch zu uns. Bei uns is jetzt genug Platz. Und da is auch einer, der auf dich wartet und dich braucht – und nich bloß als Arbeitskraft, wenn du das denkst. Wie heißt das noch bei den Engländern? ›I love you‹, glaub ich. Weißt du, Hanna, wie das auf Deutsch heißt?« Hannas Wangen glühten. Auch wenn sie es gewusst hätte, hätte sie die Antwort nicht herausgebracht. Stumm schüttelte sie nur den Kopf. »›Ich liebe dich‹, heißt das«, sagte Fritz und grinste verlegen.

Jetzt huschte auch über Hannas Gesicht ein Lächeln. Das war ja eine schöne Liebeserklärung gewesen. »Du bist gut«, sagte sie. Und sie meinte es auch so. »Ich mag dich ja auch ganz gern leiden«, fuhr sie nach einem kurzen Moment fort. »Aber ich weiß nich, wie das alles weitergehen soll. Auf deinem Hof sind doch schon andere Frauen. Die haben gerade auf mich gewartet.«

Fritz räusperte sich, wohl um Zeit für eine kluge Antwort zu gewinnen. »Du meinst Emmy und Lore?«, fragte er. Und als Hanna zustimmend schwieg, holte er zu einer längeren Erklärung aus. »Die beiden haben viel für mich getan in den Kriegsjahren und in der Zeit danach. Den ganzen Hof haben die ganz allein versorgt. Und als wir abgebrannt sind, haben sie alles wieder aufgebaut. Jetzt haben se natürlich Angst, dass da eine kommt und achtet sie nicht. Aber so eine bist du ja nich, Hanna. Du kannst arbeiten, und du arbeitest auch gern. Und wenn sie das erst merken und sehen, dann hast du nix auszustehen bei den beiden. Und wenn du gut zu ihren Kindern bist, dann geht das noch besser. Aber du kannst auch deine eigenen Kinder haben, Hanna. Wär doch schön, wenn wir eigene Kinder hätten? Oder nich?«

Gerade hatte sich Hanna etwas beruhigt, doch die letzten Worte von Fritz warfen sie wieder aus dem Gleichgewicht. »Nee, wie du dir das bloß denkst, Fritz. Ich bin doch schon viel zu alt. Und ich hab ja auch Anna. Wer soll sich denn um Anna kümmern?« Fritz schien an alles gedacht zu haben. »Anna kann doch bei Onkel Walter und Tante Dora bleiben«, sagte er. »Da is es für euch beide zusammen sowieso viel zu eng. Du musst auch mal an dich denken, Hanna. So kann's doch nich ewig weitergehen, das hast du doch selbst gesagt.« Hanna senkte den Kopf und schwieg. »Wenn wir beide zusammenhalten, werden wir das Leben schon meistern – in guten wie in schweren Tagen«, fügte er bibelschwer hinzu. Er zog seine Mundharmonika aus der Tasche und spielte »Fröhlich soll mein Herze springen«. Als er das Lied beendet hatte, nahm er Hannas Hände und strich zärtlich über die Schwielen und Risse, die von schwerer Arbeit zeugten. Dann erzählte er ihr, wie er in der Kriegsgefangenschaft immer an sie gedacht hatte. Und er erzählte von Weinbergen und den vielen Schiffen im Hafen von Marseille, aber auch von seinen letzten

Kriegstagen. Wie sie Partisanen gejagt, gefangen genommen und erschossen hatten. Nein, nicht er persönlich. Aber er war ja dabei gewesen und hatte immer große Angst gehabt, dass sie Rache an ihm nehmen würden. Hanna hörte zu und schwieg, und je weiter die Zeit voranschritt, desto mehr entfernten sich ihre Gedanken von der Vergangenheit. Sie genoss es, dass Fritz ihre Hand hielt, und sie fühlte sich in seiner Nähe geborgen.

Mitternacht war schon vorüber, als sie zurück nach Nebelhagen radelte. Da der Fährmann längst Feierabend gemacht hatte, musste sie den Umweg über die Moordorfer Schleuse nehmen. Die Landschaft schimmerte im fahlen Licht des Vollmonds: die Aller, die Wiesen mit den Hecken und Trauerweiden, der Wald, in dem es unheimlich knisterte und raschelte. Aber Hanna spürte keine Angst. Die frostkalte Luft befreite sie von der Schläfrigkeit, die sie in der stickigen Stube befallen hatte. Sie war nun hellwach, und ihr gingen immer wieder Fritz' Worte durch den Kopf. Eigene Kinder haben – oh ja, das war eine Vorstellung, die ihr gut gefiel. Endlich mal etwas Eigenes haben – etwas, das ihr keiner mehr nehmen konnte.

Aber sie hatte ja Kinder. Albert hatte sie seit ihrem Auszug aus Ahrendsen kaum mehr gesehen. Es tat ihr immer noch in der Seele weh, wie sie auseinander gegangen waren, und sie hoffte auf Aussöhnung. Aber Albert kam ja allein zurecht. Um den musste sie sich nicht mehr sorgen. Anna dagegen war noch auf sie angewiesen. Tante Dora behandelte sie nicht gut. Für die war das Kind nicht viel mehr als eine lästige Kostgängerin. Am liebsten sah sie es, wenn sie den ganzen Tag arbeitete. Die Schule und Annas Ausbildung schienen ihr ganz gleichgültig zu sein. Was sollte bloß aus dem Kind werden? Ihre Konfirmation stand kurz bevor, und da sollte es an nichts fehlen. Wenn sie auch fast ihre ganzen Ersparnisse verloren hatte, die Konfirmation sollte gefeiert werden. Ein bisschen Geld hatte Hanna noch auf ihrem Sparkassenkonto. Und niemand sollte sagen, dass Anna ärmlich und abgerissen aussähe in der Kirche.

Für die Konfirmandenprüfung opferte Hanna ihr rotes Wollkleid. Ihre Freundin Gertrud, eine gelernte Schneiderin aus Eggersen, arbeitete es um. Und Hanna war stolz, als Anna darin vor dem Altar stand und ihren Psalm ganz ohne Stocken aufsagen konnte: »Der Herr ist mein getreuer Hirt, hält mich in seiner Hute, da rein mir gar nichts mangeln wird jemals an seinem Gute …« Noch feierlicher sah Anna bei ihrer Konfirmation aus. Hanna hatte für diesen Anlass das schwarze Samtkleid von Annas leiblicher Mutter zur Schneiderin gebracht. Das Unterste wurde nach außen gekehrt. Aus dem Tüllstoff des Unterrocks hatte Hanna ein weites, mit Samtstreifen besetztes Konfirmationskleid nähen lassen.

Auch Hannas Onkel August mit seiner jungen Familie, Opa Karl und selbstverständlich Albert hatte Hanna zur Konfirmationsfeier nach Nebelhagen eingeladen. Zum Glück war es schon recht mild an diesem letzten Sonntag im April, sodass in der großen Diele gegessen werden konnte. Und am Nachmittag wurde es so warm, dass sich die Männer entschlossen, im Garten an zwei Tischen Skat zu spielen. Auch Albert beteiligte sich am Reizen und Contra-Brüllen. Erstaunlicherweise verstand Hanna sich wieder gut mit ihm. Stolz erzählte der Landwirtschaftslehrling, was er schon alles gelernt hatte. »Der hat sogar schon 'ne Freundin«, wusste Onkel August augenzwinkernd zu berichten. Albert druckste zuerst etwas herum, sprach von »Quatsch« und »Blödsinn«, gab dann aber nach hartnäckigem Nachfragen zu, dass er schon öfter mit dem Lehrmädchen auf dem Hof seines Lehrherrn zum Tanzen ausgegangen war. Über Hannas Liebschaft dagegen wurde nicht gesprochen. Gerade an diesem Tag hätte die Gastgeberin sich auch ganz besonders dafür geschämt, dass sie daran dachte, Anna allein in Nebelhagen zurückzulassen.

Doch der Strom der Zeit spülte ihre Hemmungen hinweg. Kein Sonntag verging mehr, an dem sich Hanna und Fritz nicht trafen – nachmittags oder abends, in Eggersen, an der Allerfähre oder der Moordorfer Schleuse, auf Schützen- und auf Ernte-festen. Anna verabredete sich unterdessen mit ihren Freundin-nen. Gleichwohl litt sie darunter, dass ihre Mutter sich an diesen komischen Kauz band, der von ihr nichts wissen wollte. Das empfand sie als Verrat, auch gegenüber ihrem Vater, und sie fühlte sich verstoßen, ungeliebt, allein auf der Welt – furcht-bar allein. Sie weinte viel in diesen Wochen. »Hanna-Mutter« wandte sich immer weiter ab von ihr, und Tante Dora schimpf-te von morgens bis abends und belegte alles, was Anna Freude machte, mit Verboten. Gern wäre sie mit ihrer Clique zu den Jahrmärkten und Schützenfesten in die Nachbarorte gefahren. Doch zum einen reichte dafür das Geld nicht und zum anderen blieb ihr oft auch keine Zeit, sich solchen Vergnügungen hinzu-geben. Denn Tante Dora hatte immer etwas für sie zu tun – jetzt im Sommer sowieso. Da mussten Kartoffeln gehackt und Boh-nen gepflückt werden, Heu war zu wenden, Stroh einzufahren. Anna war ja nun aus der Schule entlassen und zu einer Art Magd geworden. Ausbildung? Lehre? Hanna hatte darüber nachge-dacht. Aber für Tante Dora war das dummes Zeug, Luxus. »Wenn du dich hier von uns durchfüttern lässt, dann musst du auch was dafür tun«, lautete ihre Devise. Annas Vormund zeig-te sich entsetzt, als er davon hörte. »Was soll aus dem Kind bloß werden?«, fragte er Hanna, als er eines Tages in Nebelhagen an-rückte. Die wusste auch keine Antwort, sah aber die Dringlich-keit der Frage gar nicht. Denn sie war ja ganz ähnlich aufge-wachsen. Was hatte sie denn groß gelernt? Doch es war klar ge-wesen, dass ihr der Hasenberghof zustand.

Anna fehlte diese Sicherheit. Argwöhnisch beobachtete ihr Vormund, wie sich Hanna mehr und mehr ihrem Fritz zuwand-te. So verlangte er eine Entscheidung: »Wenn Anna hier weiter auf dem Hof arbeitet, dann muss auch klar sein, dass sie ihn mal erbt«, verlangte er. Hanna hatte zwar Verständnis für die Forde-rung, sah sich aber selbst abermals ins Abseits gedrängt: Sie hat-te Anna ja schon als Erbin für ihren Hasenberghof eingesetzt.

Sollte ihr denn alles genommen werden? Sie war ganz verzagt und vertraute sich Fritz an. Der war sofort alarmiert und bestärkte sie in ihren Sorgen. »Das kannst du dir nicht gefallen lassen, Hanna. Dein Haus und Land in Eggersen musst du behalten. Das schöne Land! Das sollen doch mal deine eigenen Kinder übernehmen, unsere Kinder, Hanna. Verspiel doch deine Zukunft nicht. Pass bloß auf.« Das klang richtig bedrohlich. Hanna musste weinen. Bisher war ja Anna für sie wie eine Tochter gewesen. Aber seitdem sie mit Fritz zusammen war, hatte sie immer mehr Gefallen an dem Gedanken gefunden, eigene Kinder zu haben. Ja, Fritz hatte wohl Recht. »Noch einmal lass ich mir nicht nehmen, was mir zusteht«, schrieb sie in ein neues schwarzes Schulheft, das ihr Tagebuch fortsetzte. Diesem Vormund traute sie sowieso nicht über den Weg. Wenigstens die Verfügungsgewalt über ihr Elternhaus wollte sie zurückerhalten. Dafür konnte sie im Gegenzug gut auf den Hof in Nebelhagen verzichten. Fritz war anderer Meinung. Aber etwas musste Anna ja auch haben. Das war sie ihr doch schuldig. Und so kam Hanna schließlich mit dem Vormund überein, Anna den Hof in Nebelhagen zu überlassen und dafür ihr Testament über das Anwesen in Eggersen aufzuheben.

Sie spürte, dass sie sich mit diesem Gang zum Notar weiter von Anna entfernt und auf ein neues Leben zubewegt hatte. Ihr war nicht verborgen geblieben, mit welchem Eifer Fritz davon gesprochen hatte, künftig ihr Land in Eggersen mit zu übernehmen. Das hatte ihr zu denken gegeben. Aber auf der anderen Seite war die Aussicht auch verlockend, das Land ihrer Eltern vielleicht schon wieder bald selbst beackern zu können. Doch ihre Zweifel wollten nicht weichen. Was kam da eigentlich in Moordorf auf sie zu?

Endlich sollte sie Gelegenheit erhalten, sich dort selbst umzusehen. Als die lange Erntezeit dem Ende zuging, entschloss sich Fritz, seinen vierzigsten Geburtstag am 3. November im neu erbauten Haus zu feiern. Klar, dass Hanna kommen musste, und diesem Ereignis sah sie gespannt wie lange nicht mehr entgegen. Es war ja auch merkwürdig, dass sie sich nun schon anderthalb Jahre mit Fritz traf, ohne ihn auf seinem Hof besucht zu haben. Hatte er ihr etwas zu verbergen? Nur im Vorbeifahren hatte sie das Gehöft bisher gesehen. Nun steuerte sie mit ihrem Fahrrad direkt darauf zu. Wie würde sie von seinen Schwestern begrüßt werden? Ihr erster Eindruck fiel zwiespältig aus. Der Hof war groß, oh ja. Eichen und Apfelbäume sowie mehrere Schuppen und Scheunen bildeten einen Ring um den Hofraum. So, aus der Ferne betrachtet, hätte es einem Gutsherrn zur Ehre gereicht. Betrat man es aber, verlor sich der Anflug des Herrschaftlichen. Wüst wirkte alles. Es roch nach nassem Laub. Der Boden war aufgeweicht. Große Regenpfützen hatten sich zwischen dem Matsch gebildet. Aus Stalltüren quollen Mist und Jauche. Das Wohnhaus war noch unverputzt, an den Schuppen und Scheunen hatte dagegen schon der Zahn der Zeit genagt. Den besten Eindruck machte noch ein Backhaus aus Ziegelstein, an das sich offenbar der Schweinestall anschloss. Der Herbstwind spielte mit bunten Blättern und Strohhalmen. Drei Mädchen und ein kleiner Junge schossen auf Hanna zu. »Was willst du denn hier?«, fragte die Wortführerin. »Ich wollte euch mal besuchen«, antwortete Hanna. »Wie heißt du denn?« – »Hanna. Und wer bist du?« Die Kinder ließen die Frage unbeantwortet und kicherten. »Wenn du Hanna heißt, dann kennen wir dich schon«, sagte das größte der vier Kinder, es mochte wohl sieben, acht Jahre alt sein. »Dann willst du bestimmt zum Geburtstag von Onkel Fritz. Du bist seine Freundin, gib's ruhig zu. Wir wissen sowieso schon alles.« Auf einen derartigen Empfang war Hanna nicht vorbereitet. »Na, ihr seid mir ja welche«, erwiderte sie verwirrt.

In diesem Augenblick öffnete sich die Haustür, und eine Frau in weißblauer Kittelschürze kam auf Hanna zu. »Na, sind se wieder frech gewesen?«, fragte sie Hanna. Und ohne eine Antwort abzuwarten, fuhr sie fort: »Herzlich willkommen bei uns. So ge-

nau umgucken darfst du dich hier nich, hier geht noch alles
drunter und drüber. Es ist noch gar nich so lange her, dass wir
alle in dem kleinen Backhaus gehaust haben. Wir sind ja abgebrannt in den letzten Kriegstagen. Aber so langsam haben wir
wohl das Gröbste überstanden.« Hanna hatte die Frau mit den
feinen Gesichtszügen gleich wiedererkannt. Es war Fritz'
Schwester Emmy. Sie hatte sie ja schon bei Geburtstagen in Eggersen kennen gelernt. »Och, sieht doch schon wieder ganz manierlich aus hier«, sagte Hanna, um etwas Höfliches zu antworten. »Man kann sich gar nich mehr vorstellen, wie …« – »Na,
denn komm mal rein«, fiel ihr Emmy ins Wort. Und zaghaft
folgte Hanna der Aufforderung.

Lore, Fritz' zweite Schwester, die mit auf dem Hof lebte, ba-
lancierte gerade eine Sahnetorte in die Stube. Artig streckte die
kleine Frau, die deutlich älter war als Emmy, Hanna ihre Hand
entgegen. »Ich weiß gar nich, wo Fritz so lange bleibt. Lädt sich
hier Gäste ein und is selbst gar nich da«, sagte sie spitz. »Na, der
hat wohl noch was zu tun«, entgegnete Hanna. »Ja, ja, der hat
immer was zu tun. Der wird nie fertig«, stichelte Lore. »Aber
Arbeit is ja auch genug bei uns. Ich muss eben noch mal die Sahne für den Apfelkuchen schlagen. Setz dich doch schon mal hin,
Hanna. Emmy kann dir ja Gesellschaft leisten.«

Hanna war das alles sehr unangenehm. Aber sie hatte keine
Wahl. Verlegen lächelnd nahm sie an der weiß gedeckten Kaffeetafel Platz. Emmy räusperte sich. »Ja, is ganz schön frisch geworden, nich? Aber unsere Kühe sind noch auf der Weide. Ihr
habt eure sicher auch noch nich reingeholt? Wie viele habt ihr
denn da in Nebelhagen?« – »Zwei«, sagte Hanna. »Wir haben
bloß zwei Kühe. Das is nich viel für so viel Leute.« Sie merkte,
wie sie errötete. Warum hatte sie das bloß gesagt? Wie sich das
anhörte! Als ob sie gar nicht mehr anders konnte, als möglichst
schnell in Moordorf einzuheiraten.

Glücklicherweise klopfte es. Ida Ravens, Fritz' Schwester aus
Eggersen, trat ein, Hannas frühere Nachbarin. Hanna atmete

auf. »Na, so trifft man sich wieder«, sagte die Eintretende freundlich schmunzelnd zu ihr. Und bald kam auch Dora, die vierte der Schwestern, die ihren Mann Heinrich mitbrachte – bisher der einzige Mann in der Runde. Fritz ließ immer noch auf sich warten. »Wo der immer steckt?«, klagte Emmy. Alle kicherten. »Ruf ihn doch mal«, schlug Lore vor. Das ließ sich Emmy nicht zweimal sagen. »Fritz, Fri-hitz«, schallte es durchs ganze Haus. »Ja, komm gleich«, tönte es brummig von weither. »Was is denn los.« – »Was los is? Na, der hat Nerven«, raunte Emmy den Besuchern augenzwinkernd zu. Und mit vielfacher Lautstärke rief sie in Richtung Bruder: »Die Leute warten auf dich, die ganze Stube is schon voll.« Die Gäste blickten sich amüsiert an und schüttelten die Köpfe. »Der traut sich wohl nich«, warf Schwager Heinrich feixend ein. »Is ja auch verständlich bei so viel Frauensleuten.« – »Der steht schon die ganzen Tage im Stall und wartet darauf, dass das Rind endlich kalbt, das wir zum ersten Mal beim Bullen hatten«, erklärte Emmy entschuldigend. Aber niemand wollte ihr so recht glauben.

Erst als noch zwei Freunde des Gastgebers aus der Nachbarschaft eingetroffen waren und auch die Kinder schon lärmend an ihrem Tischchen Platz genommen hatten, kreuzte schließlich auch Fritz auf. Wie immer hatte er versucht, seine widerborstigen Haare mit Hilfe von Wasser zu zähmen. Heute trieften sie regelrecht. Richtig vornehm sah er in dem weißen, offenbar frisch gebügelten Oberhemd und seinem Anzug aus. Sogar eine Krawatte hatte er sich umgebunden. Allerdings war sie ziemlich verrutscht und so lang geraten, dass sie vor dem Hosenschlitz baumelte. Man durfte gar nicht hingucken, so komisch sah er damit aus. Gleichwohl umrundete Fritz artig die Kaffeetafel, um sich von den Geburtstagsgästen die Hand schütteln zu lassen. Bei Hanna verweilte er nicht länger als bei den anderen, errötete jedoch unübersehbar. Schließlich setzte er sich neben seinen Freund Paul.

So konnte endlich der Kaffee eingeschenkt werden. Und begleitet von Tassengeklapper, Kuchengabelgeschramme und Kindergeplapper erhob sich ein munteres Geplauder, an dem sich auch Hanna beteiligte. Ida, ihre Nachbarin aus Eggersen, verstand es, sie durch harmlose Fragen zur Lage in Nebelhagen in ein Gespräch zu verwickeln. Nur Fritz gab sich sehr wortkarg. Ein wenig lebte er auf, als die Runde auf seine Brüder zu sprechen kam, die alle drei gefallen waren. Heinrich und Wilhelm schon im Ersten Weltkrieg, und Karl war aus dem letzten Krieg nicht zurückgekehrt. Seit Ende 1942 hatten sie kein Lebenszeichen mehr von ihm erhalten. »Was aus dem Jungen wohl geworden is?«, sagte Dora. »So lustig und übermütig is er immer gewesen. Ich muss heute noch über seine Streiche lachen, die der angestellt hat. Auf unserer großen Sau is er über den Hof geritten, als er noch klein war. Was hat unser Vater immer geschimpft.« Sie atmete tief ein, fast war es, als schluchzte sie. »Und dann kommen mir immer gleich die Tränen, wenn ich daran denke, wie jung er von uns gegangen ist.« Hanna fiel ein, wie sie mit diesem Karl in Eggersen in Stellung gewesen war. Was der für ein großes Wort beim Schweineschlachten geführt hatte! Der Schalk hatte ihm immer im Nacken gesessen. Alle hatten über ihn gelacht, nur sie nicht. Ihr war ja damals nicht zum Lachen zumute gewesen. Schon traurig, dass dieser junge Kerl umgekommen war, noch bevor das Leben für ihn richtig begonnen hatte.

Das Geplauder war plötzlich verstummt. »Wir wissen doch gar nicht, ob er tot ist«, wandte Emmy energisch ein. »Wir wissen doch gar nichts. Vielleicht steht er ja eines guten Tages vor der Tür und erzählt uns lachend, wie er den Iwan in der Gefangenschaft genarrt hat, und bringt uns auch gleich noch 'ne Natascha vom Ural mit.« Fritz nickte heftig. »Genau. So was liest man immer wieder inner Zeitung. Jeden Tag kommen noch welche zurück aus Russland. Man soll den Glauben nie aufgeben.«

Nun war ein Thema angesprochen, das alle berührte. Selbst die Kinder tuschelten leiser. Hanna musste an die lange Zeit der Ungewissheit über das Schicksal Eduards denken. »Ja, das is nich leicht«, seufzte sie. »Weiß Gott nich«, pflichtete ihr Emmy bei, deren Verlobter in Stalingrad gefallen war, der Vater von Susanne, der Wortführerin des Mädchentrios. »Ich bin ja so froh, dass wir unsern Siegfried wiederhaben«, sagte Dora. »Und natürlich Fritz, sonst hätten wir ja heute nichts zu feiern«, setzte Doras Mann Heinrich hinzu.

Und so setzte sich die Unterhaltung bis zum frühen Abend fort. Emmy schenkte den Gästen noch ein Glas von ihrem selbst gebrannten Rübenschnaps ein. »Damit haben wir hier das ganze Haus gebaut«, scherzte sie. »Für Schluck haben die Kerle alles gemacht, das war mehr wert als Geld.« An diesem Tag aber stand nicht einmal den Männern der Sinn nach größeren Mengen von Schnaps. Der Alkohol trug eher dazu bei, die Auflösung der Gesellschaft zu beschleunigen. Am Ende war Hanna froh, als die Ersten aufbrachen und sie so auch Gelegenheit erhielt, sich zu verabschieden. Onkel Walter hatte sich zwar bereit erklärt, an diesem Tag das Melken für sie zu übernehmen, dennoch wollte sie so früh wie möglich heimfahren. Für sie bedeutete diese Kaffeetafel Anspannung. Bei aller Höflichkeit, die ihr entgegengebracht wurde, hatte sie doch immer das Gefühl, von den Schwestern argwöhnisch beäugt zu werden.

So sog sie die kühle Abendluft tief in sich ein, als Fritz sie schließlich auf den Hof begleitete. Die Beklemmung fiel jetzt von ihr ab. »Warum is eigentlich der Kerl von deiner Schwester Lore nicht da gewesen?«, fragte sie unverblümt. »Och, der is wohl inne Wirtschaft«, sagte Fritz. »Vielleicht macht er auch wieder mit andern Frauen rum. Zu Lore kommt er fast nur noch zum Schlafen und Essen. Und die is immer ganz vergnatzt und lässt es dann an andern aus. Der is ja auch fünfzehn Jahre jünger als sie, und große Liebe war bestimmt nicht im Spiel, als die geheiratet haben. Das war wohl eher wegen der Kinder.« Hanna stieg auf ihr Fahrrad. »Ja, jeder hat sein Bündel zu tragen. Jeder muss selbst sehen, wie er am besten seinen Weg geht«, sagte sie. »Das sach man«, fügte Fritz hinzu. Und nach einem Blick zum bewölkten Abendhimmel ermannte er sich zu einer Frage, die ihm schon längere Zeit auf der Zunge gelegen hatte: »Hoffentlich is es nich zu schlimm für dich bei uns gewesen?« Hanna hielt sich an seiner Schulter fest. »Ach was, Fritz, war doch schön bei euch. Aber jetzt muss ich wirklich zurück.« Da zog er sie zu sich und küsste sie auf den Mund. Nur ganz flüchtig, denn Hanna riss sich gleich wieder los. »Denn bis nächsten Sonntag«, flüsterte Fritz ihr zu. »Ja, bis nächste Woche, Fritz«, antwortete Hanna ebenso leise und radelte davon.

Es war schon ganz dunkel geworden. Ihr Fahrradlicht leuchtete nur wenige Meter weit. Über der Aller wallte dichter Nebel. Doch Hanna scheute sich nicht, in dieses Grau einzutauchen. Fast fröhlich schob sie ihr Rad über die Schleuse. Ein Gedicht, das sie auf einem Kalenderblatt gelesen hatte, ging ihr durch den Kopf. »Seltsam, im Nebel zu wandern, einsam ist jeder Stein. Kein Mensch sieht den andern. Jeder ist allein …« Doch so allein war sie ja gar nicht. Es gab ja Menschen, die auf sie warteten: Fritz, ja, und Anna. Anna. Sie schlief schon fest, als Hanna in die kleine kalte Kammer kam. Leise und friedlich ging ihr Atem. Sie sah wunderschön aus, wie sie da mit ihren blonden Zöpfen im Bett lag. Hanna nahm sie in den Arm, als sie sich zu ihr gelegt hatte, und wärmte sich an ihr.

Auch in den nächsten Wochen und Monaten schmiegte sie sich eng an das Mädchen, das nun schon gar kein Kind mehr war. Wo es nur irgend ging, stellte sie sich schützend vor Anna und versuchte, ihr jeden Wunsch zu erfüllen. Denn der Moment der Trennung rückte näher. Die Heiratspläne nahmen immer festere Gestalt an. Und so sehr sie sich auch an den Gedanken gewöhnte, bald wieder gemeinsam mit einem Mann auf einem großen Hof zu leben, so belastete sie doch die Vorstellung, Anna in Nebelhagen zurückzulassen. Es kam ihr wie ein Verrat an dem Mädchen vor – ein Verrat an Anna, aber eben auch an Eduard, dessen Schmuckkästchen sie nun gar nicht mehr zu betrachten wagte. Sie wollte es Anna schenken.

Die Zeit jagte dahin. Aus den Trümmern wuchsen neue Städte, die Straßen belebten sich, Volkswagen liefen vom laufenden Band. Konrad Adenauer wurde zum ersten Bundeskanzler der Bundesrepublik Deutschland gewählt, Walter Ulbricht setzte sich an die Spitze der Sozialistischen Einheitspartei Deutschlands, die in der sowjetischen Besatzungszone ihren Machtapparat aufzubauen begann. Die Grenze zwischen Ost- und Westdeutschland wurde immer strenger überwacht. Mao erklärte China zur Volksrepublik. Im fernen Korea brach ein neuer Krieg aus, Russen und Amerikaner übertrumpften sich gegenseitig mit ihren Atombomben. Bill Haley rockte rund um die Uhr, und Hanna sang weiter Kirchenlieder und tanzte Walzer und Hamburger, sofern sie einmal Zeit fand, mit Fritz zum Schützen- oder Erntefest zu gehen. Unablässig fraß die Arbeit ihre Tage. Der immer gleiche Trott. Die Kühe mussten gemolken, die Ställe ausgemistet werden. Aussaat und Ernte – der gewohnte Gang der Jahreszeiten.

Doch hinter dem Rhythmus des immer Gleichen bahnte sich ein Ortswechsel an. Hanna und Fritz waren nun übereingekommen, das Aufgebot zu bestellen. Im November 1950 sollte Hochzeit sein, und Anna, das stand fest, sollte in Nebelhagen bleiben. Endlich hatte sich Hanna überwunden, es ihr zu sagen. Sie wollte möglichst wenig Aufhebens davon machen und weihte sie in ihre Pläne ein, als die beiden sich an einem Augustabend beim Bohnenschnippeln gegenübersaßen. »Ich glaube, auf Dauer is hier kein Platz für uns beide«, begann Hanna und seufzte. »Du brauchst ein eigenes Bett, eine eigene Kammer. Und du bist jetzt schon so groß, dass du die Arbeit bald alleine schaffst. Für Onkel Walter und Tante Dora bist du ja sowieso schon wie eine Tochter. Ich glaub, mich braucht ihr hier nich mehr.« Anna unterbrach sie. »Du willst nach Moordorf ziehen. Zu Fritz, nich?«, sagte sie mit belegter Stimme. Hanna fing an zu weinen. »Oh, Deern, Deern«, schluchzte sie. »Ich weiß auch nich, ob das richtig is. Aber so kann es doch auch nich ewig weitergehen.« In eisigem Ton unterbrach Anna sie wieder. »Wann soll's denn so weit sein?«, fragte sie scharf. »Im November, im November wollen wir heiraten. Wird bestimmt 'ne schöne Hochzeit werden«, fuhr Hanna unter Tränen fort. »Schöne Hochzeit?«, entgegnete Anna kühl. »Für dich vielleicht. Aber was soll ich denn da? Ich geh da doch nich hin, zu dem blöden Kerl. Der kann mich doch sowieso nich leiden. Ich steh euch doch bloß im Weg wie 'n alter Kinderwagen, denkst du, das hab ich noch nich gemerkt?« Anna warf ihr Messer zu Boden und sprang auf. »Anna, Anna«, flehte Hanna sie weinend an. »Ich hab dich doch weiter lieb. Aber wir müssen an die Zukunft denken. Für mich is es auch nich leicht. Du bist noch jung, Du hast das Leben noch vor dir. Aber ich bin nun schon bald vierzig, und wenn du mal heiratest, dann bleib ich hier allein sitzen. Das musst du dir doch auch mal überlegen.« – »Mach doch, was du willst, aber lass mich bloß in Ruhe. Was aus mir wird, is dir ja sowieso egal«, rief Anna und rannte aus der Küche.

Doch schon nach wenigen Tagen schien sie mit der bevorstehenden Hochzeit ihren Frieden geschlossen zu haben. Und stolz begleitete sie schließlich Hanna auf ihrem Rad nach Eggersen, wo die Schneiderin Annas Maße nahm, um ein neues Kleid für sie zu nähen. Auch die Aussicht, zur Hochzeit endlich ihre Zöpfe abschneiden zu dürfen, versöhnte sie mit der bevorstehenden Trennung.

So verringerte sich am Ende doch noch die Last, die Hanna auf der Seele lag, und leichteren Herzens konnte sie sich nun den vielen Vorbereitungen für ihren Umzug nach Moordorf widmen. Traurig stimmte es Hanna, dass sie alles zurücklassen musste, was sie aus Ahrendsen mitgenommen hatte. Ob Kommode, Truhe, Tisch oder Stühle – Fritz wollte nichts um sich haben, was ihn an ihre kurze Ehe mit Eduard erinnert hätte. Briefe und Fotos schon gar nicht. Sie packte die Erinnerungsstücke in einen Karton und gab ihn Anna. Es fiel ihr nicht leicht, sich von all dem zu trennen. Froh stimmte sie dagegen, dass sie jetzt endlich die Möbel aus ihrem Elternhaus in Eggersen abholen konnte. Gut zehn Jahre hatten die rot gepolsterten Stühle, die Chaiselongue, die Tische, die Eichenschränke mit dem Leinenzeug, die Vitrine mit dem Geschirr und den Hirschhornbestecken, die schöne Kommode, ihr altes Spinnrad und manches mehr bei fremden Leuten gestanden. Jetzt hatte sie endlich wieder selbst Verwendung dafür. Auf Frenzens Hof in Moordorf war ja bei dem Brand fast die gesamte Einrichtung in Flammen aufgegangen. Nun konnte sie ihr neues Leben in der Umgebung von Dingen beginnen, an denen Kindheitserinnerungen hafteten. Hanna freute sich schon darauf, die verschnörkelte Wanduhr wieder ticken zu hören. Auch auf die Felder in Eggersen freute sie sich. Bald würde sie wieder die gute schwarze Erde riechen können und die Kirchenglocken von Eggersen schlagen hören. Fritz hatte das Land bereits seit dem Frühjahr übernommen und eine prima Ernte eingefahren. Ach, es würde schon alles gut werden. Nur wacker voran. Wenn bloß die Hochzeit schon vorbei wäre!

Hochzeit in Schwarz

Es ging hoch her – schon an der Mittagstafel. Es wurde gewitzelt und gelacht. Dröhnend gelacht. Wein und Sekt und Bier und Schnaps waren schon reichlich geflossen. Die Brautleute kamen gar nicht zur Ruhe. »Prost, Hanna! Prost, Fritz!«, rief alle paar Minuten jemand. Natürlich musste das Hochzeitspaar jedes Mal das Glas erheben und den Toast erwidern. Hanna nippte nur an ihrem Wein. Hätte sie jedes Mal getrunken, wäre sie schon vor dem Rinderbraten von Sinnen gewesen. Fritz glühte bereits bedenklich. Er hatte es versäumt, sich die gebotene Zurückhaltung aufzuerlegen. Dabei vertrug er auch nicht mehr als seine Angetraute. Großspurig zündete er sich eine lange Zigarre an und tauchte ab in den eigenen Qualm. Zum Gradmesser seiner Trunkenheit wurde seine weiße Fliege: Sie hing schon nach der Suppe ziemlich schief. Und nach dem Hauptgang zierten so manche Saucenspritzer seine schwarze Anzugjacke. Auch das Reden schien ihm schwer zu fallen. Zum Glück nahmen es ihm andere ab.

Eine kleine Hochzeitszeitung wird verlesen, mehrere Verse werden zu Gehör gebracht. »Fritz hat sich lange Zeit gelassen, nun muss er in Geduld sich fassen, dass er wieder kommt zu Wort, denn nun ist Hanna ja vor Ort«, reimt ein Nachbar. »Von früh bis spät auf Wies und Acker, hält unsre Hanna sich ganz wacker, nur in der Nacht, das ist kein Witz, schläft sie im Bett bei ihrem Fritz«, tönt der Milchkutscher. »Prost, ihr beiden.« Und die ganze Gesellschaft hebt das Glas.

Hanna und Fritz lächeln huldvoll. Es ist eine große Hochzeit.

Mehr als hundert Gäste hocken an den langen Tischen im Saal der Moorkate, dem besseren der beiden Wirtshäuser in Moordorf. Hanna kann sich kaum auf das Essen konzentrieren. Immer fühlt sie sich beobachtet und verpflichtet, Zurufe oder höfliches Kopfnicken zu erwidern. So mancher ist ihr fremd, und bei weitem nicht alle zählen zu ihrem Freundeskreis, nein, bei weitem nicht. Ganz geheuer sind ihr auch Fritz' Schwestern noch immer nicht. Nicht gerade herzlich hatten Emmy und Lore sie auf dem Hof aufgenommen. Sie hatten ihr das Gefühl vermittelt, in ein Nest einzuziehen, das bereits fertig gewesen war – von den Schwestern erbaut. Besonders Lore war nicht müde geworden zu erzählen, unter welchen Mühen sie aus den Trümmern ein neues Haus aufgebaut hatten. »Wer so was nicht mitgemacht hat, kann sich das gar nicht vorstellen«, hatte sie in ihrer spitzen Art gesagt.

Mit Alfons, Lores Mann, war Hanna von Anfang an besser zurechtgekommen. Geradezu überschwänglich hatte der sie begrüßt. »Herzlich willkommen auf unserem Rittergut, gnädige Frau«, hatte er charmiert und sich tief dabei verbeugt. Augenzwinkernd lächelt er auch jetzt zu Hanna herüber, während er mit seiner Frau offenbar keine besonders anregende Unterhaltung führt. Doch Hanna vermeidet es, allzu interessierte Blicke auf ihre Schwägerinnen zu werfen. Und die geben ihr auch nicht gerade zu verstehen, dass sie gewillt sind, Kontakt aufzunehmen. Emmy scheint sich auch so zu amüsieren. Schmunzelnd lässt sie ihre schönen Augen über die Tische mit den lärmenden Männern schweifen.

Am wohlsten fühlt Hanna sich, wenn sie Blicke mit ihren Vertrauten aus Eggersen tauschen kann. Auch Frau Odenwald, die ganz aus Bremen angereist ist, lächelt ihr immer wieder zu. Leider findet sie kaum Gelegenheit, sich mit ihrer alten Freundin zu unterhalten. Die Sekretärin aus der Stadt wirkt etwas verloren inmitten der Heidjer. Hanna tut es in der Seele weh, die gute Frau so einsam zu sehen. Auch die Leute aus Ahrendsen, die ja

eine Zeit lang mit ihr zusammengelebt haben, beachten Therese Odenwald kaum. Hanna vermeidet es, ihren Blick längere Zeit
auf dem Tisch ruhen zu lassen, an dem Mitglieder ihrer früheren Familie sitzen: Onkel August mit seiner Frau und der kleinen
Tochter, Opa Karl, eine Nachbarsfamilie – und natürlich auch
Albert, der seine Freundin mitgebracht hat. Kühl hat er Hanna-
Mutter zur Hochzeit gratuliert, so kühl, dass es ihr einen Stich
versetzt hat. Etwas verschämt beobachtet Hanna hin und wieder
auch Anna. Die scheint sich wohl zu fühlen. Wie eine kleine
Dame sitzt sie da neben ihrem Tischherrn, mit dem sie sich munter unterhält. Auch mit ihrem Bruder scherzt sie viel. Die beiden
sind sich in letzter Zeit näher gekommen, haben sich oft besucht.

Hanna hat es bedauert, als Anna sich ihre schönen Zöpfe abschneiden lassen wollte. Doch nun muss sie anerkennen, dass sie
mit ihren blonden Locken aussieht wie eine Prinzessin. Auch das
weiße Taftkleid steht ihr gut. Hannas Freundin hat es ganz umsonst geschneidert, eine Art Hochzeitsgeschenk. Hanna, die
Braut, dagegen trägt wieder das schwarze Seidenkleid, das sie
von ihrer Mutter geerbt hat – dasselbe, in dem sie sieben Jahre
zuvor schon ihre erste Hochzeit gefeiert hat.

Wieder hat sie das Gefühl, an ihrem Hochzeitstag auch den
Toten ihren Tribut zollen zu müssen. Vergeblich hatte Fritz ihr
angeboten, ein neues weißes Kleid zu kaufen, ein richtiges
Hochzeitskleid. Doch Hanna hatte darauf bestanden, in Schwarz
zu gehen. »Man kann doch auch an so einem Tag nicht alles ver-
gessen, was vorher war«, hatte sie gesagt. »Was sollen denn die
Kinder denken.« Fritz hatte sofort begriffen, dass damit Anna
und Albert gemeint waren. Immerhin hatte sie einen weißen
Kragen auf dem Kleid aufsetzen lassen und eine Brosche ange-
legt, geformt wie eine Rose. Außerdem hatte zu ihrem Aufzug
natürlich ein weißer Schleier gehört – acht Meter lang war die
Schleppe gewesen, die Susanne und Ute, die beiden älteren
Mädchen vom Frenzen-Hof in Moordorf, getragen hatten. Mit
Kutschen waren sie nach Eggersen zur Kirche gefahren.

Oh, ist das ein schönes Gefühl für Hanna, vor ihrer alten Kirche auszusteigen. Wohl das ganze Dorf steht vor dem Portal Spalier. Hanna ist stolz, mit ihrem großen Gefolge Einzug zu halten in dem kühlen Gotteshaus. Und das Schönste für sie ist ja, dass Pastor Trapp immer noch seines Amtes waltet. Er hat die braunen Machthaber überlebt. Sein Haar ist weiß geworden. Aber seine Statur wirkt immer noch stattlich. Man muss Respekt haben vor dem Mann. »Schön, dass du jetzt wieder in unsere Gemeinde zurückkehrst«, hatte er ihr bei dem Vorgespräch gesagt. »Da werden wir uns ja wieder öfter sehen.« Die Augen waren ihr feucht geworden, als der Pastor sie vermählt hatte, mühsam hatte sie immer wieder versucht, ihre Gedanken zu bändigen und die Schatten der Vergangenheit abzuschütteln. Doch es war ihr nicht ganz geglückt. Laut aber war ihr »Ja« erklungen, als der Pastor gefragt hatte, ob sie Fritz die Treue halten wolle – »in guten wie in bösen Tagen«. Dann hatte sie sich tragen lassen von den feierlichen Chorälen. »Wenn Mann und Weib sich wohl verstehen und unverrückt zusammen gehn in Bande reiner Treue/Da geht das Glück in vollem Lauf, da sieht man, wie der Engel Hauf im Himmel selbst sich freue …« Gern wäre Hanna noch länger in der Kirche geblieben. Die frommen Gesänge waren ihr lieber gewesen als das schallende Gelächter an der Hochzeitstafel. Diese lärmende Heiterkeit tönte ihr wie Hohn in den Ohren.

Während die Aufträgerinnen in ihren weißen Schürzen die Schüsseln und Terrinen übers Parkett tragen, spielt die Drei-Mann-Kapelle Märsche. Die Männer aus Moordorf grölen mit. »In einem Polenstädtchen, da wohnte einst ein Mädchen«, dröhnen sie. Plötzlich klettert einer aus der Runde unter dem Gejohle der anderen auf den Tisch und dirigiert von seiner gehobenen Position aus die Kapelle. »Sie war das allerschönste Kind, das man in Polen find, aber nein, aber nein, sprach sie: Ich küsse nie.« Hanna kann sich nun nur noch ein gequältes Lachen abringen. Sie fühlt sich verspottet von diesem Auftritt. Viel Geringschätzung spiegelt sich darin. »Verdammte Bande«, schießt es ihr durch den Kopf. »Verdammte Sauferei.« Ein Rülpser von »Pluck-Willi« reicht nun schon, albernes Gewieher hervorzurufen. »Dir is wohl die Katze nich bekommen«, krakeelt »Hänschen-Klein«. »Was'n für 'ne Katze, du Blödmann«, donnert »Pluck-Willi« zurück. »Na, der Katzenbraten, den 'se uns gerade aufgetischt haben«, erwidert der kleine Hans Meyer glucksend. Und alle Männer in der Umgebung nehmen den Ulk auf und fangen wie blöde an zu miauen. »Miau, miau, miau«, jaulen sie herzzerreißend, und die Frauen kreischen lauthals vor Entzücken.

Schon am Polterabend vor zwei Tagen hatten sie es toll getrieben. Körbeweise schleppten die Leute Flaschen an und knallten sie gegen die frisch verputzten Außenwände des Wohnhauses. Richtige Kerben waren davon im Putz zurückgeblieben. Auf der neu gebauten Diele ließen sich die Gäste zwischen Kühen und Kälbern mit Bier und Rübenschnaps voll laufen. Zur allgemeinen Belustigung gaben sie auch dem Hahn zu trinken. Die Wirkung ließ nicht lange auf sich warten. Wie verrückt flatterte der Gockel auf dem Hof umher und kippte dabei immer wieder zur Seite. »Na, mit dem is auch nich mehr viel los«, prustete einer der Vorwitzigen. »Den steckt man gleich in 'n Suppentopf.« Natürlich wollte sich aber keiner diese Attraktion des Abends entgehen lassen.

Hanna hatte nichts übrig für derbe Scherze dieser Art. »Das arme Tier«, klagte sie. Doch auch bei ihrem Bräutigam fand sie kaum Verständnis. »Is doch schön, dass alle so lustig sind«, entgegnete der und streute seine Zigarrenasche über die Tischdecke. Als lustig galt es im Dorf auch, dass die halbwüchsigen Jungen am Vorabend der Hochzeit Kuchen stiebitzten. Hanna hingegen konnte gar nicht lachen, als am Hochzeitsmorgen eine Sahnetorte und ein Blech Butterkuchen fehlten. »Da muss man sich ja schämen vor den Leuten, wenn beim Kaffeetrinken nur noch die Reste auf'm Tisch stehen«, wetterte sie. Der Ärger über den Kuchenklau wallte auch später immer wieder in ihr auf.

Schließlich war sie schon während der ganzen Woche auf dem Hof gewesen, um die Hochzeitsfeier vorzubereiten. Rind schlachten, Kuchen backen, Kränze binden, Diele fegen – die Schufterei hatte kein Ende nehmen wollen. Und Fritz' Schwestern waren nicht sonderlich geneigt gewesen, sich daran zu beteiligen. So hatte Hanna alle Hände voll zu tun gehabt und war außerdem noch damit beschäftigt gewesen, Möbel und Hausrat einzuräumen. Fritz hatte alles mit Hilfe seines Treckers herangeschafft, den er sich gerade gekauft hatte. Oh, wie stolz war er mit dem grünen Güldner über die Straße getuckert. Doch die Arbeit hatte sich dadurch nicht verringert. So fühlte sich Hanna nicht eben frisch und ausgeruht an ihrem Hochzeitstag. Sie musste sich zwingen, mit den anderen mitzulachen.

Und je weiter das Essen voranschreitet, desto gröber werden die Scherze. Besonders laut wird das Gejohle, als »Räuber-Heini« vor den Augen der Tischnachbarn sein Gebiss aus dem Mund nimmt. Ungeniert legt er die feuchte Prothese zwischen die Schüsseln. »Pudding kann man auch ohne Zähne essen«, erklärt er dem staunenden Publikum – ein Satz, der als geflügeltes Wort in die Dorfgeschichte eingehen wird. Hanna hat in diesem Augenblick wenig Sinn für das Außergewöhnliche des Ausspruchs. Ihr wird speiübel. Angewidert lässt sie den Teelöffel sinken.

Bis zum Ende der Hochzeit wirkt dieses Ekelgefühl nach, und es wird noch viel gelacht. Ein wenig Trost findet Hanna darin, dass es Fritz offenbar ähnlich ergeht. Auch der erweist sich nicht gerade als Stimmungskanone. »Miele, Miele hieß die Tante, die alle Waschmaschinen kannte«, murmelt er, als Schwester Emmy laut überlegt, wie wohl eine entfernte Verwandte geheißen hat. Und als Fritz sieht, dass er seine Umgebung mit dem Reklamespruch zum Schmunzeln gebracht hat, schiebt er gleich noch einen nach. »Kennt ihr den?«, fragt er ungewohnt mutig in die Runde. »Hast du Minimax im Haus, bricht bei dir kein Feuer aus. Aber Minimax ist Mist, wenn du nicht zu Hause bist.« Doch einen Lacherfolg kann der Bräutigam auch mit diesem Reim nicht erzielen. Denn leider kennen alle nicht nur den Werbespruch, sondern auch die angehängte Verballhornung.

Reichlich verunsichert pafft er so eine Zigarre nach der anderen. Seinen Alkoholkonsum hat er immerhin bereits stark gedrosselt. Auch der Ehrentanz, der dem Brautpaar abgenötigt wird, trägt nicht dazu bei, sein Selbstwertgefühl zu stärken. Er spürt wohl, welch miserabler Tänzer er ist. Doch das hält Hanna nicht davon ab, ihn noch weitere Male aufs Parkett zu ziehen.

Das Tanzen war ja schließlich das einzige Vergnügen, das ihr diese Hochzeitsfeier gewährte. Nur peinigte sie nach Mitternacht ein immer stärker werdender Schmerz in der Hüfte. Sie hatte sich wohl doch übernommen. »Gut, dass die Hochzeit vorbei ist«, schrieb sie einige Tage später in ihr Tagebuch. »Eigentlich war mir nach Feiern gar nicht zumute.«

Die Gespenster der Vergangenheit

Und Hanna schlug Wurzeln in Moordorf. Vor allem die Kühe halfen ihr, heimisch zu werden. Überall auf ihrer Wanderschaft seit dem Auszug aus dem Hasenberghaus hatte sie sich Anerkennung durch ihr Geschick beim Melken erworben. Wie sehr sich auch die Höfe und Menschen unterschieden, überall warteten prall gefüllte Euter auf sie. Und überall gelang es ihr, diesen großen gemütlichen Tieren ihre Milch zu entlocken. Wie Kälberzungen mussten die Finger die Zitzen umfassen und in die Länge ziehen – zärtlich und kraftvoll zugleich. Stripp strapp, stripp strapp – ein Rhythmus, der Hanna zur Ruhe kommen ließ. Und es erfüllte sie mit Stolz, wenn die Milch in ihrem Eimer schäumte.

Auch sonst stellte sie in Moordorf unter Beweis, dass sie gewillt war, kräftig zuzupacken. Trotz ihrer angeschlagenen Gesundheit. Denn Krampfadern und Thrombose bereiteten ihr schlaflose Nächte. Stechender Schmerz ging von ihrem Herzen aus, immer wieder wurde ihr schwarz vor Augen. Schwindelanfälle brachten sie ins Wanken. Doktor Kluge, ihr neuer Arzt im Schwarmstedter Krankenhaus, einer ausgelagerten Barackenklinik des Krankenhauses von Hannover, verordnete ihr Tabletten und Tropfen. Aber eine spürbare Besserung stellte sich damit nicht ein. Als einige Wochen nach Weihnachten die Monatsblutung ausblieb, sollte sich das Unwohlsein noch verstärken. Doch die neue Erklärung machte Hanna die Beschwerden erträglicher: Sie war schwanger. Sie würde ein Kind zur Welt bringen. Ein eigenes Kind, das in ihrem Bauch heranwuchs!

Es war ein schönes Gefühl, wenngleich sie auch der Gedanke ängstigte, ob sie denn in ihrem Alter überhaupt noch in der Lage sei, ein gesundes Kind zu gebären. Aber Fritz war so froh, dass solche Bedenken in den Hintergrund traten. Wenn er mit dem Rad zum Einkaufen nach Schwarmstedt fuhr, brachte er in seinem Rucksack immer Kekse oder Schokolade für Hanna mit. Auch seine beiden Schwestern auf dem Hof betrachteten es mit Wohlgefallen, als Hannas Bauch sich langsam rundete. Es nötigte ihnen Respekt ab, dass die werdende Mutter keine Anstalten machte, sich zu schonen, sondern ihnen weiterhin tapfer schwere Arbeiten abnahm. Die Arbeit half Hanna auch ein wenig über die Wehmut hinweg, die die Trennung von Anna in ihr hervorrief. Bitter stimmte sie bisweilen die Eifersucht, die Fritz gegenüber allem hegte, was mit ihrer ersten Ehe zu tun hatte. Weder Fotos noch Briefe von Eduard duldete er in seinem Haus. Und auch Anna sah er nicht gern in Moordorf. Das tat weh.

Man konnte doch seine Vergangenheit nicht einfach ablegen wie ein altes Kleid. Dabei hätte Hanna manches gern hinter sich zurückgelassen. Doch auch das Böse holte sie in ihrem neuen Leben ein. Seit ihrem Einzug in Moordorf bereitete es ihr Unbehagen, dass das Haus, in dem sie lebte, von einem Mörder erbaut worden war – von einem Mann, den sie gedeckt hatte. Immer hatte ihr vor der Vorstellung gegraust, dieser Paul Buchtemann könnte eines Tages vor ihr stehen. An einem Morgen im März des Jahres 1951 sollte es zu diesem Wiedersehen kommen. Schon lange hatte Fritz vom Bau einer neuen großen Scheune gesprochen. Und da seine Schwestern beim Hausbau gute Erfahrungen mit Buchtemann gemacht hatten, war seine Wahl auf diesen Bauunternehmer gefallen. Vergeblich hatte Hanna mit vagen Andeutungen versucht, ihrem Mann diesen Plan auszureden. »Du bist doch bei Buchtemanns in Stellung gewesen, da müsst ihr euch doch gut kennen«, hielt Fritz ihren Einwendungen entgegen. Und Hanna wagte es nicht, deutlicher zu werden.

Und so kommt er an jenem Märzmorgen angefahren. Hanna

erschrickt, als sie seine Gestalt hinter der Milchglasscheibe erkennt, und auch Buchtemann erstarrt zuerst, als er sieht, wer ihm da die Tür öffnet. Dann gelingt ihm ein gequältes Lächeln. »Morgen, Hanna«, begrüßt er sie bemüht freundlich. »Dass ich dich hier in Moordorf wiedertreffe! Das is aber schön. Wie viel Jahre is es nu schon her, dass du bei uns in Hohenbostel gewesen bist? Is ja schon fast nich mehr wahr. Viel passiert in der Zwischenzeit, aber du siehst immer noch aus wie das blühende Leben. Ich soll auch schön von meiner Frau grüßen.« Hanna fühlt sich außerstande, Buchtemanns Redestrom zu unterbrechen. Sie hat ihn viel größer in Erinnerung gehabt. Er kommt ihr so klein vor, wie er da in seiner braunen Manchesterjoppe vor ihr steht. Sein Haar ist weiß geworden, weiß und dünn. Sein Gesicht ist zerfurcht von Falten. Hannas Herz pocht. Bilder steigen aus ihrem Innern auf. Wie er ihr damals das Kaninchen abgenommen hat – so väterlich. Wie er sie dann später in Ahlden angeblickt hat – so hart und drohend, in der Hand die blutige Axt.

Hannas Schweigen und ihr Gesichtsausdruck verunsichern Buchtemann. »Is Fritz nich da?«, fragt er schließlich. Hanna schüttelt fast unmerklich den Kopf. »Na, denn komm ich eben heute Mittag noch mal wieder. Eilt ja nich«, setzt er in leicht gereiztem Ton nach. Nun bricht es aus Hanna hervor. »Du brauchst gar nich mehr wiederzukommen«, faucht sie Buchtemann an. »Bleib bloß weg hier. Lass dich ja nich mehr blicken, du Hund. Wir wollen hier nichts mehr mit dir zu tun haben. Ich weiß, was du für einer bist. Oder hast du gedacht, ich hab das vergessen? Hast du gedacht, dass ich so 'n schlechtes Gedächtnis hab?«

Wie vom Schlag getroffen, weicht Buchtemann zurück. »Ich weiß gar nich, wovon du sprichst. Ich glaube, du bist durchgedreht, Hanna«, protestiert er beleidigt. »Das hättest du wohl gern, dass ich verrückt werde, was? Aber den Gefallen tu ich dir nicht«, entgegnet Hanna. Buchtemann antwortet mit gekünsteltem Lachen. »Der Krieg is vorbei, Hanna. Seit sechs Jahren schon. Das gilt auch für dich: Gib endlich Frieden. Und komm mir bloß nich mit diesen ollen Kamellen. Das is doch längst verjährt. Das war in der Kriegszeit, da gelten andere Gesetze.«

Hanna hat kaum zugehört. Nur die letzten Worte hat sie verstanden. »Andere Gesetze«, wiederholt sie. »Scher dich bloß vom Hof, oder ich hol die Polizei«, schreit sie Buchtemann an, der sich jetzt abrupt von ihr abwendet. »Die Polizei brauchst du nich zu rufen«, poltert er im Weggehen. »Ich finde den Weg nach Hause auch ganz allein. Ich lass mich doch nich von so 'ner dahergelaufenen Dienstmagd wie dich beschimpfen. Du weißt wohl nich mehr, was sich gehört. Aber zum Glück is es noch nich so weit, dass du hier das Kommando hast. Fritz wird dir schon noch den Kopf waschen.« Krachend knallt Hanna die Tür zu und lässt sich auf den nächsten Stuhl sinken.

Als Fritz zwei Stunden später vom Pflügen zurückkommt, hat sie sich schon wieder etwas beruhigt. Auf dem Herd brodelt der Eintopf. »Buchtemann is hier gewesen«, empfängt Hanna ihren Mann. »Na, da habt ihr wohl über alte Zeiten geschnackt«, sagt Fritz arglos. »Das kann man wohl sagen«, erwidert Hanna hart. »Ich hab ihn vom Hof gejagt.« – »Was hast du?«, fragt Fritz entgeistert. »Ich hab gesagt, er soll machen, dass er Land gewinnt.« Fritz ist derart überrascht, dass er verwirrt lacht. »Du bist ja wohl nich durchgedreht, Hanna?«, fragt er besorgt. »Das hat Buchtemann auch schon gesagt. Aber ich bin noch ganz klar im Kopf. Dabei könnte man schon verrückt werden, wenn man bedenkt, dass so ein Hund wie der frei rumläuft und große Sprüche macht.«

Zögernd und bruchstückhaft begann Hanna, Fritz ins Bild zu setzen. Anfangs schämte sie sich, wusste nicht, wo sie anfangen sollte, verhedderte sich in ihrer Schilderung. Aber nach und nach gewann sie doch an Sicherheit, und als sie zu Ende erzählt hatte, war sie erleichtert. Doch ihre Hoffnung, endlich einen Bündnispartner gefunden zu haben, sollte enttäuscht werden. »Aber das is doch schon lange her, Hanna«, redete Fritz beschwichtigend auf sie ein. »Und im Krieg sind wir alle keine Engel gewesen. Da hat ein Menschenleben nich mehr viel gezählt. Da gab es doch nur Freund und Feind. Das war bei uns in Frankreich auch nich anders. Da hat man eben auch mal Sachen gemacht, die man sonst nicht tun würde. Da musste man eben schießen, wenn man nich selbst totgeschossen werden wollte.« Hanna fiel ihm ins Wort. »Aber der Doktor hat doch keinem was getan. Der hat auf niemanden geschossen. Der is doch immer bloß gut zu allen gewesen.« Fritz wehrte ab. »Solche Leute wie der haben die Heimatfront geschwächt und damit unserm Feind genützt«, entgegnete er in der Propagandasprache von einst, nahm aber schon im nächsten Moment einen neuen Anlauf. »Das nützt doch jetzt gar nichts mehr, die Sachen von früher wieder aufzurühren«, flehte er Hanna an. »Wir haben doch Sorgen genug. Wir müssen vorwärts gucken und nicht zurück. Was soll denn aus unserm Kind werden, wenn wir es uns jetzt mit Gott und der Welt verderben?« Hanna spürte, dass es hoffnungslos war, ihren Mann umzustimmen. »Na, denn muss es eben gehen, wie's geht«, sagte sie entmutigt. »Aber dieser Mensch kommt mir nich mehr ins Haus.« Fritz streichelte ihr begütigend über die Schulter. »Ich glaub, der lässt sich nich zweimal vor die Tür setzen«, sagte er. »Aber vielleicht is es auch ganz gut, dass wir mit der Bauerei erst mal 'n bisschen warten. Wir haben auch so schon Schulden genug.«

Hanna atmete auf. Wenigstens musste sie jetzt keine Angst mehr haben, dass Buchtemann erneut in ihr Leben einbrechen würde wie eine dieser Minen, die aus dem Krieg übrig geblieben waren und immer noch hoch explosiv in der Gegend herumlagen. Sie hoffte inständig, diesem Menschen nie mehr zu begegnen. Ganz ausgeschlossen war das natürlich nicht. Doch drei Wochen nach der Begegnung an der Haustür wurde ihr auch diese Furcht genommen. Sie meinte, ihren Augen nicht zu trauen, als sie die Todesanzeigen in der Zeitung überflog. Ungläubig las sie den kurzen Text immer wieder: »Plötzlich und unerwartet verschied am 15. April im Alter von 63 Jahren mein lieber

Mann, unser treu sorgender Vater Paul Buchtemann«, stand da. Unmissverständlich: PAUL BUCHTEMANN, das konnte keine Namensgleichheit sein, das Alter stimmte ja auch. Aber der war doch gar nicht krank gewesen. Auch seine Frau musste der Tod überrascht haben. »Die Wege des Herrn sind unerfindlich«, hatte sie der Todesanzeige hinzugefügt.

Hanna kam es nicht in den Sinn, den Tod ihres früheren Dienstherrn als Gottesstrafe zu empfinden. Eher empfand sie Mitleid. Sie musste daran denken, wie er sie einst in Schutz genommen hatte. War sie zu hart mit ihm ins Gericht gegangen, als sie ihn vom Hof gejagt hatte wie einen räudigen Köter? Und ihr innerer Zwiespalt verstärkte sich, als sie am nächsten Tag von Schröders in Eggersen die Todesursache erfuhr: Buchtemann hatte sich aufgehängt – im Dachstuhl eines Rohbaus, den seine Firma gerade hochgezogen hatte. »Der hat wohl Angst gekriegt, dass sie ihn doch noch rankriegen«, meinte Schröders Lisbeth. Als Hanna sie fragend anblickte, fügte die alte Frau erläuternd hinzu: »Im Dorf haben sie erzählt, dass er was mit dem Mord an Doktor Klawitter zu tun gehabt hat. Der Polizist hat wohl was durchblicken lassen.« Hanna wurde es ganz heiß im Gesicht. »Das war kein schlechter Kerl«, stammelte sie, nur um irgendetwas zu sagen. »Ich hab nie verstanden, warum der sich mit den Nazis eingelassen hat. Das is ja fast so, als wenn man den Pakt mit dem Bösen schließt: Da kommt man nie mehr von los, da kann man machen, was man will.« – »Du hast doch auch den Doktor gut gekannt aus deiner Zeit in Ahlden, Hanna«, bohrte die alte Freundin weiter. »Das ist doch so'n feiner Mensch gewesen.« Hanna wurde das Gespräch immer unerträglicher. »Ach ja, das war er wohl. Aber das is ja nu auch alles schon so lange her. Und am besten isses wohl, wenn man die Toten ruhen lässt.« Damit war das Thema abgehandelt. »Was Gott tut, das ist wohl getan, es bleibt gerecht sein Wille«, schrieb sie am selben Abend in ihr Tagebuch. »Ja, es ist wohl das Beste, dass Buchtemann sich selbst zur Rechenschaft gezogen hat.«

Obwohl Hanna erst im sechsten Monat war, hatte sich ihr Bauch schon so gerundet, als stünde die Geburt unmittelbar bevor. Sie spürte, wie es sich in ihr regte. Oh, was war das für ein schönes Gefühl, so einen kleinen Menschen in sich zu haben. Doch die Angst war ebenso groß wie die freudige Erwartung. Es ging alles so rasch. So schnell. Das war ihr nicht geheuer. Als sie Anfang Mai zum Arzt ging, enthüllte sich ihr das Rätsel: In ihrem Bauch hatten sich gleich zwei Kinder eingenistet. Sie würde Zwillinge bekommen. Fritz war stolz, als er die Neuigkeit erfuhr, doch Hanna erfüllte die Nachricht mit Sorge. Sie war ja schließlich nicht mehr die Jüngste.

In der Nacht war Regen gefallen. Die Sonne hatte sich noch nicht durch den grauen Wolkenschleier gekämpft, aber es kündigte sich schon ein weiterer warmer Frühlingstag an. Dunst hing über den Wiesen, sanft und glasig. Das feuchte Birkengrün verbreitete einen betörenden Duft. Der Kuckuck rief. Die Kühe muhten im Stall vor Ungeduld, endlich hinaus auf die Weide zu kommen. Sie waren so unruhig, dass es Hanna Mühe machte, sie zu melken. Ständig waren jetzt die Kühe damit beschäftigt, die Fliegen von sich abzuwehren, die über sie herfielen. Sie schlugen mit dem Schwanz danach, rückten hin und her. Dabei hatte es Hanna schon so schwer genug. Ein ziehender Schmerz hatte sie in der Nacht wach gehalten. Als sie aufgestanden war, hatte sie nichts mehr davon gespürt. Aber als sie nun unter der Kuh saß, wallten diese Krämpfe plötzlich wieder auf. Die Schmerzen nahmen ihr den Atem. Hanna sprang auf, rang nach Luft. Ob das schon die Wehen waren? Das konnte doch nicht sein. Das war ja noch viel zu früh. Wieder ließ dieses furchtbare Ziehen nach – und wieder kehrte es mit doppelter Gewalt zurück. Nein, es ging nicht mehr. Es ging einfach nicht mehr.

Hanna wankt ins Haus. Fritz liegt noch im Bett. »Hol die Hebamme, hol den Doktor«, ruft sie. »Ich halt das nich mehr aus. Ich kann nich mehr.« Und kaum hat sie ihren Satz beendet, spürt sie schon, wie es feucht wird zwischen ihren Beinen, wie

Wasser aus ihr hervorschießt. Hannas Herz wummert, sie lässt sich aufs Bett sinken. Und ehe die Hebamme angekommen ist, hat sie auch schon ihr erstes Kind zur Welt gebracht. Ein winziges Wesen, handtellergroß, blutig und bläulich nach Luft ringend, nachdem Fritz die Nabelschnur abgetrennt hat. Ein Junge, ein winziger Junge. Verwirrt hält Fritz seinen ersten Sohn in den Händen, klopft ihm auf den Rücken, um ihn ins Leben zu holen. Aber der schreit ja gar nicht, der wimmert ja nur leise vor sich hin, nur ganz leise. So gekrümmt, als läge er noch im Mutterleib.

Die Hebamme schüttelt bedauernd den Kopf, als sie endlich atemlos vor dem Bett steht. »Das sieht nicht gut aus. Den will der liebe Gott wohl behalten«, sagt die Frau. Gleichwohl wäscht sie das kleine Bündel Fleisch mit warmem Wasser und legt es in ein Körbchen, das Fritz' Schwester Emmy schnell bereitgestellt hat. Hanna ist erschöpft, entmutigt und verzweifelt. Ist denn alles umsonst gewesen? Die Mühen, die furchtbaren Schmerzen? Und es ist ja noch immer nicht ausgestanden. Wieder bäumt sie sich auf vor inneren Krämpfen. Da ist ja noch so ein todgeweihtes Wesen in ihr, das sie hinauspressen muss in die kalte Welt. »Keine Angst, Hanna. Wir haben es bald geschafft«, redet die Hebamme auf sie ein. »Immer ruhig atmen, ganz ruhig.« Hanna ist jetzt froh, wenn die Wehen zwischendurch für kurze Zeit aussetzen. Wenn doch bloß bald alles vorbei wäre! Es hat ja doch keinen Sinn mehr.

Und dann, vier Stunden später, war es endlich vorbei. Auch das zweite Kind, das Hanna zur Welt brachte, war zu schwach, um sich ins Leben vorzukämpfen. Nicht einmal weinen konnte Hanna am Ende mehr, selbst dazu war sie zu müde und niedergeschlagen. Die Namen, die sie sich für die Kinder ausgedacht hatten, gingen ihr durch den Kopf: Christian, Christine. Sie flüsterte, hauchte die Namen vor sich hin – wie um Abschied zu nehmen von diesen kleinen Geschöpfen. Von weit, weit her schien das Flöten der Schwarzdrossel zu kommen, das Hanna nun wie

Spott in den Ohren klang. Warum mussten die Vögel so schön singen, wo doch alles so traurig war? Was war das denn bloß für ein grausamer Gott, der die Kinder nicht ins Leben lassen wollte? Oder strafte er sie vielleicht dafür, dass sie die Kinder, die ihr anvertraut worden waren, einfach im Stich gelassen hatte? Sie konnte den Gedanken nicht zu Ende denken. Der Schlaf befreite sie von der Seelenqual. Die Beruhigungsspritze, die der Arzt ihr gegeben hatte, tat ihre Wirkung.

Im Krankenhaus

Ein Eichhörnchen guckte durchs offene Fenster. Zitternd erhob es sein Köpfchen. Dann war es auch schon wieder verschwunden. Hanna sah, wie es mit seinem buschigen Schwanz die Kastanie emporhuschte. Gern hätte sie es gefüttert, um sich noch länger an dem possierlichen Anblick zu erfreuen. Gern hätte sie ihm Kekse oder Nusskerne zugeworfen, wie es manche Krankenhausbesucher taten. Aber sie hatte ja nichts, und aufstehen konnte sie auch nicht. Nur Zeit hatte sie. Viel Zeit. Acht Wochen brachte sie nun schon in diesem Krankenhaus zu, in diesem Barackenlager zwischen Birken, Eichen und Kastanien, das als Ausweichklinik der hannoverschen Krankenhäuser im Krieg zusammengezimmert worden war. Es lag günstig, keine fünf Kilometer von Moordorf entfernt. Dennoch erhielt Hanna nur selten Besuch von ihrer neuen Familie. Sonntags kam Fritz, manchmal in Begleitung einer Nichte.

Hannas Schwägerinnen dagegen hatten bisher noch nicht den Weg an ihr Krankenbett gefunden. »Einer muss ja die Arbeit machen«, hatten sie Schröders Lisbeth gesagt, als die sich bei ihnen erkundigt hatte. Hanna war wie versteinert gewesen, als die alte Freundin ihr dies bei einem Besuch erzählt hatte. Oh, wie sie geklagt hatten über die viele »Schufterei« und über die neue Frau auf dem Hof, die sich schon gleich nach der Hochzeit »ins Sanatorium« verdrückt habe. »Ins Sanatorium« – als ob sie hier Ferien machte. Wie gern wollte sie lieber heute als morgen das Krankenhausbett verlassen und wieder zum Melken fahren. Aber es ging einfach nicht.

Nach ihren Frühgeburten hatte sie plötzlich hohes Fieber bekommen und einen Zusammenbruch erlitten. Sofort war sie von ihrem Hausarzt ins Krankenhaus überwiesen worden. Und hier lag sie nun mit wechselnden Diagnosen. Herz und Nieren machten ihr zu schaffen. Die Blutwerte waren schlecht. Wenn sie aufstand, wurde ihr schwarz vor Augen. Immer neue Fieberschübe lähmten ihre Kräfte, versetzten sie in einen schwebenden Dämmerzustand und ließen sie in Albträume sinken, aus denen sie immer schweißgebadet erwachte.

Es klopfte. Erwartungsvoll blickten alle zur Tür. Hanna teilte ihr Zimmer mit vier Mitpatientinnen. Nahezu jeden Tag bekamen die anderen Frauen Besuch. Hanna wartete oft vergebens. Außer Fritz kamen hin und wieder ihre Leute aus Eggersen. Frau Odenwald war einmal aus Bremen angereist. Und Anna saß gelegentlich auf ihrem Bett. Nebelhagen war ja nicht weit. Trotz ihrer Schwäche musste Hanna lächeln über die Jungmädchengeschichten, die Anna erzählte. Immer stöhnte sie über die Verbote von Tante Dora, die ihrer Lebensfreude Grenzen setzte. Immer teilte die ihr eine Arbeit zu, wenn sie etwas vorhatte, zum Tanzen oder gar ins Kino gehen wollte. Dauernd ermahnte sie sie, sich vor den Männern in Acht zu nehmen. »Wenn Du mit 'm dicken Bauch nach Hause kommst, dann kannst du gleich für immer wegbleiben«, habe sie ihr gesagt, berichtete Anna. Hanna schüttelte schmunzelnd den Kopf und wusste nicht recht, ob sie Anna bemitleiden oder sich über ihre kleinen Sorgen freuen sollte.

Doch jetzt steht Fritz vor der Tür. Nanu? Das ist doch gar nicht seine Art, an einem normalen Donnerstag zu kommen und dann noch außerhalb der Besuchszeit. »Ich war mit 'm Trecker inner Werkstatt«, sagt er entschuldigend im Flüsterton. »Da hab ich gedacht, dass ich mal vorbeigucke. Erst haben sie gesagt, dass gar keine Besuchszeit is, aber dann haben sie mich doch reingelassen, ausnahmsweise.« Vor lauter Verlegenheit hat Fritz beide Hände tief in den Taschen vergraben. Unschlüssig steht er vor

Hannas Bett. Alle Frauen im Zimmer haben ihn erstaunt angeblickt, als er eingetreten ist, diesen Bauern mit dem Traktorengeruch. Immer noch fühlt er sich beobachtet, obwohl die anderen Patientinnen längst ihre Augen von ihm abgewandt haben. Hanna riecht den Dieselduft, den ihr Besucher verströmt. »Das is aber schön, dass du einfach mal so vorbeikommst«, sagt sie. »Nu setz dich man erst mal hin.«

Erst jetzt fällt Fritz ein, dass er nicht mit leeren Händen gekommen ist. Er greift in seinen Rucksack. Kekse und Apfelsinen hat er für seine Frau gekauft. In Moordorf hat er Augustäpfel für sie aufgesammelt. »Augustäpfel«, flüstert er stolz. »Der Baum sitzt ganz voll davon.« Überhaupt sei die Ernte in diesem Jahr nicht schlecht. »Der Roggen steht gut wie lange nicht«, schwärmt Fritz. »Man gut, dass wir jetzt den Trecker haben. Mit dem Mähbalken ist das Korn in Nullkommanix abgemäht. Gar kein Vergleich zu früher, als man das alles noch mit dem Pferd machen musste. Bloß wenn jetzt was kaputtgeht, dann is man aufgeschmissen, dann muss man alles stehen und liegen lassen und erst mal inne Werkstatt, auch wenn das schönste Wetter is. Das nützt dann alles nix.«

Hanna ahnt, dass so ein Malheur wohl der Grund für Fritz' unverhofften Besuch gewesen ist. Aber er klagt nicht, und darüber freut sie sich. So kann sie von sich aus ansprechen, was sie bedrückt. »Mir is das gar nicht recht, dass ich hier rumliege und euch mit der Arbeit allein lasse«, klagt sie und seufzt tief auf. »Aber der Doktor will mich einfach noch nich rauslassen. Und es hat wohl auch keinen Zweck. Wenn ich aufstehe, wird mir immer noch ganz twilsch im Kopf. Ach, ich weiß nich, was das alles noch werden soll.« Fritz setzt sich zu ihr auf die Bettkante und nimmt ihre Hand. »Wird schon wieder. Du musst jetzt erst mal gesund werden, dann wird auch alles gut. Über die Arbeit mach dir man keine Gedanken. Da sind ja genug Leute auf'm Hof. Die Deerns von Emmy und Lore haben schön mitgeholfen beim Heu- und Strohholen, und dann haben wir ja noch Josef, unsern Knecht, und dann gibt es ja auch noch so viele Flüchtlinge im Dorf. Wenn man denen 'n paar Steckrüben oder Kartoffeln gibt, dann laden die drei Fuder Heu. Lass man, Hanna, wir schaffen das schon.«

Hanna ist gerührt von diesen tröstenden Worten. Sie fühlt, wie Fritz ihre Hände drückt. Diese Geste der Verbundenheit löst ihre Hemmungen. Sie muss weinen. »Ach, wenn der liebe Gott mich doch endlich zu sich rufen würde«, wimmert sie leise. »Was soll ich denn hier noch? Ich bin ja doch zu nichts mehr nütze.« Fritz fällt ihr ins Wort. »So darfst du nich reden, Hanna«, flüstert er ihr beschwörend zu. »Dann wirst du nie wieder gesund. Geht dir doch schon wieder viel besser. Sollst mal sehen: Bald bist du wieder zu Hause.« Aber auch diese Aussicht kann Hanna nicht trösten. »Zu Hause«, wiederholt sie. »Bei euch bin ich doch auch nicht zu Hause. Was soll ich denn da? Emmy und Lore, die wollen mich doch gar nich haben. Für die bin ich doch nur eine Kostgängerin mehr auf dem Hof. Die hatten von Anfang an was gegen mich. Immerzu haben sie mich gepiesackt, dass ich bloß nich übermütig werde. Kein einziges Mal haben sie mich hier besucht.«

Fritz ist anzusehen, wie hilflos er sich fühlt. Unsicher ruckt er auf dem Stuhl hin und her. »So darfst du nich reden, Hanna«, sagt er noch einmal. »Wir haben alle unser Kreuz zu tragen. Für Emmy und Lore isses doch auch nich leicht. Emmy hat gar keinen Mann, und Lore ist mit einem verheiratet, der den andern Frauen hinterherläuft. Das macht den beiden auch zu schaffen, auch wenn sie nich darüber reden.« Hanna schüttelt matt den Kopf und schweigt. »Da is so viel bei euch, worüber keiner reden will«, sagt sie nach einigen Atemzügen.

Daraufhin schweigen sie beide. Ein warmer Luftzug weht durchs offene Fenster und lässt die Margeriten im Wasserglas auf Hannas Nachtschrank erzittern. Immer noch scheint die Augustsonne durch die Fenster, wenn auch ihre Strahlkraft schon nachgelassen hat. Der Abend kündigt sich an. Doch Hanna und

Fritz achten nicht auf die Zeit. Ohne sich anzublicken, sitzen sie sich eine kleine Ewigkeit gegenüber.

Ja, alle Erwachsenen auf diesem Hof in Moordorf waren irgendwie tief verwundet, ging es Hanna durch den Kopf. Tief verwundet in der Seele. Und kein Arzt konnte ihnen helfen. Denn sie ließen ja niemanden an ihre Wunden heran. Sie waren ganz allein damit, ganz allein und einsam. Fritz litt sogar an einer Wunde, die schon mal richtig geblutet hatte. Ein Granatsplitter hatte sich während des Angriffs der Alliierten in Südfrankreich in seinen rechten Oberarm gebohrt. Da man ihn nicht herausoperiert hatte, war er eingewachsen. Er hatte sich verkapselt, sodass keine akute Entzündungsgefahr mehr bestand. Dennoch spürte Fritz den Fremdkörper im Arm – mal mehr, mal weniger. Er hinderte ihn daran, bestimmte Bewegungen auszuführen, und er bereitete ihm schlaflose Nächte. Doch auf keinen Fall wollte Fritz ihn nun noch entfernen lassen. Auf keinen Fall. Irgendwie war es mit dem Splitter wie mit schlimmen Kriegserinnerungen. Auch die hatten sich in ihm verkapselt, auch daran wollte er nicht rühren. Er hatte sie in sich eingeschlossen, diese Bilder, die er immer wieder aus seinen Tagträumen verscheuchen musste.

Aber er wusste, dass ihn die Erinnerungen wohl nie loslassen würden – an diesen milden Oktobertag in Frankreich, als er mit seiner Einheit auf Partisanenjagd gewesen war. Mit vorgehaltener Maschinenpistole hatten sie ein Dorf durchkämmt. Er hatte Angst gehabt – Angst, dass aus irgendeinem dieser düsteren Schuppen ein Schuss fallen könnte. Aber auch Angst, unversehens diesen Leuten gegenüberzustehen. Und dann war es plötzlich geschehen. Zu dritt waren sie in ein Bauernhaus eingedrungen. Wie ausgestorben war alles gewesen: Flur, Küche, Wohnzimmer, die Schlafräume – alles ganz leer. Dann waren sie die Holzleiter zum Dachboden hochgestiegen. Eine Katze hatte irgendwo miaut, sonst war es still gewesen. Die Deutschen hatten nur dieses Miauen und das Knarren der Leiter gehört. Sie hatten die Bodenluke geöffnet, auf den Dachboden geblickt. Alles voller Heu, dessen Geruch Fritz an zu Hause erinnert hatte. Plötzlich hatte Schütze Willi den Arm ausgestreckt und auf etwas gezeigt. Ein Schuh, ein ausgetretener Damenschuh, braun war er gewesen. »Rauskommen, sofort rauskommen. Aber dalli«, hatte Willi gebrüllt. Dann raschelte es im Heuhaufen. Als Erstes vernahm Fritz ein unterdrücktes Schluchzen. Dann sah er, wie sich eine Frau mit einem kleinen Mädchen im Arm erhob. Daraufhin arbeiteten sich mehrere Männer hinter dem Heuhaufen hervor. Mit erhobenen Armen richteten sie sich auf, ein alter weißhaariger Mann und drei jüngere. »Raus, rauskommen«, brüllte Willi wieder. Mit seiner Maschinenpistole winkend, mahnte er die Franzosen zur Eile. Das Schluchzen des kleinen Mädchens steigerte sich zu lautem Weinen. »Non, non, non«, flehte die Frau immer wieder, die das Kind noch fester an sich presste. »Mon Dieu, mon Dieu.« Entsetzt starrte sie auf die Gewehrläufe, die sich auf die Gruppe richteten. Angst sprach aus den Augen der Frau mit den trockenen Grashalmen am Pullover, panische Angst. »Maul halten«, bellte Willi, der seine Rolle als Wortführer weiterspielte. »Los, los, raus, raus hier, dalli, dalli.« Gedrängt von den Uniformierten mit den Maschinenpistolen im Anschlag tasteten sich die Franzosen die Leiter hinunter. Unten wurde die Gruppe gleich von den anderen Soldaten in Empfang genommen, die das Gebäude von außen gesichert hatten und vom Geschrei auf dem Dachboden alarmiert worden waren. »Na, da habt ihr ja 'n schönen Fang gemacht«, höhnte der Leutnant.

Zwei Soldaten mussten bei der Frau und dem Mädchen im Haus bleiben. Die anderen, auch Fritz, trieben die Männer zu einer Kalkgrube am Dorfrand, wo bereits fünf weitere Gefangene, mit Stricken gefesselt, am Boden hockten. Fritz vermied es, den Männern in die Augen zu blicken. Er ahnte, was nun folgen würde. Ein Erschießungskommando musste gebildet werden. Inständig hoffte er, nicht dabei sein zu müssen. Beim letzten Mal hatte er Glück gehabt, doch diesmal fand sich beim Losen ein

Kreuz auf seinem Zettel. Er bemühte sich, ruhig zu bleiben, nach außen hin gleichgültig. Ganz geschäftsmäßig lief nun alles ab. Sechs Schützen standen schließlich den Franzosen gegenüber. Die Augen waren ihnen verbunden worden. Sie sahen nur ihre Rücken, aber Fritz erkannte, dass einer die gefesselten Hände zum Gebet gefaltet hatte. Es begann zu nieseln, warmer Regen, aber niemand achtete darauf.

Mechanisch gehorchte Fritz den Kommandos, entsicherte – und drückte ab. Erst später kam ihm der Gedanke, warum er nicht einfach in die Luft geschossen hatte. Als er damals neben seinen Kameraden gestanden hatte, war es für ihn keine Frage gewesen: Er musste gehorchen, der gemeinsamen Sache dienen. Klar, wozu lange darüber nachgrübeln? Und schließlich waren diese Männer ja auch wohl verantwortlich für den Tod von Kurt, diesem lustigen, gerade neunzehn Jahre alten Burschen, der aus dem Hinterhalt erschossen worden war.

Lautlos waren die Franzosen unter dem Feuer der Maschinenpistolensalven zusammengesackt. Fritz hatte sofort seine Augen von den Erschossenen abgewandt. Vielleicht war seine Waffe ja nur mit Platzpatronen geladen gewesen, hatte er sich später zu beruhigen versucht. Nur drei der sechs Schützen hatten, wie gesagt worden war, scharfe Munition in ihren Gewehren gehabt – eine übliche Vorkehrung, um jedem Einzelnen einen Fluchtweg vor der persönlichen Verantwortung zu eröffnen.

Es ist still im Krankenzimmer. Hannas Mitpatientinnen dösen vor sich hin. Man kann ihre Atemzüge hören. Andere blättern raschelnd in Zeitschriften. Fritz hält immer noch Hannas Hand. Beide hängen ihren eigenen Gedanken nach. Die Alltagssorgen der Gegenwart schieben sich vor die Erinnerungen, die Fritz wieder einmal aufgewühlt haben. »Hoffentlich bleibt es trocken«, wirft er unvermittelt ein und reißt damit auch Hanna aus ihren Tagträumen, die um ihre Schwägerinnen und ihr früheres Leben in Ahrendsen gekreist sind – wüst, unkontrolliert. »Ja hoffentlich«, antwortet sie zerstreut. Dann schweigen sie wieder. Hanna blickt zum Fenster und sieht voller Freude, dass das Eichhörnchen zurückgekehrt ist. Dankbar für die Ablenkung macht sie Fritz darauf aufmerksam. »Guck mal«, flüstert sie. »Der wartet auf Kekse. Schmeiß ihm doch mal einen hin.« Fritz tut ihr den Gefallen, wird aber gleich verlegen, als er sieht, wie die anderen Frauen im Zimmer aufblicken und lächeln. »Eigentlich solltest *du* ja die Kekse essen«, ermahnt er Hanna. »Sind doch genug da«, entgegnet sie, während das Eichhörnchen mit der Leckerei im Maul davonhuscht.

Im nächsten Moment öffnet sich die Tür. Eine Krankenschwester schiebt einen Rollwagen mit dem Abendessen ins Zimmer. »Oh, der Herrenbesuch ist ja immer noch da«, feixt die Frau im weißen Kittel munter. »Na, nu wird's aber Zeit, junger Mann. Die Damen sind schließlich nicht zu ihrem Vergnügen hier.« Fritz zieht sofort verschämt seine Hand aus Hannas Bett und springt auf. »Ich wollte sowieso gerade gehen«, verkündet er hastig. »Na, so eilig isses nu auch wieder nich«, beschwichtigt ihn die Schwester. Doch Fritz greift hastig nach seinem Rucksack. Nur noch kurz wendet er sich Hanna zu. »Denn werd man bald wieder gesund«, raunt er ihr zum Abschied zu. »Sonntag komm ich ja schon wieder.« Kaum hat er den Satz beendet, flitzt er auch schon aus dem Zimmer.

Amüsiert hatten die Frauen seinen überstürzten Abgang wie einen Sketch verfolgt, der ihnen zur Unterhaltung geboten wurde. Hanna allerdings konnte nur gequält lächeln. Fritz' Besuch hatte ihre Ängste vor einer Rückkehr nach Moordorf nicht gerade kleiner gemacht. Ein Knäuel von Problemen wartete dort auf sie. Und auf die Hilfe von Fritz konnte sie wohl nur sehr bedingt zählen. Wenn sie wenigstens Kinder bekommen hätte. Die wären für sie ein Ansporn gewesen, neu zu beginnen. Wie schön wäre es, Kinder zu haben – kleine Wesen, die noch nicht verdorben waren von der Falschheit dieser Welt, Menschen, die sie wirklich gebraucht und geliebt hätten. Ja, danach sehnte sie sich. Aber mit Kindern würde es ja wohl nichts mehr werden.

Hanna ließ das Abendbrot stehen. Sie hatte keinen Appetit. Ihre Gedanken verwirrten sich. Sie fühlte sich wieder ganz matt und fiebrig heiß. Erschöpft schloss sie die Augen. Und wieder tauchte sie ab in ihre eigene Welt. Sie saß an einer langen Tafel. Mit einer Krone, aus Strohblumen geflochten, thronte sie wie eine Königin vor den Gästen, für deren Bewirtung sie sich verantwortlich fühlte. Und das Schreckliche war, dass die Teller leer blieben. »Das is aber 'ne komische Hochzeit«, klagte einer. »Wir sitzen hier und warten und warten, und die Suppe kommt gar nicht.« Hanna litt Höllenqualen vor Scham. »Wenn wir hier nichts kriegen, dann müssen wir eben die Braut fressen«, schlug ein zahnloser Greis vor und wollte sich totlachen über seinen Scherz. Alle stimmten ein in sein meckerndes Gelächter, das am Ende zu beängstigender Lautstärke anschwoll. Hanna hielt sich die Ohren zu. Plötzlich kamen splitternackte Kellnerinnen mit Puddingschüsseln in den Saal getänzelt. »Na, das wird aber auch langsam Zeit«, kommentierte spitz eine der Frauen, die aussah wie Fritz' Schwester Lore. »Pudding«, prustete ein fetter Mann mit feistem Gesicht, »Pudding kann man auch ohne Zähne essen.« Sprach's und nahm sein Gebiss aus dem Mund. Alle anderen folgten seinem Beispiel und legten ihre Zahnprothesen auf die weiße Tischdecke. Ekelhaft sahen diese schleimigen Zähne aus, widerlich. Eine heftige Übelkeit befiel Hanna. Sie presste ihre Hand vor den Mund, um nicht vor ihren Gästen zu kotzen. Wunderbarerweise fand sie sich dann plötzlich im Bett wieder. Doch es war ihr Bett aus dem Hasenberghaus, das knarrende Bett mit dem weiß lackierten Eisengestell und dem großen warmen Federbett mit Leinenbezug. Das Kammerfenster stand offen. Der Wind wehte die Gardinen ins Zimmer. Hanna grauste es. Entsetzen packte sie, als sich die Tür öffnete und eine Frau mit schulterlangen schwarzblauen Haaren eintrat. Böse blickte die sie mit ihren glühenden Augen an. Böse. Sie erkannte die Frau. Es war Kunraths Hermine, die in Eggersen verdächtigt wurde, mit dem Teufel im Bunde zu stehen, eine Hexe zu sein.

»Jetzt hol ich dich«, wisperte die Alte drohend. Gern wäre Hanna aus dem Bett gesprungen, um fortzulaufen. Aber es ging nicht. Sie war wie gelähmt. Da kam die Frau näher, streckte ihre runzligen Arme nach ihr aus, packte und würgte sie. Hanna wollte um Hilfe schreien. Aber sie brachte keinen Ton heraus. Keinen einzigen Ton. Und Kunraths Hermine ließ nicht ab von ihr, drückte ihr den Hals so zu, dass Hanna vergeblich um Luft rang.

Dann wurde es auf einmal ganz hell um sie her. Hanna blickte in die Augen ihres Arztes. »Ganz ruhig, ganz ruhig, Frau Frenzen«, sprach der zu ihr. »Sie brauchen keine Angst zu haben. Wir sind ja bei Ihnen, gleich geht es Ihnen wieder besser.« Unterdessen sah Hanna, wie eine Schwester dem Doktor eine Spritze reichte. Immer noch raste ihr das Herz. Aber sie fühlte sich schon besser. Es war ihr auf einmal alles so egal, was sie mit ihr machten. Nicht einmal der Nadelstich tat ihr weh. Wenn nur dieser böse Traum endlich aufhörte.

Heimkehr

Die Erntezeit ging dahin, und der Herbst färbte das Laub der Bäume gelb und rot. Noch mancher böse Traum kroch Hanna unter die Bettdecke und störte ihren Schlaf. Aber allmählich ging es ihr besser. Das Fieber ließ nach, manchmal konnte sie jetzt schon aufstehen und eine kleine Runde durch den Krankenhauspark drehen. Doktor Klugmann äußerte sich zufrieden über Herz und Blutdruck und machte ihr Hoffnung, bald entlassen zu werden. Allerdings wunderte er sich, dass Hanna gar keine Freude zeigte, sondern eher bedrückt wirkte.

»Irgendetwas scheint Ihnen noch auf der Seele zu liegen. Das quält Sie offenbar genauso wie diese unzuverlässige Pumpe, die jetzt endlich wieder in Takt ist«, sagte er, als er sie einmal allein auf dem Gang traf. »Ach, das sieht bloß so aus«, wehrte Hanna ab. »Natürlich will ich wieder nach Haus. Ich kann doch nich ewig hier bleiben und faul im Bett rumliegen.« Sie vermied es, ihrem Arzt in die Augen zu blicken, senkte den Kopf. »Sie müssen mir aber versprechen, dass Sie es nicht gleich wieder übertreiben, wenn Sie entlassen werden«, ermahnte sie der Arzt. »Sie müssen sich erst einmal ein wenig schonen. Sonst werden wir uns hier schon bald wiedersehen.« Hanna seufzte. »Ach ja, Herr Doktor, das is man leicht gesagt«, antwortete sie zögernd. »Aber wenn einen von überallher die Arbeit anguckt, dann kann man nich einfach wegsehen. Und die warten ja auch schon alle auf mich. Die denken doch sowieso, dass ich mich hier bloß vor der Arbeit drücken will.« Klugmann legte seine Hand auf ihre Schulter. »Liebe Frau Frenzen. Wenn das wirklich stimmt, dann schicken Sie die Leute zu mir. Ich werd ihnen schon sagen, dass das hier kein Erholungsurlaub für Sie gewesen ist.« Nach einer kleinen Pause setzte er hinzu: »Aber Ihr Mann, der steht doch sicher zu Ihnen. Der hat Sie hier doch immer besucht und immer ganz besorgt nach Ihnen gefragt.« Hanna nickte eifrig und lächelte. »Ja, ja, Fritz, das is 'n guter Kerl. Aber der hat sich auch mehr von mir erwartet. So sehnlichst hat der sich Kinder gewünscht, einen Hoferben. Und dann diese Fehlgeburt.« Hanna liefen die Tränen über die Wangen. »Ach, Herr Doktor. Ich bin doch zu nichts nütze, ich fall ja man allen bloß zur Last.« Klugmann ergriff ihre Hand. »Frau Frenzen, ich habe mir schon gedacht, dass Sie unter dieser Fehlgeburt sehr gelitten haben. Aber das muss nicht das letzte Wort der Natur sein. Ich bin überzeugt, dass Sie Kinder bekommen können. Ich will mir Ihre Gebärmutter noch mal näher anschauen, ich glaube, mit einer kleinen Operation können wir das hinkriegen.« Hanna schluchzte auf. »Wirklich, Herr Doktor?«, fragte sie ungläubig nach. »Das wäre ja wirklich zu schön.«

So geschah, was Hanna kaum zu hoffen gewagt hatte. Klugmann entfernte den »Knick aus der Gebärmutter«, wie er es nannte, und bald darauf wurde sie entlassen. Anfang November brachte sie ein Krankenwagen nach Moordorf zurück. Wie damals, als sie das erste Mal auf den Hof gekommen war, stürmten die Kinder auf sie los, um sie zu begrüßen. Ute und Helga, die Töchter von Lore, und Emmys Kinder: Susanne und der kleine Klaus. »Man gut, dass du wieder da bist, Onkel Fritz war schon ganz traurig«, sagte Susanne, die mit ihrer weißen Leinenschürze aussah wie eine junge Dame. Die Heimkehrerin freute sich über diesen Empfang. Die Mädchen erinnerten sie an Anna, ihre Tochter, die sie in Nebelhagen zurückgelassen hatte. Klaus, Susannes kleiner Bruder, schmiegte sich bei Hanna an und strahlte, als die ihn auf den Arm nahm. Wie eine Puppe sah der Junge mit seinem fein geschnittenen Porzellangesicht aus. Die schwarzen Haare kräuselten sich anmutig, machten das Kind mit dem

Franzosenblut jedoch zu einer Ausnahmeerscheinung unter den blonden Gespielinnen. Mit seinen sechs Jahren war Klaus ohnehin das fünfte Rad am Wagen. Notgedrungen nur nahmen sich die drei Mädchen seiner an. Die fühlten sich schließlich nicht mehr wie kleine Kinder, sondern tuschelten sich Heimlichkeiten von süßen Jungs und ersten Liebesqualen zu und standen lange vor dem Spiegel, um sich fein zu machen. Ute, Lores älteste Tochter, hatte sogar schon einen Freund, mit dem sie bis Mitternacht beim Erntefest gewesen war. Verstrickt in die Turbulenzen der ersten Partnerwahl zeigten sich die Mädchen natürlich besonders interessiert an der Frau von Onkel Fritz, die gewissermaßen zum zweiten Mal Einzug auf ihrem Hof hielt. Dass es nun noch enger werden könnte, kam ihnen nicht in den Sinn.

Von einem eigenen Zimmer konnten sie sowieso nur träumen. Susanne und Klaus teilten sich ein Bett in der Schlafkammer ihrer Mutter. Und Ute und Helga bewohnten mit ihren Eltern das frühere Backhaus, in dem es neben einer kleinen Küche nur eine winzige Stube und ein Schlafzimmer für die ganze Familie gab. Das Ehebett immerhin hatte ihre Mutter oft für sich allein, denn Lores Mann Alfons zog es nicht selten vor, sich mit seinen Arbeitskollegen voll laufen zu lassen. Er arbeitete im Torfwerk, wo der Torf aus dem nahen Moor zu Ballen gepresst wurde. Abends hielt er meist Einkehr in der Moorkate. So manche Nacht brachte er wohl auch im Bett einer anderen zu, wie im Dorf gemunkelt wurde. Lore wollte davon nichts hören. »Was die Leute immer reden, die sollen sich lieber um ihren eigenen Kram kümmern.« Doch sie wurde von Tag zu Tag griesgrämiger. Bei Hannas Heimkehr war sie mit auf dem Feld, um die letzten Kartoffeln aufzulesen, die nach dem Großeinsatz mit den vielen Helfern aus dem Dorf liegen geblieben waren. Josef half ihr dabei, ein gutmütiger, aber etwas einfältiger Mann Ende dreißig, der als Knecht eine kleine Kammer zwischen Backhaus und angrenzendem Schweinestall bewohnte. Er stammte aus Westpreußen und hatte in den Nachkriegswirren seine Familie verloren. Genügsam ging er auf dem Hof seiner Arbeit nach. Die Hoffnung, noch eine Frau zu finden, schien Josef aufgegeben zu haben. Stattdessen trieb er es mit den Schweinen, wie sie auf dem Hof höhnten. Lore hatte erzählt, sie habe ihn eines Tages mit heruntergelassener Hose im Schweinestall ertappt. Seither war sein Ruf ruiniert. Auch Hanna konnte sich dem Einfluss der umlaufenden Gerüchte nicht ganz entziehen. Einerseits verspürte sie Mitleid mit dem Mann, andererseits ekelte es sie, wenn er in ihre Nähe kam.

Nun aber tuckerte endlich Fritz mit seinem Trecker auf den Hof. Hanna war schon enttäuscht gewesen, weil er es nicht für nötig befunden hatte, bei ihrer Ankunft anwesend zu sein. »Hanna is da«, riefen ihm die Mädchen entgegen. Und sofort schlurfte er in seinen Gummistiefeln und der braunen Joppe auf sie zu. »Herzlich willkommen zu Hause«, rief er. Das klang so seltsam feierlich, dass es ein wenig gestelzt wirkte. »Schön, dass du wieder da bist«, fuhr Fritz verlegen fort. Doch er bekräftigte seine Begrüßung weder mit einem Händedruck noch mit einer Umarmung. Zum einen schämte er sich wohl, vor den Kindern solche Zärtlichkeiten auszutauschen, zum anderen wollte er die Heimkehrerin in ihrem sauberen Kleid nicht gleich beschmutzen. Denn Fritz war anzusehen, dass er vom Feld kam. Spuren schwarzer Schmiere hafteten an Gesicht und Händen. Hanna musste innerlich lachen, verlor aber kein Wort darüber, sondern antwortete ihm mit ebenfalls höflichen Worten. »Ja, is alles noch so ungewohnt«, sagte sie. »Man fühlt sich doch noch 'n bisschen schwach auf den Beinen, wenn man so lange rumgelegen hat. Aber wird schon wieder werden.« Fritz zeigte sich besorgt. »Du musst dich schonen, Hanna. Leg dich am besten erst mal hin«, redete er auf sie ein. »Nee, nee, erst mal will ich meine Sachen auspacken«, entgegnete Hanna energisch. »Wo is eigentlich Emmy?« Fritz war die Frage sichtlich unangenehm. »Ja, das weiß ich auch nich«, druckste er. »Aber die müsste irgendwo im Haus sein.« Als er sah, dass Hannas Gesicht einen bekümmerten Ausdruck annahm, fügte er hinzu: »Is nich gegen dich gerichtet, Hanna. Nich gegen dich. Emmy hat heute ’n Brief aus Frankreich gekriegt.« Glücklicherweise waren die Kinder wieder aus dem Haus gestürmt, sodass Fritz deutlicher werden konnte. »Die ganze Zeit hat der sich nich gemeldet, und jetzt dieser Brief. Sogar auf Deutsch is der geschrieben. Der hat sich extra ’ne Übersetzerin gesucht.« Hanna war erstaunt und gleichzeitig erleichtert, dass sich nun etwas Drittes als eine Art Puffer zwischen ihr Wiedersehen mit Emmy geschoben hatte. »Was schreibt er denn?«, fragte sie nach. »Och, das weiß ich auch nich«, antwortete Fritz. »Emmy is gleich nach dem Mittagessen mit dem Brief in ihre Kammer gegangen.« – »Weiß er denn, dass er hier ’n Jungen hat?«, bohrte Hanna weiter. »Ich glaub nich«, sagte Fritz. »Als der im April fünfundvierzig abgezogen is, hat man es ja noch nicht gesehen. Und Emmy hat doch auch nichts davon gesagt. Die hatte doch so große Angst, dass sie angezeigt wird. In Jarlingen haben sie eine ins KZ gesteckt, die sich mit ’nem Polen eingelassen hatte. Und den Polen habense nachher aufgehängt. Das war nich so einfach damals.«

Hanna nickte stumm und erinnerte sich wieder daran, wie sie die Geschichte von dem Polen zum ersten Mal gehört hatte, von Regina, dem polnischen Mädchen auf dem Hof in Ahrendsen. »Lore hat erzählt, dass Emmy viel geweint hat«, fuhr Fritz fort. »Kein Wort soll sie ihrem Kavalier gesagt haben. Und dann hat sie ihm ja schon bald ’n Laufpass gegeben, weil er auch noch mit Lore poussiert hat. Ja, ja, das war ’n bunten Kram damals. Und als dann das Kind geboren is, da war er schon über alle Berge. Aber Emmy isses denn wohl auch egal gewesen. Zuerst soll sie sich noch ’n bisschen geschämt haben, aber dann hat sie sich doch gefreut über das Kind. Da hat dann auch keiner mehr groß danach gefragt, wer der Vater is. Das war ja die Zeit, als der ganze Schutt von dem Brand weggeräumt und das neue Haus gebaut werden musste. Da hatten die ganz andere Sorgen hier. Hinterm Rücken haben die Leute natürlich trotzdem noch getuschelt.

Das Schlimmste is, dass die Kinder was davon mitgekriegt haben. ›Franzi‹ haben sie den kleinen Klaus gerufen, und der wusste gar nich, warum. Der hat bloß gemerkt, dass die Kinder ihn verspotten wollten und dass er irgendwie anders war. Emmy hat ihm ja nichts gesagt. Wenn er wissen wollte, wer sein Vater is, hieß es immer: Der is tot, der is im Krieg gefallen.« Hanna schüttelte den Kopf. »Armer Junge.«

In diesem Moment öffnete sich die Tür, und der kleine Klaus trat ein. Wieder schmiegte er sich bei Hanna an. »Hast du uns was mitgebracht?«, fragte er ganz unbekümmert. Die Mädchen hatten ihn offenbar vorgeschickt. Hanna musste lachen. »Na, dann wollen wir doch mal gucken, ob ich was für euch finde«, antwortete sie, griff in eine ihrer voll gepackten Taschen und fischte tatsächlich eine Tafel Schokolade heraus. Klaus strahlte und griff gleich zu, als Hanna sie ihm hinstreckte. »Nu müsst ihr Hanna aber erst mal 'n bisschen in Ruhe lassen, dass sie sich ausruhen kann«, fuhr Fritz dazwischen. Und sofort huschte der Junge mit dem Lockenkopf aus dem Raum. »So, jetzt ruh dich man erst mal aus«, wiederholte Fritz. Der Arzt hatte ihn dringend ermahnt, Hanna in den ersten Tagen nur ja nicht gleich zu überfordern. Hanna war es recht. Nachdem sie ihre Sachen eingeräumt hatte, legte sie sich ins Bett. Sie schlief sofort ein.

Es war schon dunkel, als sie wieder aufwachte. Sie ging zum Fenster und war zuerst ganz verwirrt angesichts des ungewohnten Ausblicks. Düster erhoben sich die Eichen hinter dem Haus, blauschwarze Wolken schwammen über den mondfahlen Himmel. Der Wind flüsterte in den Bäumen. Von ferne hörte Hanna Hundegebell und das Muhen von Kühen. Musik in Hannas Ohren.

Als sie in die Küche kam, aßen die anderen gerade Abendbrot. Auch Emmy saß am Tisch. Sie war bereits mit Fritz auf der Weide beim Melken gewesen. Doch ihr war immer noch anzusehen, dass der Brief sie getroffen hatte. Die Augen waren gerötet, sie wirkte geistesabwesend. Als Hanna ihr die Hand reichte, schien ein Ruck durch sie zu gehen. »Schön, dass du wieder da bist, Hanna«, sagte sie wie ein Automat mit dünner Stimme. »Hoffentlich bist du auch wieder ganz gesund.« Obwohl Hanna spürte, dass keine tiefere Anteilnahme hinter der Frage steckte, freute sie sich über die Begrüßung. »Muss ja«, antwortete sie. »Kann ja nich ewig im Krankenhaus rumliegen.« Dann erkundigte sie sich nach den Kühen. Ob Alma immer noch so störrisch sei, ob Erika schon gekalbt habe, ob denn das Gras auf der Weide an der Aller noch ausreiche. Eher gleichgültig beantwortete Emmy ihre Fragen. Hanna spürte, dass die andere Sorgen hatte. Und ehe eine Viertelstunde vergangen war, verabschiedete sich die Schwägerin schon. »Ich bin müde«, sagte sie mit Trauer in der Stimme. »Ich will ins Bett gehen. Morgen müssen wir ja wieder früh raus.« Hanna meinte, einen Vorwurf aus diesen Worten herauszuhören, und bot sich gleich an, sie auf die Weide zu begleiten. »Dass ich mal langsam wieder in Übung komme.« Emmy wehrte ab. »Ach nee, kurier dich man lieber erst mal richtig aus, sonst bist du übermorgen schon wieder im Krankenhaus«, erwiderte sie tonlos. Fritz gab seiner Schwester Recht. »Nee, Hanna, nee«, sagte er beschwörend. »Ich hab dem Doktor doch versprochen, dass du dich erst mal ausruhst.« Aber Hanna beharrte auf ihrem Entschluss, und die beiden beschränkten sich am Ende nur noch darauf, ihre Bedenken zu wiederholen.

Emmy machte jetzt endgültig ihre Ankündigung wahr und ging aus dem Raum. Susanne und Klaus waren schon längst vom Tisch aufgesprungen und zu den Cousinen ins Nachbarhaus gelaufen. So war Hanna nun mit Fritz allein in der Küche. »Na, Emmy sieht ja gar nich glücklich aus«, begann sie zögernd. »Nee, da hast du wohl Recht«, bestätigte Fritz. »Dieser Brief, der macht ihr zu schaffen.« – »Was schreibt er denn?«, bohrte Hanna nach. »Das hab ich Emmy auch gefragt, aber sie wollte nich so recht raus damit.« Nach einer kurzen Pause fuhr Fritz fort: »Er hat ihr wohl geschrieben, dass er noch viel an sie denkt und dass er sie in guter Erinnerung hat und sie gern wiedersehen möchte. Seine Eltern haben 'ne Tischlerei, schreibt er. Da arbeitet er mit, und er würde Emmy gern mal besuchen kommen. Sie soll ihm schreiben. Aber das will sie nich. Auf keinen Fall will sie das. Sie möchte nur, dass er sie in Ruhe lässt.« Hanna schüttelte den Kopf. »Aber will sie ihm denn nich mal schreiben, dass er hier 'n kleinen Jungen hat? Da muss er doch eigentlich für aufkommen.« – »Nee, nee. Gerade das will sie auf gar keinen Fall. ›Ich kann allein für das Kind sorgen‹, hat sie mir gesagt. Sie hat wohl Angst, dass er kommt und ihr den Jungen wegholt. Und dann schämt sie sich wohl auch immer noch, dass sie sich mit 'nem Kriegsgefangenen eingelassen hat. Sie hat doch Klaus erzählt, dass sein Vater im Krieg gefallen is. Da kann sie ihm doch nich auf einmal sagen, dass das alles gelogen war.« Hanna seufzte tief und ratlos auf. »Aber irgendwann muss er doch wissen, wer sein Vater is.« – »Irgendwann ja.«

Damit war das Gespräch der Eheleute auch schon fast zu Ende. Fritz wollte noch im Stall nach dem Rechten sehen, und Hanna räumte das Geschirr vom Tisch. Je mehr sie sich im Haus umsah, desto mehr Schmutz und Unordnung starrten sie an. Ja, es war einiges liegen geblieben in der Zeit ihres Krankenhausaufenthalts. Aber das war ja auch nicht verwunderlich. Emmy konnte sie deswegen keine Vorwürfe machen. Die hatte schließlich Kummer genug. Kaum hatte Hanna den Besen in die Hand genommen, kamen die beiden Kinder zur Tür herein. »Na, wollt ihr noch gar nicht ins Bett?«, fragte Hanna lächelnd. »Schon so früh?«, fragte Susanne zurück. »Is doch noch nich mal neun, und Schularbeiten hab ich auch noch nich gemacht.« – »Dann wird's aber Zeit«, sagte Hanna, und wenige Minuten später saß sie neben Susanne über Schreib- und Rechenhefte gebeugt am Küchentisch, während Klaus damit beschäftigt war, ihr ein Bild zu malen. Hanna fühlte sich zwar schon reichlich erschöpft, doch zugleich freute sie sich auch, dass die Kinder sie sofort wieder in ihr Leben einbezogen hatten.

Und obwohl sie müde war, genoss sie es, endlich wieder das Bett mit Fritz zu teilen. Sie hatte sich ja gar nicht mehr vorstellen können, begehrenswert zu sein. Und so lebte sie sich schneller wieder ein, als sie erwartet hatte. Sie war stolz, wieder melken zu können und nach und nach mit mehr Milch im Eimer heimzukehren als Emmy, die den Brief aus Frankreich einfach unbeantwortet ließ und zur Tagesordnung überging – ganz so, als sei nichts geschehen.

Immer kürzer wurden nun die Tage. Die ersten Nachtfröste kamen, und die Steckrüben mussten eingefahren werden. Als alle anderen Bauern im Dorf ihre Felder schon abgeerntet hatten, karrten Fritz, Josef und die Frauen noch immer die Rüben auf den knirschenden eisenbereiften Ackerwagen ins Dorf und kuhlten sie in den Vorratsgruben unter den Eichen ein. Trotz der fortgeschrittenen Zeit blieb Fritz gelassen. Auch Emmy hatte zu ihrer inneren Ruhe zurückgefunden, und ihre Schwester Lore wurde derart von den Eskapaden ihres liebestollen Mannes in Anspruch genommen, dass Ackerbau und Viehzucht für sie ganz in den Hintergrund traten. Hanna dagegen hätte sich gewünscht, dass alles ein wenig zügiger vonstatten gegangen wäre. Immer wieder versuchte sie, ihren Mann zu mehr Eile anzutreiben. Doch der Erfolg hielt sich in Grenzen.

Wie ausgewechselt war Fritz dagegen, als Hanna ihm Anfang Dezember eröffnete, dass sie wohl schwanger sei. Er strahlte, scherzte, jubelte. Noch rührender war er nun um Hannas Gesundheit besorgt, und er griff wieder zur Mundharmonika. Hanna war selig, wenn Fritz ihr an den Adventssonntagen Weihnachtslieder vorspielte. »Oh du fröhliche …« Hanna summte mit vor Freude. Auch die Untersuchungen bei Doktor Klugmann gaben ihr keinen Anlass zur Sorge. »Alles in Ordnung, Frau Frenzen«, beruhigte der sie. »Diesmal geht's bestimmt gut.«

Auch wenn Hanna immer wieder Zweifel beschlichen, ob der Arzt wohl Recht behalten werde, war es für sie eine glückliche

Zeit, und stolz erzählte sie allen in Eggersen von der frohen Erwartung. Auch ihre Freundin in Bremen wollte sie daran teilhaben lassen. Kurz vor Weihnachten schickte sie Frau Odenwald ein Wurstpaket, dem sie einen langen Brief beifügte. Sie berichtete von den häuslichen Verhältnissen, von ihrer Schwangerschaft und von Fritz, wie er sich auf das Kind freute. Von inniger Zuneigung zu ihrem Mann zeugte dieser Brief allerdings nicht. Ihre Schilderungen kreisten um Arbeit, Pflichterfüllung und die Hoffnung auf die Geburt eines gesunden Kindes. Während Hanna die Zeilen niederschrieb, musste sie unwillkürlich an die Wärme denken, die sie damals empfunden hatte, als Therese ihre Bettgenossin gewesen war. Ja, sie konnte nicht umhin, sich einzugestehen, dass ihr diese Frau fehlte. So lud sie ihre Freundin ein, in den Sommermonaten, der Zeit der voraussichtlichen Entbindung, zu ihr nach Moordorf zu kommen.

Neues Leben

Und langsam wölbte sich Hannas Bauch ein weiteres Mal – zuerst nur ein klein wenig, sodass man es noch für Einbildung halten konnte, dann immer deutlicher, bis es nicht mehr zu übersehen war. Hanna war stolz darauf. Sie spürte, wie es sich in ihr regte. Ein schönes Gefühl. Doch fortwährend gingen ihr die furchtbaren Bilder von ihrer Frühgeburt durch den Kopf. Sie wurde die Angst nicht los, dem Tode noch einmal ein Kind zu gebären. Mochte Doktor Klugmann noch so besänftigend auf sie einreden, die Unruhe wuchs mit dem Bauchumfang. Das beste Mittel, diesen quälenden Gedanken zu entrinnen, war für Hanna die Arbeit. Sie schuftete wie ein Ackergaul. Noch während die anderen im Hause schliefen, heizte sie den Küchenherd an und begab sich in den Kuhstall, um mit dem Melken zu beginnen.

Fritz war das gar nicht recht. »Schon dich doch lieber, Hanna«, redete er sanft auf sie ein. Auch er sorgte sich, dass sie das Kind wieder verlieren könnten. Doch Hanna wollte von solchen Bedenken nichts wissen. Mit Fritz' Ermahnungen wehrte sie ihre eigenen Ängste ab. »Arbeit is die beste Medizin«, hielt sie ihrem Mann entgegen. Und dem blieb nichts anderes übrig, als sich damit abzufinden. Schließlich saßen ihm ja auch noch seine beiden Schwestern im Nacken, die es nur als recht und billig empfanden, dass die eingeheiratete »Frau des Hauses« ihre – eigentlich unverdiente – Stellung nun durch doppelten Arbeitseinsatz rechtfertigte.

Besonders Emmy machte es zu schaffen, dass sie, die alles wieder aufgebaut hatte, nun von dieser Fremden an den Rand gedrängt wurde. Ihr einziger Trost waren ihre beiden Kinder: Susanne, die jetzt schon immer öfter mit Freundinnen zum Tanzen ging, und der kleine Klaus, der die Leute mit seinem blassen Puppengesicht und dem schönen Lockenkopf in Entzücken versetzte. Dass der Vater irgendwo in Frankreich lebte, belastete sie immer weniger. Sie hatte den Namen dieses Mannes – Hans hatten sie ihn wohl genannt – einfach aus ihrem Kopf radiert.

Da war es für ihre Schwester Lore schwerer. Die schämte sich furchtbar, dass es ihr Alfons immer toller trieb mit anderen Frauen. Alle im Dorf sprachen davon. Und scheinbar ganz ungeniert kehrte er oft erst gegen Morgen heim, nachdem er vorher mit seinen Saufkumpanen einen lustigen Abend in der Moorkate verbracht und im Anschluss daran noch seine Marianne besucht hatte, deren Mann zur Nachtschicht war. Dass die Frau eine kleine Tochter hatte, schien ihn ebenso wenig zu beeindrucken wie seine eigenen Kinder, die abends oft vergeblich auf ihn warteten. Wenn er dann irgendwann nach Hause kam, war er meistens kreuzfidel und hatte immer etwas Süßes für seine beiden Mädchen dabei – Sahnebonbons oder sogar eine Tafel Schokolade. Die Vorwürfe und Schimpftiraden seiner Frau ließ er an sich abperlen wie die Regentropfen von seiner Wachsjacke. »Nu mach mal nich so'n Wind, du himmlisches Kind«, pflegte er in solchen Fällen seiner »Alten« entgegenzureimen. Sogar eine Art Versöhnungskuss versuchte er Lore in solchen Fällen aufzudrücken, die sich aber empört abwandte – angewidert nicht nur von seiner Schnapsfahne. Oh ja, er fühlte sich schon als toller Hecht. Er war ja auch mit seinen achtundzwanzig Lenzen noch in den besten Mannesjahren, zwölf Jahre jünger als seine Frau. Warum sollte er seine Vitalität verbergen? Nein, wenn er schon in so einem langweiligen Kaff leben musste, dann sollte es wenigstens einigermaßen lustig zugehen. Schon äußerlich hob er sich mit seiner modischen Kleidung von den »Bauerntrampeln« ab, trug bunt karierte Hemden wie die Männer in den amerikanischen

Filmen, die jetzt im Kino liefen. Eine rheinische Frohnatur nannten ihn kopfschüttelnd die Leute im Dorf, »Bruder Leichtfuß«, witzelten sie, wenn die Rede auf ihn kam. »Einfach unverbesserlich.« Und trotz seiner Seitensprünge und Saufereien war er nicht unbeliebt. Die jungen Männer bewunderten ihn sogar der Freiheiten wegen, die er sich nahm.

Auch Hanna, für die er immer ein freundliches Wort oder einen Scherz parat hatte, mochte ihn irgendwie. Der war doch so ganz anders als die schwerblütigen Geschwister auf dem Hof, die ihre zentnerschweren Geheimnisse mit sich herumschleppten. Und er lenkte Hanna mit seinen Eskapaden von der Unruhe ab, die immer größer wurde, je näher die Entbindung rückte.

Dabei hätte sie schon Grund zum Aufatmen gehabt, denn eine Frühgeburt konnte es diesmal nicht mehr werden. Hanna war bereits im neunten Monat. Und erhebliche Beschwerden bereitete ihr die Schwangerschaft auch nicht, wenngleich das Melken immer mehr Mühe machte.

Schließlich war es soweit. Schon in der Nacht hatte sie wieder dieses Ziehen verspürt, war aber trotzdem in aller Frühe mit Fritz zur Kuhweide getuckert.

Es ist schon warm an diesem Julimorgen, obwohl die Sonne noch im Dunst liegt. Das Gras ist so feucht vom Tau, als wäre ein Sommerregen über die Marschwiese hinweggegangen. Hanna liebt diese Zeit des Tagesanbruchs; alles ist noch so frisch und rein. Doch nun verspürt sie plötzlich wieder dieses heftige Ziehen, während sie unter einer Kuh hockt. Sie schreit laut auf, stemmt sich am Milcheimer hoch, krümmt sich vor Schmerzen. »Das geht nich mehr, das geht nich mehr«, wimmert sie. »Das sind die Wehen. Jetzt geht das los, und wir sind hier auf der Weide. Was soll da bloß von werden?« Jetzt gerät auch Fritz in Panik. »Bloß schnell los, Hanna. Wir schaffen das schon, wir müssen sofort nach Hause«, haspelt er. »Komm, Hanna, ich helf dir.« Unterdessen hat er sie auch schon untergehakt. Hastig führt er sie zum Trecker, so kopflos, dass Hanna über einen

Maulwurfshaufen stolpert und fast gestürzt wäre. Glücklicherweise lässt der Schmerz wieder etwas nach. Hanna atmet ruhiger. »Wir können doch jetzt nich alles stehen und liegen lassen«, klagt sie. »Lass mich die eine Kuh man noch schnell ausmelken«, schlägt sie vor. Aber davon will Fritz nichts wissen. »Um Himmels willen, Hanna. Das kann gleich wieder losgehen. Lass uns bloß nach Hause fahren. Emmy und Josef können doch weitermachen«, entgegnet er. »Dann gieß wenigstens die Milch noch in die Kanne, die kann ja hier wohl nich so offen stehen bleiben«, setzt Hanna schicksalsergeben hinzu. Und Fritz erfüllt ihr den Wunsch. Hanna zieht sich auf die Treckerbank, und mit Vollgas dieseln die beiden im vierten Gang nach Hause – so schnell, dass der Trecker hüpft wie ein Laubfrosch, als es über den holprigen Feldweg geht. Hanna muss sich gut festhalten, um nicht hinunterzufallen.

Fritz trommelt gleich den Kaufmann in der Nachbarschaft aus dem Bett, als sie auf dem Hof sind. »Roop de Hebamme an, roop de Hebamme an«, ruft er aufgeregt. »Bi Hanna isset so wiet.« Und keine drei Minuten vergehen, bis es bei der Hebamme klingelt. Es ist aber auch allerhöchste Zeit. Hanna ist kaum im Schlafzimmer, als sie eine neue Wehe spürt, noch viel stärker als die vorangegangene. Sie stößt einen lauten Schmerzensschrei aus und legt sich wimmernd ins Bett. Vielleicht, hofft sie, wird es ja so ein bisschen besser. Doch es wird immer schlimmer. Beschwörend redet Fritz auf sie ein. »Ruhig, ganz ruhig, die Hebamme ist gleich da.«

Hanna raste das Herz, und immer kürzer wurden die Abstände zwischen den Wehen. Auch Lore und Emmy, die hinzugeeilt waren, konnten der Gebärenden nur den Schweiß abwischen und ihr gut zureden. Vorsorglich holten sie saubere Handtücher und heizten den Küchenherd an, um Wasser warm zu machen. Sie hatten ja schließlich auch schon Kinder zur Welt gebracht und kannten sich aus. Und fast im gleichen Moment, als zwischen Hannas Schenkeln ein nasser brauner Haarschopf sichtbar wurde, trat die Hebamme in die Tür. Obwohl die Schmerzen jetzt noch stärker wurden, beruhigte Hanna das Eintreffen der Geburtshelferin. Energisch übernahm die dicke Frau sofort die Regie, kommandierte und tröstete so überzeugend, dass Zweifel am ordnungsgemäßen Ablauf erst gar nicht aufkommen konnten.

Und es ging gut. Alles ging gut. Hanna atmete tief durch, als sie dieses dünne Babyweinen hörte. Obwohl sie ganz erschöpft war, huschte ein Lächeln über ihr verschwitztes Gesicht, als die Hebamme ihr das Kind zeigte. »Ein schwerer Junge«, scherzte die Frau im weißen Kittel. Rosig und verschrumpelt sah das kleine Wesen aus, das da in den Händen der Hebamme greinte und strampelte. Doch Hanna fand es wunderschön. Und sie streckte die Arme aus, sie wollte es halten, wollte fühlen, wie es sich bewegte. Auch Fritz drängte sich nun ans Bett, und die Hebamme ermutigte ihn, es ebenfalls auf den Arm zu nehmen. Ihm war anzusehen, dass er sich kaum traute, dieses schreiende Bündel Mensch anzufassen. Es wirkte ja so zerbrechlich. »Is er denn gesund?«, fragte Fritz besorgt. »Alles dran«, beruhigte ihn die Hebamme. »Man keine Bange.« Und Fritz strahlte. »Wie soll er denn heißen?«, fragte die Geburtshelferin. Hanna kam ihrem Mann zuvor: »Willi«, hauchte sie. »Schreiben Sie Wilhelm auf, aber wir nennen ihn Willi.« Fritz gab durch sein Lächeln zu erkennen, dass er einverstanden war. Er ahnte nichts davon, dass es schon mal einen Willi in Hannas Leben gegeben hatte. Für Fritz war »Willi« der Name seines ältesten Bruders, der bereits im Ersten Weltkrieg gefallen war. Hätte er überlebt, wäre dieser Wilhelm und nicht Fritz Eigentümer des Hofes geworden. Nun war der kleine Willi ausersehen, die Hoftradition fortzuführen. Aber das hatte noch Zeit. Erst mal musste Willi gewaschen und gewogen werden und sich auf die ungewohnte Form der Nahrungsaufnahme einstellen. Hanna war erstaunt, wie schnell der Junge zu saugen begann, als die Hebamme ihn ihr an die Brust legte. Und dann schien er ähnlich erschöpft wie seine Mutter zu sein und schlief in seiner Wiege ein.

Noch am selben Abend ließ Hanna bei ihrer Freundin in Bremen anrufen, und schon am darauf folgenden Wochenende traf Therese Odenwald in Moordorf ein. Sie hatte sich extra eine Woche Urlaub genommen. Hanna war froh über den Beistand der Vertrauten. Denn auf dem Hof ging es hoch her in diesen Tagen. Allein schon die Kornernte, die vor wenigen Tagen begonnen hatte, hielt alle Arbeitskräfte in Trab. Aber es kamen noch die Bauarbeiten an der neuen Scheune hinzu, die Fritz in diesem Jahr unbedingt zu Ende bringen wollte – nun noch zusätzlich beflügelt durch den Nachfolger, den Hanna ihm beschert hatte. So wieselten auf dem Hof Scharen von Maurern und Zimmerleuten zwischen Bauersleuten und Erntehelfern umher, und die Strohfuder mussten sich ihren Weg durch Stein- und Mörtelhaufen bahnen. Ein heilloses Durcheinander – amüsant allenfalls für die Mädchen, die sich freuten, im Mittelpunkt dieses turbulenten Lebens zu stehen. Nur mussten sie sich beim Auf- und Abladen der Korngarben derart ins Zeug legen, dass ihnen kaum Zeit für einen Plausch mit einem der vielen jungen Handwerker auf dem Hof blieb. Emmy nahm das Heft wieder in die Hand, so wie es ihre Art war, während Fritz hektisch zwischen Kornfeld, Baustelle und Schlafzimmer hin- und herpendelte, immer in Gefahr, die Übersicht zu verlieren.

So war es für Hanna eine große Erleichterung, dass sich Frau Odenwald um sie kümmerte und ihr beim Kochen und Waschen half. Auch seelisch tat es ihr gut, einen Menschen in der Nähe zu haben, der sie darin unterstützte, einen Raum zu behaupten, in dem nicht nur die Gesetze der neuen Hofgemeinschaft herrschten, sondern auch Platz für ihre Vergangenheit war. Therese Odenwald sorgte dafür, dass Anna aus Nebelhagen zu Besuch kam. Hanna hüpfte das Herz vor Freude, als Anna ihren Willi auf den Arm nahm und ihm ein Wiegenlied vorsang. Nein, auf keinen Fall wollte sie den Kontakt zu diesem Mädchen abreißen lassen, das nun schon aussah wie eine junge Dame. Mochte sich Fritz noch so anstellen, sie würde sich nicht trennen von Menschen, die ihr ans Herz gewachsen waren. Sie konnte doch den kleinen Willi nur guten Gewissens lieb haben, wenn sie gleichzeitig auch Anna weiter die Treue hielt. Therese, die mit Anna gleich einen Besuch des Bremer Freimarkts vereinbarte, bestärkte sie dann. Die Anwesenheit der Bremer Freundin hob Hanna gleichzeitig ein wenig heraus aus dem grauen Durcheinander auf dem Hof. Frau Odenwald sorgte dafür, dass in der Stube trotz allem eine weiße Decke mit Spitzenrand auf dem Tisch lag, und sie half Hanna, wenigstens ein bisschen von der Welt nach Moordorf zu retten, die sie einst im Hotel zur Post kennen gelernt hatte. Zu ihr ins Bett konnte sich die Bündnispartnerin aus der Stadt natürlich nicht mehr legen. Solche Nähe kam zwischen den beiden auch gar nicht mehr auf. Die Zeiten hatten sich geändert. Dennoch hegte Hanna zärtliche Gefühle für die Freundin, und es stimmte sie traurig, als die Woche vorüber war und Frau Odenwald wieder abreiste.

Doch Hanna war ja nun wieder zu Kräften gekommen und konnte den Haushalt allein führen. Sogar zum Melken fuhr sie schon in den folgenden Tagen. Auf Anraten ihres Arztes hatte sie Willi abgestillt, und die Flasche konnte ihm auch Susanne geben. Überhaupt erhielt sie in diesen Wochen von den Mädchen auf dem Hof viel Unterstützung. Die drängten sich ja geradezu danach, Willi zu wickeln oder im Kinderwagen spazieren zu fahren – Marschweg rauf und Marschweg runter und quer durchs Dorf mit vielen Haltepunkten vor Gartenpforten und Haustüren. Auch der kleine Klaus, der gerade eingeschult worden war, fand Spaß daran, sich mit seinem Cousin zu beschäftigen. Er war stolz, wenn er Willi zum Lachen brachte, indem er wie ein Schwein grunzte oder wie ein Hahn krähte. Allerdings litt er wohl auch ein wenig darunter, nun nicht mehr das Nesthäkchen auf dem Hof zu sein. Er wirkte oft bedrückt und sah blass aus. Nur selten schloss er sich den anderen Dorfkindern an. Am liebsten war es ihm, wenn sie zu ihm kamen und er sich mit ihnen Buden auf dem Hof bauen konnte – Buden und Höhlen im

Heu und Stroh, tiefe Höhlen, in denen er sich verkriechen konnte, wenn ihm danach zumute war. Und ihm war oft danach zumute. Manchmal, wenn sie ihn in der Schule wieder »Franzi« gerufen hatten, kam er weinend zu Hanna. Die hatte oft Mitleid mit dem Jungen. Aber was sollte sie tun, wenn er nach seinem Vater fragte? »Der is im Krieg geblieben«, pflegte Hanna zu sagen – ganz so, wie sie es von ihrer Schwägerin gehört hatte.

So gingen Sommer und Herbst dahin. Hanna war glücklich wie lange nicht mehr. Wenn Willi lachte, dann lachte auch sie. Und sie teilte dieses Glück mit Fritz, der stolz auf seinen Sohn war und sich freute, wenn Willi sein winziges Händchen um seinen Zeigefinger schloss, den er ihm oft in die Wiege streckte. Das Baby wuchs und wurde größer und größer. Gleichzeitig wuchs die neue Scheune in den Himmel empor. Man konnte weit in die Allermarsch blicken, wenn man auf dem First stand. Und ehe der erste Schnee fiel, war auch das Dach gedeckt. Fünfzig Fuder Heu und fünfzig Fuder Stroh sollten einmal Platz darin haben, hatte sich Fritz vorgenommen. Er war voller Schwung und Tatendrang in diesen Novembertagen. So viel Milchgeld wie in den vergangenen Monaten hatte ihm die Molkerei noch nie überwiesen, und zudem hatten ihm die Schlachtrinder, die er gerade von der Weide weg verkauft hatte, ein hübsches Sümmchen beschert. Auch die Ernte stimmte ihn zufrieden. Natürlich hatte er einen Haufen Schulden machen müssen, um die große Scheune zu bauen. Aber das Geld würde schon wieder hereinkommen, daran zweifelte er nicht. Und weil alles so gut lief, kaufte er gleich noch eine große Wiese zwischen Aller und Leine dazu. Er musste ja jetzt auch an seinen Sohn denken. Der sollte sich nicht beklagen, wenn er einmal in die Fußstapfen seines Vaters treten würde.

Aber zuerst musste der kleine Willi getauft werden. Das sollte ein großes Fest werden. Alle Verwandten und Nachbarn sollten kommen, nur Hannas frühere Familie natürlich nicht. An diesem Tag wollte Fritz keinesfalls daran erinnert werden, dass seine Frau schon einmal verheiratet gewesen war. Hanna unternahm gar nicht erst den Versuch, ihren Mann umzustimmen. Schweren Herzens fand sie sich mit seiner Sturheit in dieser Frage ab. Vielleicht wäre es ihr ja auch selbst schwer gefallen, sich über Willis Taufe zu freuen, wenn die Gegenwart Annas sie an ihren kleinen Verrat erinnert hätte. Verrat? Ja, es bereitete ihr weiterhin ein schlechtes Gewissen, dass sie sich die Freiheit genommen hatte, ein neues Leben zu beginnen. Vielleicht war es also wirklich besser so. Schließlich stand Anna inzwischen auf eigenen Beinen, hatte sogar schon einen Freund, wie Hanna gehört hatte.

Das Schönste an der Taufe war für sie das Taufgespräch bei Pastor Trapp, ihrem alten Pastor, bei dem sie einst in Stellung gewesen war und den sie wegen seiner mutigen Haltung gegenüber den Nationalsozialisten so verehrt hatte. Aber auch der alte Seelsorger, der nun schon mehr als zwei Jahrzehnte lang Dienst in Eggersen tat, hatte Respekt vor seiner früheren Magd. »Oh, da kommt ja schon des lieben Gottes Melkerin«, rief er aus, als Hanna mit Fritz das Pfarrhaus betrat. »Melkerin des lieben Gottes«, das klang gut, fand Hanna. Der Titel gefiel ihr. Auch sonst war es schön, dieser väterlichen Respektsperson zu erzählen, wie es ihr trotz Krankheit und schwerer Schicksalsschläge letztlich recht gut ergangen war. »Ich glaub, der liebe Gott hat mich doch nich ganz vergessen«, sagte sie. Und in diesem Sinne wählte sie auch den Taufspruch für ihren Sohn aus: »Der Herr ist mein Hirte, mir wird nichts mangeln. Er weidet mich auf einer grünen Aue und führet mich zum frischen Wasser.« Das war doch ein Spruch, an den man sich sein Leben lang halten konnte. Hanna trug ihn mit ihrer schönen Schrift in ihr Tagebuch ein.

Bald schon sollte der Bibelvers auf eine erste Probe gestellt werden. Mitte Februar legte eine schwere Grippewelle den Hof lahm. Alles hüstelte und fieberte. Auch Hanna hatte sich angesteckt. Doch die Kühe mussten natürlich gemolken werden. Todmüde fühlte sie sich, wenn sie mit ihren bleischweren Gliedern aus dem Kuhstall wankte. Aber mehr noch als die eigene Mattigkeit machte ihr Willis Zustand zu schaffen. Mit glühendem Kopf lag der Junge in seinem Kinderbett.

Rasselnd hebt und senkt sich die kleine Brust, ständig unterbrechen Hustenanfälle die hastigen Atembewegungen. »Der Junge hat ja Fieber«, ruft Hanna. »Wir müssen sofort den Doktor holen.« Sie kramt ein Fieberthermometer hervor, um sich Gewissheit zu verschaffen. Doch das Fiebermessen ist schwieriger als erwartet. Willi wehrt sich gegen das kühle Glasröhrchen. Aber es muss ja sein, und Hanna setzt sich über sein Strampeln und Schreien hinweg. »Gleich is gut, Willi«, redet sie ihrem kleinen Sohn und sich selbst zu. Doch schon im nächsten Augenblick bereut sie ihre Hartnäckigkeit. Willis Schreien steigert sich derart, dass er sich krümmt und seine Hände nach hinten wirft, bis er plötzlich ganz verstummt. Der Atem hat ausgesetzt. Die weit aufgerissenen Augen blicken in eine unbekannte Ferne – starr, seltsam verdreht. Das Leben scheint den kleinen Körper verlassen zu haben. Hanna ist wie vom Schlag gerührt. »Holt den Doktor, holt den Doktor«, ruft sie außer sich. »Willi stirbt.« Es dauert keine Minute, aber es kommt ihr wie eine Ewigkeit vor, bis der Fieberkrampf nachlässt und Willi wieder röchelnd zu atmen beginnt.

Schwere Lungenentzündung, lautete die Diagnose. Hanna musste mit Willi drei Wochen im Krankenhaus verbringen. Fritz besuchte sie jeden Tag und brachte ihr Bananen oder Apfelsinen, Kekse oder Schokolade mit. Und er ließ es sich nicht nehmen, am Tag der Entlassung mit einem Taxi vorzufahren, um Frau und Sohn persönlich abzuholen.

Leider war die Sorge um den kleinen Willi mit dem Krankenhausaufenthalt noch längst nicht ausgestanden. Der Kinderarzt diagnostizierte eine chronische Bronchitis mit starker Neigung zum Asthma. Voller Angst, die ersten Anzeichen einer neuen Lungenentzündung zu übersehen, nahmen die Eltern Willi mit ins Ehebett, legten ihn zwischen sich und lauschten auf seinen

Atem. Seinen Kinderwagen polsterte Hanna mit Schafsfell aus, damit er sich bloß nicht erkältete. Doch schon ein Vierteljahr später meinte Hanna, wieder dieses Röcheln zu vernehmen. Und tatsächlich nistete sich eine neue Infektion in dem kleinen Körper ein.

Alle auf dem Hof waren besorgt. Auch Josef, der Knecht, nahm Anteil am Schicksal des kranken Hoferben. Diese rasselnden Atemzüge erinnerten ihn an seinen Bruder, der mit drei Jahren an einer Lungenentzündung gestorben war. Bekümmert schüttelte er den Kopf, während er den hüstelnden Knaben in seinem Kinderbett betrachtete. »Der wird nich werden alt«, murmelte er vor sich hin. »Nee, nee, das nimmt kein gutes Ende nich, das arme Kind.« Fritz stand daneben. Ihn erbosten diese Worte. »Was redest du denn da für einen Unsinn?«, fuhr er den Knecht an. »Der schafft das schon. Aber wenn ihm einer ins Gesicht sagt, dass er totgeht, dann is es ja fast so, als wenn man ihm die Kehle zudrückt. Nee, nee, dass du so was sagen kannst. Geh bloß aus 'm Haus, ich will dich nich mehr sehen. Hau bloß ab.«

Fritz redete sich in Rage. Noch als Josef sich längst fortgeschlichen hatte, tobte er weiter. Immer schon war ihm dieser hagere Mann mit den eingefallenen Augen unheimlich gewesen. Und jetzt kam es ihm fast so vor, als hätte er seinen Willi verhext. Wie der das arme Kind angeguckt hatte! Und dann dieses Gerede, dieses teuflische Gequatsche. Nein, Josef hatte hier nichts mehr zu suchen. Auch Hanna war der Knecht, dem diese Schweinereien nachgesagt wurden, nie ganz geheuer gewesen. Dennoch versuchte sie Fritz von seinem »Aberglauben« abzubringen. »Das is doch alles heidnisches Zeug«, hielt sie ihm entgegen. »Der meint das doch bloß gut.« Aber es nützte nichts. Schon am nächsten Tag schickte Fritz den vermeintlichen Hexer vom Hof. Fassungslos packte der Mann, der älter aussah als Fritz, obwohl er erst Mitte dreißig war, seine Sachen und zog grußlos seiner Wege. »Ich hab die ganze Ackerei hier sowieso schon lange satt. Immer bloß arbeiten und alles für die paar Groschen. Da kommt man ja nie auf 'n grünen Zweig«, hatte er zuvor Emmy gesagt. »Ich zieh jetzt zu meiner Schwester nach Braunschweig und geh zum Volkswagenwerk. Da können se immer Leute gebrauchen. Die Zeiten haben sich geändert, kannste mir glauben. Hungern muss heute keiner mehr. Die Bauern wer'n sich noch umgucken. Lange wer'n die nich mehr auf'm hohen Ross sitzen, das garantier ich dir.«

Trotzdem wirkte Josef nicht besonders glücklich, als er mit seinem geflickten Koffer vom Hof trottete. Aber Fritz sah sich nachträglich bestätigt: Schon einen Tag nach dem Rauswurf ging es Willi deutlich besser.

Ein bisschen Spaß muss sein

»Ein jegliches hat seine Zeit, und alles Vernehmen unter dem
    Himmel hat seine Stunde.
Zeit der Geburt und Zeit des Sterbens,
Zeit des Pflanzens und Zeit des Ausreißens von Gepflanztem,
Zeit des Tötens und Zeit des Heilens,
Zeit des Abreißens und Zeit des Aufbauens,
Zeit des Wissens und Zeit des Lachens,
Zeit des Klagens und Zeit des Tanzens,
Zeit des Steinewerfens und Zeit des Steinesammelns,
Zeit des Herzens und Zeit des Fernseins vom Herzen,
Zeit des Suchens und Zeit des Verlierens,
Zeit des Aufbewahrens und Zeit des Wegwerfens,
Zeit des Zerreißens und Zeit des Nähens,
Zeit des Schweigens und Zeit des Redens,
Zeit des Liebens und Zeit des Hassens,
Zeit des Krieges und Zeit des Friedens:
Man arbeite, wie man will, so hat man keinen Gewinn davon.
    Denn alles ist eitel und Haschen nach Wind.«

Hanna gingen diese Verse Salomons durch und durch, als Pastor Trapp im Passionsgottesdienst Mitte März darüber predigte.
Natürlich kannte sie die Weisheiten aus dem Alten Testament
schon seit dem Konfirmandenunterricht. Von jeher hatte sie sich
am Klang der Strophen erfreut. Aber so wie an diesem Tag hatte sie sie noch nie verstanden. Ihr traten Tränen in die Augen.
Denn es war, als fassten diese Worte ihr eigenes Leben zusam-

men. Ja. Alles hatte seine Zeit. Sie schrieb die Verse in ihr Tagebuch und kommentierte sie. »Dauernd geht es auf und ab, und was bleibt ist die Arbeit, ist Ausmisten und Kühemelken, Hacken und Heuholen«, schrieb sie. Das hatte sie oft genug erfahren. Nur die Folgerung dieser Verse konnte sie sich nicht zu Eigen machen: »Da erkannte ich, dass es nichts Besseres für den Menschen gibt, als sich zu freuen und sich gütlich zu tun, solange er lebt.« Nein, beim besten Willen: Damit konnte sie nichts anfangen. »Man kann sich doch nicht einfach nur gütlich tun«, notierte sie. »Man muss doch arbeiten. Und das ist doch auch schön, wenn man sieht, wie die Arbeit Früchte trägt, wie im Frühjahr die Saat aufgeht und wie die Kälber wachsen. Und man ist ja schließlich nicht allein auf der Welt.«

Hanna hatte jetzt vor allem Willi. Der gab ihrem Leben Sinn und Kraft. Seit seiner Geburt wusste sie, für wen sie sich abplagte. Sie bangte um ihn, wenn er wieder zu röcheln begann, und sie freute sich, wenn sein Atem ruhig wurde und ein Lächeln über sein kleines Gesicht huschte. Es wärmte ihr auch das Herz, zu sehen, wie Fritz das Kind anhimmelte. Er schnitt Grimassen und gab die absonderlichsten Laute von sich, um dem Baby ein Lachen zu entlocken. Er brachte es zum Staunen, indem er mit seinen Händen Schattenspiele an die Wand warf: Krokodile, die das Maul aufrissen, und Hasen, die die Ohren hängen ließen, zählten zu den Attraktionen seines Programms. Auch bei seinem Mundharmonikaspiel leuchteten Willis Augen. Manchmal allerdings ging sein Vaterstolz derart mit ihm durch, dass Hanna ihn bremsen musste. So fand sie es viel zu gefährlich, dass er den Kleinen, der kaum laufen konnte, schon aufs Pferd setzte – mochte der Norweger noch so gemütlich sein. Alle auf dem Hof lächelten darüber, welch kindliche Züge der Bauer auf einmal an den Tag legte. Auch Hanna amüsierte sich.

Verdruss bereitete es ihr hingegen, dass Fritz auch sonst seinen augenblicklichen Eingebungen folgte, ohne Rücksicht auf andere zu nehmen. So geschah es nicht selten, dass er, nachdem sie erschöpft vom Melken nach Hause gekommen war, ein Huhn schlachtete. Irgendein merkwürdiger Jagdinstinkt schien über ihn zu kommen, wenn er plötzlich einem Huhn nachstellte. Hanna tat es weh zu sehen, wie er das flatternde, jämmerlich schreiende Tier zum Hackeklotz schleifte und ihm mit dem Beil den Kopf abschlug. Ekel überkam sie, wenn er ihr dann das Huhn in die Küche brachte – in der selbstverständlichen Erwartung, dass sie es sofort rupfen und ausnehmen werde. Jedes Mal kostete es sie große Überwindung, das blutige Tier überhaupt anzufassen, und sie war froh, wenn Emmy oder Lore ihr diese Arbeit abnahmen.

Sonst ging es aber eher lustig zu auf dem Hof in diesen Tagen. Fast jeden Abend ertönten die Pfiffe von jungen Männern, die Susanne, Ute und Helga zum Kino oder zum Tanzen abholen wollten. Auch Freundinnen kamen, um Wochenendpläne und Beziehungsfragen zu erörtern. Dabei entwickelten sich die Mädchen immer weiter auseinander. Während Helga in Hannover die Handelsschule besuchte und so die große weite Welt mit ihren schnell wechselnden Moden und Make-ups kennen lernte, ging Ute beim Kaufmann im Nachbardorf in Stellung und baute sich dort ihren bodenständigen Freundeskreis auf. Nur Susanne blieb einstweilen im Haus und scharte eine Menge Freundinnen aus Moordorf um sich. Mit ihren zierlichen Gesichtszügen und ihrer munteren Lebensart erfreute sie sich auch beim anderen Geschlecht allergrößter Beliebtheit. Und es dauerte nicht lange, bis sie »in festen Händen« war. Ein Bauernsohn mit Moped holte sie nun regelmäßig am Sonnabend ab.

Ihr kleiner Bruder Klaus dagegen zog sich mehr und mehr zurück. Seine Mutter machte sich Sorgen um den Jungen, den man nie so ausgelassen toben sah wie andere Kinder seines Alters. Ähnlich wie den kleinen Willi traf Klaus jede Grippewelle ganz besonders hart. Manchmal dauerte es mehrere Wochen, bis er wieder zu Kräften kam. Und Emmy hatte das Gefühl, dass es ihn gar nicht sonderlich drängte, das Bett wieder zu verlassen. Mit seinen Büchern schien er sich auf seinem Krankenlager ganz wohl zu fühlen. Nachdem er von seinen Klassenkameraden immer häufiger wegen seines »Papas aus Frankreich« aufgezogen worden war, hatte seine Mutter ihm schließlich gebeichtet, dass sein Vater tatsächlich aus Frankreich stamme. Doch sie blieb bei der Version, dass er im Krieg gefallen sei. Und Klaus fand sich auch damit ab.

Viel mehr Staub als der Totgesagte wirbelte der Vater von Ute und Helga auf, der immer noch auf dem Hof lebte: Emmys Schwager Alfons. Das Gerücht, wonach die Hausfrau Marianne Schweikert ein Kind von ihm erwartete, hatte sich immer weiter verdichtet. Damit war auch die Ehe seiner Geliebten zerrüttet. Die Eheleute schliefen bereits getrennt und sprachen nicht mehr miteinander. An einem Septembermorgen des Jahres 1954 schließlich verließ Marianne das Haus und stieg in einen Zug in Richtung Hannover – in der einen Hand ihre fünf Jahre alte Tochter Ingrid, in der anderen einen großen Koffer. Sie kam nie mehr nach Moordorf zurück. Stattdessen kehrte sie heim zu ihren Eltern nach Heuberg, einem kleinen Dorf bei Chemnitz, das nun Karl-Marx-Stadt hieß. Das so genannte Pflichtjahr hatte sie während des Krieges in einen Bauernhaushalt in der Lüneburger Heide geführt. Und weil das Leben in der norddeutschen Tiefebene beim Bauern trotz aller Knappheit immer noch besser gewesen war als im heimatlichen Erzgebirge, war sie dort geblieben – nach Kriegsende bestärkt durch die Aufteilung der Besatzungszonen. Vor den Russen hatte sie Angst gehabt. Und so hatte sie Zuflucht bei Gustav gefunden, einem Flüchtling aus Pommern. Sie war bald schwanger geworden, hatte Gustav geheiratet und sich mit ihm in Moordorf niedergelassen. Beengt hatten sie in einer winzigen Dachwohnung gehaust, aber schwerer noch war die Sauferei ihres Mannes zu ertragen gewesen. So hatte sie sich schließlich in den lebenslustigen Mann verliebt, den ihr Gustav öfter »auf ein Bier« mit nach Hause gebracht hatte, in Alfons. Immer war der so höflich und nett gewesen und hatte sie mit kleinen Geschenken überrascht. Sie hatte lange gezögert, den Weg in die sowjetische Besatzungszone zu gehen – dahin, wo alle anderen Reißaus nahmen. Aber so schlimm konnte es ja wohl auch nicht sein. Und lange schon hatte sie sich nach ihren Eltern gesehnt.

So blieb Alfons allein zurück in Moordorf. In den ersten Tagen war es ihm anzumerken, dass ihn die plötzliche Abreise seiner Freundin bedrückte. Kein Scherz vermochte ihn aufzuheitern, wo er doch sonst selbst immer zu den übermütigsten Späßen aufgelegt gewesen war. Natürlich sprach er nicht über die Ursache seines Kummers, doch es war allen klar, was ihm zu schaffen machte. Er gab sich ungewöhnlich wortkarg und trank sein Bier nun lieber zu Hause statt in der Moorkate. Lore kam dieser Gesinnungswandel ganz gelegen. Er war wie ausgewechselt, half ihr beim Tischdecken und äußerte sich anerkennend über ihr Essen. Oh ja, kochen konnte sie, nicht umsonst hatte sie die Hauswirtschaftsschule besucht und drei Jahre in der Küche einer Gastwirtschaft gearbeitet. Ihr Schmorbraten war ein Gedicht und ihr Kartoffelsalat eine Komposition vom Allerfeinsten. Diese Köstlichkeiten hatten ja Alfons auch anfangs so gelockt. Die Liebe war buchstäblich durch den Magen gegangen. Nun stellte sich fast das alte, glückliche Lebensgefühl wieder ein. Lore freute sich, dass es Alfons wieder schmeckte bei ihr. Doch dieser Zustand des friedlichen Ehelebens hielt nur wenige Tage an.

Neuen Streit verursachte ein quirliger Dackel, den Alfons seiner Familie eines Abends als Überraschungsgeschenk präsentierte. Ein Kollege vom Torrwerk hatte ihm Waldi überlassen. Doch während die Kinder das Hündchen augenblicklich in ihr Herz schlossen, kochte Lore vor Wut. So sehr erzürnte sie die Unvernunft ihres Mannes.

»Was sollen wir denn damit?«, giftet sie Alfons an. »Das Haus ist schon für uns viel zu klein. Und jetzt schleppst du noch diesen Köter hier an, damit der alles vollscheißt? Ich glaube, du bist nich ganz richtig im Kopf.« Alfons beantwortet ihre Schimpftirade mit höhnischem Lachen. »Na, dann muss ich wohl erst mal einen trinken gehen, damit mir wieder klarer im Kopf wird und du dich hier austoben kannst«, kontert er mit spöttischem Unterton – und wird in den folgenden Stunden nicht mehr gesehen. Auch den nächsten Abend verbringt Alfons wieder in feuchtfroher Runde, während Lore mit Waldi allein bleibt. Dauernd läuft ihr der Hund vor die Füße, sodass sie immer in Gefahr ist, über die »Bestie« zu stolpern. Und als sie ihn vor die Tür setzt, fängt er gleich an, Hühner zu jagen. Zur Strafe sperrt Lore das verhasste Tier in einen kleinen, düsteren Kälberstall. Doch in diesem Verlies jault Waldi so herzzerreißend, dass Ute und Helga gegen die Tierquälerei protestieren und darauf bestehen, dass ihre Mutter ihn wieder ins Haus nimmt. Lores schlimmste Befürchtungen erfüllen sich. Der Dackel ist weder stubenrein noch zeigt er Respekt vor den Handarbeiten seiner Herrin. Lore stockt der Atem, als sie sieht, dass der Kläffer all die schönen Häkelkissen in ihrer kleinen Stube zerrissen und zerbissen hat.

Wutentbrannt fasst sie einen fürchterlichen Entschluss. Sie nimmt den Dackel an die Leine, zerrt ihn vom Hof und geht mit ihm zu einem Bauern in der Nachbarschaft, der mehrere Jagdgewehre besitzt. Den bittet sie noch immer voller Zorn, den kleinen Tunichtgut zu erschießen. Der Jäger zeigt Verständnis für den Ärger Lores und entspricht ihrer Bitte prompt. Er gibt ihr sogar noch einen Spaten, damit sie den Kadaver des Hingerichteten gleich an Ort und Stelle verbuddeln kann. Triumphierend summt Lore ein Küchenlied, während sie Waldi zur ewigen Ruhe bettet: »Ein Hund kam in die Küche und stahl dem Koch ein Ei. Da nahm der Koch die Kelle und schlug den Hund zu Brei …«

Sie spürt keine Reue. Ganz im Gegenteil: Ein Gefühl der Genugtuung breitet sich in ihr aus – auch für die unzähligen Demütigungen, die ihr Alfons schon vor der Dackelanschaffung bereitet hat. Sie bemühte sich daher erst gar nicht, das Verschwinden des Hündchens zu beschönigen, als Alfons bei der Rückkehr aus der Kneipe nach Waldi fragt. »Piff, paff«, höhnt sie genüsslich, während sie den Akt der Erschießung mit ausgestrecktem Arm und gekrümmtem Zeigefinger pantomimisch nachvollzieht. Alfons benötigt einige Schrecksekunden, um sich das ganze Ausmaß der Niedertracht, die hinter dieser Geste steht, bewusst zu machen. »Das darf ja wohl nich wahr sein«, fährt er sie, benommen den Kopf schüttelnd, an. »Du hast meinen Hund totgeschossen?« – »Was denn für'n Hund?«, unterbricht sie ihn. »Diesen Zwergpinscher, der die ganzen Kissen kaputtgebissen hat, meinst du den? Diesen kleinen Scheißer?« Alfons zerspringt jetzt fast vor Wut. »Du hast also wirklich allen Ernstes meinen Waldi umgebracht, du alte Hexe«, schreit er sie an. »Du altes, mieses Aas, du.« – »Ich nich«, entgegnet Lore, immer noch vom Triumphgefühl eines Racheengels durchdrungen. »Da gibt es andere, die besser schießen können als ich.« – »Dann hätten'se dich mal auch gleich mit über'n Haufen schießen sollen«, brüllt Alfons. »Dass du dich nich schämst, du Miststück, du Zwergin, du. Ich weiß wirklich nich, wie ich das so lange mit dir hier ausgehalten habe in diesem muffigen Saustall. Aber jetzt is endgültig Schluss. Über mich brauchst du dich hier nich mehr zu ärgern. Ich pack meine Sachen und geh über alle sieben Berge.«

Von dem Lärm ist Helga wach geworden, die schon im Bett gelegen hat. Schlaftrunken läuft sie zu ihrem Vater, an dem sie trotz seiner Eskapaden hängt. »Papa, hör doch auf«, wimmert sie. »Warum müsst ihr euch denn immer streiten?« – »Wir streiten uns nich mehr, mein Deern«, antwortet Alfons kalt. »Jetzt is Schluss, endgültig Schluss. Eure Mutter hat das Band, das sowieso schon ganz locker gewesen is, ein für alle Mal durchschnitten. Für mich is hier kein Platz mehr. Ich wär ja gern bei euch geblieben, aber bei dieser Hexe halt ich es einfach nich mehr aus. Lass dir mal von ihr erzählen, was sie mit Waldi gemacht hat.

Nee, nee, jetzt is Feierabend. Um euch tut es mir ja wirklich Leid, aber so kann es doch auch nich ewig weitergehen.«

Helga bricht in Schluchzen aus, Alfons nimmt sie in den Arm. »Wird schon wieder werden, meine Kleine«, tröstet er sie. Doch Helga weint nur noch bitterlicher. »Papa, du darfst nich weggehen«, fleht sie ihren Vater an. »Wird schon wieder werden«, murmelt der, streicht ihr über die tränennasse Wange und versucht, sie mit einem Lied zu beruhigen. »Es war einmal ein treuer Husar, der liebt sein Mädel ein ganzes Jahr, ein ganzes Jahr und noch viel mehr, die Liebe nahm kein Ende mehr …«

Aber wie hätte er seine Tochter beruhigen können, wo er doch selbst so außer sich war? Schniefend legte sich Helga schließlich wieder in ihr Bett in der kleinen Stube. Als sie am nächsten Morgen erwachte, war ihr Vater schon fort. Sie sollte ihn nie wiedersehen.

Alfons folgte seiner Marianne ins Erzgebirge. Noch in der Nacht hatte er das Nötigste gepackt, und am nächsten Morgen nahm er den ersten Zug. Mehrere Stunden musste er am Grenzbahnhof Marienborn zubringen, bis die Beamten ihm schließlich glaubten und die Einreise in die DDR gestatteten. Alfons quartierte sich in Mariannes Elternhaus in Heuberg ein und fand schon nach kurzer Zeit Arbeit in einer Motorenfabrik. Er hatte sein Auskommen, aber auch hier hatte er sich in beengten Verhältnissen einzurichten. Ein einziges Zimmer musste er sich mit Marianne und der kleinen Ingrid teilen. So verschaffte er sich auch in seiner neuen Heimat Bewegungsfreiheit, indem er dazu überging, die meisten Abende im Dorfgasthof zu verbringen.

Marianne, der man die Schwangerschaft nun schon ansah, litt darunter. Weinend forderte sie Alfons auf, endlich zur Vernunft zu kommen und an sein Kind zu denken, das bald zur Welt kommen würde. Und sie drängte ihn, sein Leben zu ordnen und die Scheidung einzureichen. Alfons zeigte sich reumütig, liebkoste seine Liebste und versprach ihr, umgehend reinen Tisch in Moordorf zu machen.

In dieser Hinsicht hielt er sogar Wort. Er schickte Lore einen Brief, in dem er sie bat, in die Scheidung einzuwilligen, und alle Schuld auf sich nahm. Es kostete ihn ja nichts. Als DDR-Bürger konnte er die Unterhaltsforderungen, die er auf sich zukommen sah, einfach unbeantwortet lassen. Wichtig war ihm einzig, dass die Trennung von dieser Lore endlich schwarz auf weiß besiegelt wurde. Bereitwillig schilderte er in einem zweiten Brief, der für das Familiengericht bestimmt war, all seine Moordorfer Affären. Nicht nur Lore, die Betrogene, fiel aus allen Wolken. Auch die Frauen, deren Namen Alfons nun ganz ungeniert in der Liste seiner Geliebten aufführte, waren wie vom Schlag gerührt angesichts der Kübel von Schmutz, die dieser Mensch im Osten über sie ausgoss. Alle wiesen den angeblichen Intimverkehr als grobe Lüge zurück und nannten Alfons einen üblen Verleumder. Doch es fanden sich Zeugen im Dorf, die die Darstellung des scheidungswilligen Ehemanns bestätigten. Und so wuchs sich Alfons' Abgang zu einem Reigen immer neuer Peinlichkeiten aus. Der Klatsch im Dorf trieb die schönsten Blüten, von denen die Chronik zu berichten weiß. Dem Familienrichter blieb gar keine andere Wahl, als die Ehe für gescheitert zu erklären.

Für Alfons und Marianne war so der Weg für einen Neuanfang im Erzgebirge frei. Tatsächlich gaben sie sich auch das Jawort – drei Wochen, bevor ihr Sohn das trübe Licht eines Februartages erblickte. Dadurch aber wurde es noch enger in Mariannes Elternhaus, sodass Alfons immer häufiger Zuflucht in der Dorfkneipe suchte. Wie in Moordorf scharte er hier wieder Saufkumpanen und ein Publikum für seine Scherze und Geschichten um sich. Doch seine übermütigen Redensarten fanden nicht nur Applaus, sondern erregten auch das Misstrauen örtlicher Parteimitglieder. Alfons scherte sich wenig darum, und wenn sein Alkoholpegel hoch genug war, bereitete es ihm sogar Vergnügen, mit unerwünschten Gesängen ernste Blicke und »gut gemeinte« Ermahnungen zu provozieren, dieser Teufelsbraten. »In einem Polenstädtchen, da lebte einst ein Mädchen, das war so schööön«, pflegte er zum Beispiel in zackigem Marschrhythmus zu grölen. »Das war das allerschönste Kind, das man in Polen find, aber nein, aber nein, sprach sie: Ich küsse nie.« Auch »Schwarzbraun ist die Haselnuss« gehörte zu seinem Repertoire. In der DDR waren solche Soldatenlieder, die die Wehrmacht auf ihren Eroberungsfeldzügen gesungen hatte, natürlich tabu. Marianne und ihre Eltern flehten Fritz förmlich an, endlich aufzuhören mit diesen Verrücktheiten. »Du bringst uns noch alle ins Gefängnis«, klagte seine Frau. »Nu stell dich man nich so an«, entgegnete Alfons. »Wenn ich gar keinen Spaß mehr haben darf, dann kann ich mich ja gleich beerdigen lassen.« – »Dummes Gerede«, schimpfte Marianne.

Kaum eine Woche später zeigte sich, dass seine Worte einen prophetischen Kern gehabt hatten. Plötzlich und unerwartet. Früh am Morgen schrie Marianne vor Schreck auf, als sie ihren Mann auf den Steinfliesen des Hausflurs liegen sah. Zuerst meinte sie, er wäre volltrunken über die Wäschekiste gestolpert und nach dem Sturz eingeschlafen. Doch als sie sich zu Alfons niederbeugte, um ihn wachzurütteln, stellte sie fest, dass er kalkweiß war und nicht mehr atmete. »Herzversagen«, stellte der Arzt wenig später als Todesursache fest.

In aller Förmlichkeit wurde auch Lore über das mysteriöse Ableben ihres Verflossenen unterrichtet – ein gutes halbes Jahr nach seinem Auszug. Sie trug die Nachricht mit Fassung. »Ich hab ja immer gesagt, dass das kein gutes Ende nimmt«, kommentierte sie kühl. Nur die Kinder Helga und Ute weinten um den Vater. Niemand auf dem Hof konnte so recht daran glauben, dass es sich wirklich um einen natürlichen Tod gehandelt hatte. Doch der »eiserne Vorhang« machte Nachforschungen unmöglich, und das Interesse der Familie war ohnehin gering. Lore ging es vor allem darum, die Rentenfrage zu klären. Und in dieser Hinsicht trug sie am Ende doch noch einen späten Sieg über die Rivalin im Osten davon: Das Witwengeld wurde ihr zugesprochen. Immerhin.

Watt wutt du?

Und es wurde nicht mehr gesprochen über Alfons – nicht laut jedenfalls. Für Lore und ihre Familie hatte der Mann ja schon zu den Toten gezählt, noch bevor er gestorben war. Ein Tabu, ein Grab mehr, worum das Leben auf dem Hof einen Bogen machte. Nur heimlich vor dem Einschlafen gedachten die Kinder ihrer Väter. Und neue Kinder wuchsen nach. Hanna wurde zum dritten Mal schwanger. Die Nachricht stimmte sie nicht froh. Erneut begann eine Zeit des Bangens, die Hanna die Vorfreude vergällte. Sie war ja nicht mehr die Jüngste. Schon nach Willis Geburt waren die verschorften Wunden an ihren Beinen wieder aufgebrochen, auch Krampfadern hatten sich gebildet. Und der Doktor hatte ihr nicht die Angst nehmen können, dass es bei der zweiten Entbindung noch schlimmer werden könnte. Aber das Wichtigste war natürlich, ein gesundes Kind zur Welt zu bringen. Mit Grausen musste sie immer noch an ihre Fehlgeburt denken. Nein, eigentlich hatte sie an Willi genug. Warum das Schicksal noch einmal herausfordern? Fritz dagegen war stolz und zuversichtlich. »Wird schon gut gehen«, redete er Hanna zu. »Ist doch schön, wenn Willi einen Spielkollegen kriegt.« Der hatte leicht reden.

Während sich in Hannas Bauch neues Leben regte, welkte Klaus, der gerade erst in die Schule gekommen war, sichtlich dahin. Schon seit langem fiel allen auf, dass er kaum mehr Interesse für Spielgefährten aufbrachte und meistens müde und erschöpft wirkte. »Keine Lust«, lautete eine seiner häufigsten Redewendungen. Nicht einmal mit dem kleinen Willi wollte er sich mehr beschäftigen. »Keine Lust.« Wenn irgend möglich hielt er sich in der Nähe seiner Mutter auf und war selig, wenn sie ihm übers Haar strich oder ihn in den Arm nahm. Gern ließ er sich auch von Hanna Märchen oder biblische Geschichten erzählen. Ernst und konzentriert hörte er zu, fragte nach, wenn es um so unbegreifliche Dinge wie den Tod ging, und schnappte manche Redewendungen auf. Sein Lehrer war verblüfft, wie altklug er manchmal daherredete. »Mein Herz wollte mir brechen, als ich das arme Kalb gesehen habe«, berichtete er einmal in der Schule, nachdem er beobachtet hatte, wie sie ein Kalb mit Stricken und Stockschlägen auf den Wagen eines Viehhändlers gezerrt hatten. Doch er wurde immer matter und blasser, und auch sein Hüsteln verstärkte sich derart, dass man einen Doktor zuzog. Der verordnete anfangs nur Bettruhe und Hustensaft. Doch der Husten wurde schlimmer. Das Fieber stieg an. »Das sieht ja gar nicht gut aus«, stellte der Arzt schließlich mit besorgter Miene fest. »Der Junge hat eine Lungenentzündung. Der muss dringend ins Krankenhaus.« Da Willi bereits eine Lungenentzündung überstanden hatte, war der Schrecken angesichts dieser Diagnose nicht übermäßig groß. Schweren Herzens, aber nicht mit dem Schlimmsten rechnend, begleitet Emmy ihren Klaus ins Krankenhaus.

Wie mühsam der Junge nach Atem ringt. Emmy bereitet es Höllenqualen, hilflos daneben zu stehen. Und als er sie flehentlich bittet, ihn nicht allein zurückzulassen, schießen ihr die Tränen in die Augen. »Mama, nicht weggehen. Ich will hier nich allein bleiben«, stößt er mühsam hervor. Aber auf der Kinderstation steht kein Bett für Mütter bereit, und die Schwestern sagen Emmy, es sei das Beste für ihren Sohn, wenn er jetzt erst einmal zur Ruhe komme. Bitter enttäuscht wendet Klaus die Augen von seiner Mutter ab, als die sich am Ende von ihm verabschieden will. Kein Wort mehr. Nur noch dieses röchelnde Ringen um Luft.

Am nächsten Morgen wird Emmy in aller Frühe zum Kran-

244

kenhaus gerufen. »Klaus' Zustand hat sich weiter verschlechtert, es ist sehr ernst«, haben sie beim Kaufmann telefonisch ausrichten lassen. Als Emmy ankommt, ist der Junge schon tot. Sie haben ihn bereits in den Leichenkeller geschoben. Einem Engel auf alten Gemälden gleicht er, wie er da mit seinem weißen Porzellangesicht auf der Bahre liegt. Die Beine werden Emmy weich, als sie zu ihrem toten Sohn hinabblickt. Der Schock ist so groß, dass sie nicht einmal weinen kann. Stumm und niedergedrückt vor Trauer, beschleicht sie ein Gefühl der Sinnlosigkeit, das sie ganz gleichgültig stimmt. Geistesabwesend überlässt sie es dem Krankenhaus, einen Leichenbestatter zu informieren. Alles sperrt sich in ihr, den Tod des Jungen durch ihr Tun auch noch zu besiegeln. Apathisch lässt sie sich auf einen zerkratzten, kalten Krankenhausstuhl sinken. Ein Arzt bietet ihr an, sie mit einem Krankenwagen nach Hause zu befördern. Doch sie lehnt ab. »Ich kann doch Klaus hier nich allein lassen. Das geht doch nich.«

Lange, lange noch quälte sie der Gedanke, dass sie ihrem Sohn seinen letzten Wunsch verwehrt hatte: »Warum«, fragte sie sich immer wieder, »habe ich ihn im Stich gelassen? Warum bloß? Warum?« Nur selten sah man, wie Tränen über ihre Wangen liefen. Anstatt zu weinen, versank sie in Schweigen.

Sie schwieg auch auf dem Friedhof, als plötzlich am offenen Grab ein Mann auftauchte, den sie einmal gut gekannt, aber schon viele Jahre nicht mehr gesehen hatte: Hans, der eigentlich Jean hieß. Der grauhaarige Herr in dem schwarzen Mantel saß in der Friedhofskapelle in der letzten Reihe, und doch blieb er nicht unbemerkt. Ein Tuscheln ging durch die Reihen der Trauergemeinde. Verstohlene Blicke richteten sich auf den seltsamen Gast, dem fortwährend die Tränen über das Gesicht kullerten und der sich die Hände auf die Stirn presste, während die anderen sangen und beteten. Fritz hatte dem Mann schon einen Tag nach Klaus' Tod ein Telegramm geschickt. Für alle Fälle hatte er sich damals die Adresse von dem Brief abgeschrieben, der aus

Frankreich gekommen war. Und dann war er tatsächlich aufgetaucht. Jean, inzwischen verheiratet, hatte nicht den Mut gehabt, vor der Beerdigung noch dem Frenzen-Hof einen Besuch abzustatten. Der Tischler aus Frankreich hatte sich in einem Gasthof im Nachbardorf einquartiert und war geradewegs zum Friedhof gegangen. So hatte er seinen Sohn, der ihm zu Lebzeiten vorenthalten worden war, auch als Toten nicht mehr gesehen. »In stiller Trauer, Dein Vater«, stand auf dem großen Kranz mit den bunten Blumen, den er bei einer örtlichen Gärtnerei in Auftrag gegeben hatte. Nur mit Fritz wechselte er auf dem Friedhof ein paar Worte in einem Kauderwelsch aus Deutsch und Französisch. Er fragte nach der Krankheit seines Sohnes, und flehentlich, unter Tränen bat er Fritz um ein Bild von Klaus. Fritz sicherte ihm zu, ihm ein Foto zu schicken. Denn gleich nach der Beerdigung wollte Jean schon die Heimreise antreten. Was sollte er hier auch noch? Emmy blickte zu Boden, als er ihr die Hand drückte. »Emmy«, flüsterte er. »Emmy«, mit der Betonung auf dem »i«. Doch die Angesprochene reagierte gar nicht darauf, sondern seufzte nur kurz und wandte sich dann gleich der nächsten Hand zu, die sich ihr zur Beileidsbekundung entgegenstreckte. Sie sagte kein einziges Wort, tagelang hüllte sie sich in Schweigen.

Aber ein jegliches hat seine Zeit – Sterben und Geborenwerden. Salomons Verse erfüllten sich auf dem Hof in Moordorf in biblischer Dramatik. Wenige Wochen nachdem Emmy ihren Sohn verloren hatte, schenkte Hanna einem zweiten Jungen das Leben. Es war eine schwere Geburt. Trotz starker Wehen wollte sich der Muttermund anfangs nicht öffnen. Dem Kind war anzusehen, dass es an Sauerstoffmangel litt. Bläulich verfärbt war der ganze Körper. Doch es erholte sich rasch und trat brüllend ins Leben. Sie gaben ihm den Namen Ulrich, doch außer Fritz und Hanna nannten ihn alle nur Ulli.

Hanna kam nun kaum zur Ruhe. Nächtelang schrie ihr in den ersten Monaten Ulli die Ohren voll. Außerdem brachten

Krämpfe und Herzattacken sie um den Schlaf. Nun liebäugelte sie nicht mehr mit dem Gedanken an einen gnädigen Tod. Jetzt hatte sie Angst davor, zu sterben. Sie konnte ja ihre beiden Kinder nicht allein lassen. Die brauchten sie doch. »Ach nee, nee«, seufzte sie, als sie wieder einmal einen nächtlichen Krampf überstanden hatte. »Wenn ich man bloß die Kinder erst mal groß hätte. Wer soll sich denn um die beiden kümmern, wenn ich mal nich mehr bin?« Fritz mochte es nicht, wenn seine Frau so verzagt war. »Nu schlaf dich man erst mal aus«, sagte er. »Der liebe Gott wird uns schon nich im Stich lassen.«

Den Kindern zumindest schien es gut zu gehen. Friedlich schlummerte Willi im großen Ehebett zwischen den Eltern, während der kleine Ulli in seiner Wiege lag und mit schnellen Atemzügen wie ein D-Zug durch seine verrückten Babyträume jagte und die Wiege zum Schaukeln brachte. Wie viele andere in dieser Zeit hatte auch Hanna auf ihrem Nachttisch das Bild mit dem Schutzengel aufgestellt, der zwei barfüßige Kinder über eine Brücke geleitet.

Und der Schutzengel enttäuschte die Bauernfamilie nicht. Die Kinder wuchsen heran, hüstelten und schnupften, schmierten und schmadderten, weinten und greinten, spielten, tobten und schliefen sich durch ihre ersten Lebensjahre. An Aufregung herrschte kein Mangel, doch letztlich ging immer alles gut aus. Der eine fiel vom Wickeltisch, der andere vom Kletterbaum. Und oftmals führten die Brüder Krieg gegeneinander. Willi, der wegen seiner Asthmaanfälle besondere Fürsorge und Nachsicht erfahren hatte, sah zeitweise in Ulli einen Konkurrenten, den es unerbittlich zu bekämpfen galt. In einem unbeobachteten Moment griff er gar zu seinem Holzpferd und schleuderte es dem allseits vergötterten Bruder mit dem rötlichen Goldhaar in den Kinderwagen. Fritz erfüllten derartige Attacken mit tiefer Sorge. Und da er schließlich in Willis Holzspielzeug nur noch gefährliche Mordwaffen sehen konnte, sammelte er es am Ende ein und verbarg es vor seinem Sohn. Zum Ausgleich setzte er jetzt seinen Willi noch öfter aufs Pferd, nahm ihn auch mit auf den Trecker und summte ihm beim Pflügen Kirchenlieder vor. »Jesu, geh voran auf der Lebensbahn. Und wir wollen nicht verweilen, dir getreulich nachzueilen ...« Ganz besonders stolz war er, wenn beide Kinder mit offenen Mündern seine Schattenspiele verfolgten, die er ihnen beharrlich an die Wand warf. Hanna lachte das Herz, wenn sie es beobachtete.

Mindestens ebenso oft aber erregte Fritz auch ihren Zorn. Bei allem, was er tat, ließ er sich so entsetzlich viel Zeit. Nein, er war einfach nicht so auf Zack wie andere Bauern, und darum stand es um seine Korn- und Kartoffelfelder nicht zum Besten. Hanna mühte sich, die Nachlässigkeit ihres Mannes durch eigenen Eifer wettzumachen, trieb Fritz mit bellenden Kommandos zur Eile und mistete die Kühe einfach selbst aus, wenn er nach wiederholter Ermahnung immer noch nicht dazu gekommen war. Selten gönnte sie sich in den Sommermonaten mehr als fünf Stunden Schlaf. Auf die Alarmzeichen ihres geschundenen Körpers achtete sie kaum. Und so humpelte und hinkte sie immer mehr. Vor allem das Schleppen schwerer Milchkannen war ihr aufs Hüftgelenk geschlagen.

Aber die Arbeit erledigte sich ja nicht von selbst, und die Kinder mussten schließlich auch zu ihrem Recht kommen. Nach und nach hatten die Mädchen auf dem Hof die Lust verloren, sich um Willi und Ulli zu kümmern. Die hatten jetzt andere Dinge im Kopf. Jede freie Minute drehte sich nun um die Verlobten. Und noch bevor der kleine Ulli eingeschult war, hatten alle Hochzeit gehalten – wie es sich gehörte, im weißen Brautkleid und mit langem Schleier. Es schien, als dränge es sie danach, endlich in geordnete Verhältnisse zu kommen.

So blieben ihre Mütter auf dem Hof allein zurück. Emmy hatte nun die Kammer für sich, die an das Schlafzimmer von Hanna und Fritz grenzte. Die Trauer um ihren Sohn hatte sich allmählich in Gleichmut verwandelt, in eine Gelassenheit mit melancholisch-milder Grundstimmung. Nur die Besuche bei ihrer

Tochter Susanne, die ganz in der Nähe mit einem Bauern verheiratet war, vermochten noch ihre Lebensgeister zu entfachen. Im Übrigen sah sie den Garten als das letzte Reich an, das ihr verblieben war. Sie pflanzte Gurken, Bohnen, Erbsen und Karotten und Porree für die Sonntagssuppe. Emmys Schwester Lore lebte abseits vom Rest der Familie allein im früheren Backhaus. Da sich der Schweinestall unmittelbar an das Häuschen anschloss, übernahm sie es, die Schweine zu füttern. Nur beim Ausmisten half ihr Emmy. Da waren dann die Schwestern unter sich. An Schlachttagen sahen es die beiden auch als ihre Aufgabe an, den großen Kessel zu beheizen – in der Schweineküche, wo die Schweine erst bekocht und dann gekocht wurden. Undurchdringlicher als der dichteste Nebel war der weiße, fettige Dampf, wenn das Fleisch im Kessel siedete und der Hausschlachter Mett, Leber- und Knappwürste stopfte. Ein anderes Bild bot sich, wenn Emmy, Lore und Fritz bei strahlendem Sonnenschein eine Sau über den Hof trieben, um sie zum Bassen zu bringen – zum Eber auf dem Nachbarhof. Mit Lust und Liebe hatte dieser Akt der Fortpflanzung natürlich wenig zu tun. Dennoch huschte immer ein Lächeln über die Gesichter der Schwestern, wenn der Eber das Muttertier bestieg – verborgene Erinnerungen an die eigene Zeit der Paarung vielleicht, die da die Gesichter aufhellten.

Natürlich nahmen Lore und Emmy auch Anteil an den Freuden und Nöten ihrer beiden Neffen auf dem Hof. Lachen und Schimpfen lagen nah beieinander, wenn die Schlingel die Schweine als Reittiere benutzten oder die Stachelbeeren ernteten, bevor sie reif waren. Fritz' Schwestern freuten sich insgeheim an den Streichen und schüttelten kichernd die Köpfe. So hatten Willi und Ulrich drei Mütter. Sie wurden verwöhnt wie kleine Prinzen. Märchenhafte Möglichkeiten bot vor allem der Kaufmannsladen gleich auf der anderen Straßenseite. Man musste dort nicht sofort bezahlen. Die Kaufsumme wurde in ein Büchlein eingetragen, erst am Ende eines Monats war der Gesamtbetrag zu begleichen. Von diesem »Buch«, wie es einfach nur genannt wurde, machten Willi und Ulrich ausgiebigen Gebrauch. Oft versorgten sie auch ihre Freunde mit Brause und Bonbons. Und ihre Eltern machten keine ernsthaften Anstalten, es ihnen zu verwehren.

Doch die Wege, die die beiden Jungen beschritten, führten in ganz unterschiedliche Richtungen. Willi fiel das Lernen leicht, und sobald er lesen konnte, erschloss sich ihm eine neue Welt. Er verschlang ein Buch nach dem anderen, sodass er schon in kurzer Zeit alle Bücher der Schulbibliothek durchgelesen hatte und seine Mutter anbettelte, ihm neue zu kaufen. Anstatt mit Freunden oder seinem Bruder zu spielen, zog er sich oft mit den Kindern von Bullerbü, den Märchenhelden der Gebrüder Grimm oder Winnetou zurück. In den Wintermonaten täuschte er gar Erkältungen vor, um im Bett bleiben und lesen zu können. Mit Begeisterung schlüpfte er in die Hauptrollen des Weihnachtsmärchens, das die Dorfschule alljährlich in der Moorkate aufführte. Die Rolle des Bauernsohns dagegen behagte dem stämmigen Jungen mit den hellblonden Haaren immer weniger. Bald folgte er seinen Eltern nur noch unter Protesten aufs Feld.

Sein Bruder Ulrich dagegen, der wegen seiner rötlich blonden Haare als Rotfuchs bespöttelt wurde, zeigte in der Schule eher schwache Leistungen. Größtes Vergnügen bereitete es ihm, mit dem Trecker aufs Feld zu fahren – zuerst auf dem Schoß seines Vaters, dann auf dem Beifahrersitz. Und er war noch keine neun Jahre alt, als es ihm zum ersten Mal gelang, den Güldner allein in Bewegung zu setzen – zum Schrecken seiner Eltern, die zwar schimpften, sich insgeheim aber auch freuten über die landwirtschaftliche Leidenschaft ihres Jüngsten. Besonders Fritz war stolz auf Ulrich, der ihm auf zahlreichen Gebieten nacheiferte. Schon mit sieben suchte er Löwenzahn für sein erstes Kaninchen – und es machte ihm offensichtlich nichts aus, als Fritz es schließlich schlachtete. Im Gegenteil: Er schaute interessiert zu, wie sein Vater ihm einen Genickschlag versetzte. Den Braten allerdings rührte er später nicht an.

Und wie erging es Hanna? Ihr Leben drehte sich um Willi und Ulrich. Anders als bei Anna und Albert ließ sie es in ihrer Erziehung an jeder Art von Strenge fehlen. Sie schimpfte wohl, manchmal sogar laut, niemals aber schlug sie ihre Kinder. Besonders Willi, der noch an seiner Bronchitis litt, ließ sie vieles durchgehen. Und sie freute sich, dass er Gefallen am Lesen fand und sich Freiheiten nahm, von denen sie früher einmal selbst geträumt hatte. Doch auch Ulrich bereitete ihr in seiner derberen Art Vergnügen, denn das Bäuerliche, das sich in ihm ausformte, lag ihr natürlich ebenso am Herzen. Sie war ja Bäuerin mit Leib und Seele.

Ja, sie wusste jetzt, wofür sie sich abrackerte. Natürlich nicht für sich selbst. Was hätte das auch wohl bedeuten sollen. Dieses »Denk auch mal an dich selbst«, das ihr der alte Doktor Klawitter immer gepredigt hatte, führte doch nicht weiter. Nein, mit ihr selbst war ja nicht mehr viel los, da machte sich Hanna keine Illusionen. Aber ihre Kinder, die hatten die Zukunft noch vor sich. Stolz nahm sie die beiden aufs Rad, wenn sie Karfreitag nach Eggersen zum Abendmahl fuhr, einen vorne in den Korb über der Lenkstange, den anderen hinten auf den Gepäckträger. Und während sie in der Kirche war, kümmerte sich Schröders Lisa um die Kinder. Immer krähte irgendwo ein Hahn, wenn die Glocken zur Passionsandacht läuteten – was Hanna allerdings nicht etwa als Begleitmusik zu einem Verrat, sondern mehr als Ausdruck dörflicher Geborgenheit empfand.

Eine Art Höhepunkt im Jahreslauf war es für sie, Anfang Dezember mit Willi und Ulrich zu Weihnachtseinkäufen nach Walsrode zu fahren. Immer, so erschien es ihr im Nachhinein, hatte es geschneit an diesem Tag. Begeistert drückten sich die Kinder ihre Nasen an den Zugfenstern platt und staunten, wie die ersten Schneeflocken zur Erde rieselten – große Schneeflocken, groß wie Entenfedern. Dieser Schnee gab der Fahrt in die

Kleinstadt stets die Weihe des Festlichen, hob die kurze Bahnreise aus dem Alltag heraus, auch wenn Hanna dann abends auf der Rückfahrt mit voll gepackten Taschen vor Erschöpfung oft die Augen zufielen. Denn fast in jedem Geschäft quengelten und zeterten die Jungen, um ihre Mutter zum Kauf einer teuren Eisenbahn oder eines Spielzeuggewehrs zu überreden.

So trat ihr früheres Leben immer mehr in den Hintergrund. Anna hatte mittlerweile in Nebelhagen einen Bauern geheiratet und einen Sohn zur Welt gebracht. Oft kam ihr Bruder Albert mit seiner Familie zu Besuch. Die Landwirtschaft schuf eine zusätzliche Verbindung zwischen den Geschwistern. Nein, Anna brauchte ihre Hilfe nun nicht mehr – ein beruhigendes Gefühl.

Therese Odenwald war gestorben. Eines Tages Anfang der sechziger Jahre brachte ihr der Postbote den Trauerbrief mit dem schwarzen Rand. Ihr wurde schwer ums Herz, als sie den Namen der Freundin auf der Karte las: »sanft entschlafen«. Hoffentlich war der Tod wirklich so sanft über sie gekommen, dachte Hanna. »Sanft« – ja, vielleicht so sanft, wie sie einst in Ahrendsen mit ihr im Ehebett geschlafen hatte. Hanna erinnerte sich an die Wärme der Weggefährtin aus den Kriegstagen. Aber das lag weit zurück, das waren Nachrichten wie aus einer anderen Welt.

Täglich las Hanna jetzt die Todesanzeigen in der »Walsroder Zeitung«. Denn manchmal stieß sie dabei auf Namen von Menschen, die ihr einmal sehr nahe gestanden hatten. Die trug sie dann mit Geburts- und Sterbedatum in ihr Tagebuch ein, ohne Kommentar. Unter den Todesanzeigen stach ihr auch der Name von Pohlmanns Lene ins Auge, siebenundneunzig Jahre alt war die Besitzerin des Hotels zur Post geworden, die ihr damals geholfen hatte, ihre Selbstachtung wiederzufinden. Hanna war es immer so vorgekommen, als gehe das Alter spurlos an dieser Frau vorbei. Als sie in den fünfziger Jahren ihre frühere Dienststelle gelegentlich besucht hatte, war »Tante Lene«, wie alle sie genannt hatten, trotz ihrer Runzeln und Falten energiegeladen gewesen wie eh und je – klein, aber oho. Undenkbar, wie es im Hotel zur Post ohne sie weitergehen sollte, sie war ja die Seele des Hauses gewesen.

Noch einen anderen Todesfall aus Ahlden musste Hanna der Zeitung entnehmen: Willi war gestorben, ihr alter Freund Willi – »plötzlich und unerwartet«, stand in der Anzeige. Was da wohl hinter dieser Wendung stecken mochte? Doch Hanna fehlte es an Entschlusskraft, sich nach den genauen Todesumständen zu erkundigen. Das lag doch alles hinter ihr – auch wenn sie manchmal daran dachte, dass vielleicht vieles in ihrem Leben leichter gewesen wäre, wenn sie damals diesen Polizisten geheiratet hätte. Aber das waren immer nur kurze Tagträume, die in ihr aufwallten, wenn sie sich wieder einmal über Fritz geärgert hatte.

Im Übrigen hatte sie gar keine Ruhe dazu, über ihren Lebensweg nachzugrübeln. Die Tage waren schon so zu kurz für die viele Arbeit, die auf sie wartete. Im Winter, wenn es noch stockfinster war und alle anderen auf dem Hof noch in ihren Betten lagen, heizte Hanna schon den Küchenherd an, mit Schichten aus Zeitungspapier, Reisig, Holz und Torf – Torf, der jetzt nicht mehr im Moor gestochen, sondern gekauft wurde.

Der Strom der Zeit riss Hanna mit sich, ob sie es wollte oder nicht. Die Strudel der Vergangenheit wühlten nur noch ihre Träume auf. Tagsüber entzog sie sich dem Sog ihres Vorlebens. Nicht einmal ihrem Tagebuch vertraute sie sich in dieser Zeit an. Das holte sie erst viel später nach. Aber niemals mehr sprach sie über die Dinge, die ihr das Leben so schwer gemacht hatten. So erfuhren ihre Kinder nichts über den Selbstmord ihrer Mutter, nichts über die Ermordung Klawitters und nur ganz wenig über ihre erste Ehe mit Eduard. Wie Lore, Emmy und Fritz hatte eben auch Hanna ihre Geheimnisse. Sie begrub sie in ihrem Herzen – so tief, dass auch sie selbst nicht mehr darüber stolperte.

Ja, die Zeit verging immer schneller. Die Kinder wurden größer und größer, Hannas Haare färbten sich zuerst grau und dann schlohweiß, die Zähne mussten gezogen und durch eine Prothese ersetzt werden, und ihr Hüftleiden behinderte sie zusehends. Dennoch schaffte sie es immer noch, sich unter eine Kuh zu setzen – unter Erika, Erna, Alma und wie sie alle hießen. Längst schon hatte die Melkmaschine auf allen größeren Höfen Einzug gehalten. Doch davon wollte Hanna nichts wissen. Die gebrauchte Melkmaschine, die Willi ihr schließlich gekauft hatte, verrostete unterm Dachboden. Dieses Gewirr von Schläuchen und elektrischen Saugvorrichtungen, ach, das war ihr alles viel zu kompliziert und technisch. Und wozu auch? Das Melken an sich machte ihr ja Spaß. Das war doch schön, wenn die Milch im Eimer schäumte. Am schönsten unter freiem Himmel. Immer schwerer fiel es ihr nur, den Kühen nachzulaufen, wenn die nicht stehen wollten. »Erika«, hörte man sie dann schon von weither schreien. »Erika, wutt du woll stohn!« Da war sie dann mehr und mehr auf Fritz angewiesen, der ihr die Kühe heranholen und den Eimer leeren musste. »Fritz, Fritz, hörst du nich?«, schrie sie in solchen Fällen wütend vor Ungeduld durch die Allermarsch.

Fritz aber hatte es nur ganz selten eilig. Mit allem, was er auf dem Hof tat, ließ er sich Zeit. Die Arbeit war ja für ihn keine lästige Pflicht, die er gern schnell hinter sich bringen wollte. Die Arbeit war sein Leben. Und es kam nichts danach. Feierabend? Dieses Wort kannte er nicht. Feierabend, das war wohl für ihn der Tod. Wochenendvergnügungen mied er ebenso wie Einladungen zu Geburtstagen oder Silberhochzeiten. Hanna hatte das anfangs noch bedauert. Sie hatte ja immer so gern getanzt und gefeiert. Doch was sollte sie mit ihrer lädierten Hüfte noch über die Tanzfläche humpeln. So machte auch sie schließlich keine Anstalten mehr, ihren Mann zur Geselligkeit zu überreden. Seine Außenseiterrolle indessen ging ihr gegen den Strich. Vor allem zu ihren Leuten in Eggersen pflegte sie weiter Kontakt. Da versäumte sie keinen Geburtstag. Und als sie nicht mehr Rad fahren konnte, ließ sie sich von Willi kutschieren, der nun auch schon Führerschein und Auto besaß. Fritz dagegen kam aus seinen Gummistiefeln nicht heraus. Zwar legte er sich schon einmal tagsüber in seiner Arbeitskleidung aufs Küchensofa, wenn ihm danach war, aber dafür stand er auch schon mit den Hühnern auf und arbeitete bis tief in die Nacht. Noch gegen Mitternacht konnte man ihn im Rinderstall antreffen, wo er den Ochsen Heu vorgab. Und in den Sommermonaten radelte er oft noch nach dem Melken im Dunkeln zur Wiese jenseits der Aller, um die Rinder zu zählen, die dort weideten.

Betriebswirtschaftliches Kalkül lag dieser Arbeitshaltung nicht zugrunde. Die Bilanz aus Einnahmen und Ausgaben schien Fritz nicht zu interessieren. Er war stolz, wenn der Roggen gut stand und die Schweine schön fett waren. Aber was am Ende übrig blieb, lag jenseits seines bäuerlichen Horizonts. Irgendwie war er in der Nachkriegszeit stehen geblieben, als der Reichtum der Landwirtschaft noch schlicht in ihren Erzeugnissen bestanden hatte. Dass nun der Preisverfall nur noch durch rationelle Anbaumethoden aufzufangen war, wollte Fritz sich nicht zu Eigen machen. Solches Denken passte einfach nicht zu seiner Arbeitseinstellung und seinem Gefühl von Freiheit. Leider spiegelte sich die fehlende Anpassungsbereitschaft auf seinem Bankkonto wider: Die Schulden wuchsen. Und Fritz zog daraus die Konsequenz, eben weniger Geld für moderne Maschinen oder Gebäude auszugeben.

Damit nun brachte er seinen jüngsten Sohn Ulrich gegen sich auf, der bereits eine landwirtschaftliche Lehre begonnen hatte, um in die Fußstapfen seines Vaters zu treten. Doch je mehr er in der Schule und auf seinem Lehrhof lernte, Wirtschaftlichkeitsberechnungen anzustellen, desto größer wurde sein Unbehagen angesichts der väterlichen Misswirtschaft. Er, der seinem Vater als Kind in so vielen Dingen nachgeeifert hatte, machte Fritz nun bittere Vorhaltungen. »Du bringst noch den ganzen Hof unter'n Hammer, wenn du so weitermachst«, schrie er ihn an. »Merkst du gar nich, was du für'n Traumtänzer bist?« Fritz vermochte in solchen Vorwürfen nicht mehr zu sehen als persönliche Kränkung. »Ulrich«, hielt er seinem Sohn in solchen Momenten flehentlich entgegen, »besinn dich, mit wem du sprichst. Ich bin doch dein Vater. Denk an das Gleichnis vom verlorenen Sohn. Wir haben doch alles für dich getan, und du sollst den ganzen Hof doch mal kriegen, wenn wir nich mehr sind.« Aber so war Ulrich nicht zu besänftigen. »Scheiß was drauf«, gab der zur Antwort. »Den Schrott hier und deine Schulden, die behalt man selbst, den ganzen Mist.« Und schon im zweiten Lehrjahr ließ er seinen Worten nach endlosen Querelen schließlich Taten folgen. Er sagte der Landwirtschaft adieu. Aus seinem Zorn heraus entschloss er sich kurzerhand, auf eine Schlachterlehre umzusatteln. Dass er auch bei dieser Berufswahl von seinem Vater geprägt war, kam ihm nicht in den Sinn. Die Idee lag ganz einfach nahe. Er hatte ja schon als Junge auf dem Hof seiner Eltern beim Schlachten geholfen und auch in der Nachbarschaft den Strick gehalten, wenn ein Schwein abgestochen worden war.

Hanna gefiel es gar nicht, dass ihr Jüngster nun dieses blutige Handwerk erlernen wollte. Seine Klagen über die rückständige Landwirtschaft erinnerten sie an Albert, ihren Stiefsohn. Tröstlich stimmte es sie immerhin, dass Ulrich plante, schon bald mit seiner Freundin in ihr Hasenberghaus einzuziehen, das immer noch vermietet war. Damit, so schien es ihr, käme auch sie ihrem Elternhaus wieder näher.

Immer wahrscheinlicher schien es nun, dass sich keiner der Söhne bereitfinden würde, den Bauernhof fortzuführen. Willi, der Älteste, ursprünglich als Hoferbe ausersehen, beharrte auf seinem Wunsch, das Gymnasium zu besuchen. Anfangs hatte seine Mutter große Bedenken. Zum einen lag die Aussicht, eines ihrer Kinder könnte in die Welt der Gelehrten vorstoßen, jenseits ihres Vorstellungsvermögens. Zum anderen machte sie sich auch Sorgen über die Finanzierung der langen Ausbildung. Der Hof warf schließlich kaum etwas ab. Doch glücklicherweise wurde in dieser Zeit gerade eine staatliche Ausbildungsförderung eingeführt, die es auch Kindern aus sozial schwächeren Familien erlaubten sollte, die Hochschule zu besuchen. Kurzum: Am Ende war Hanna doch stolz, dass ihr Sohn den Weg zur Universität geschafft hatte. Nun studierte er Germanistik und Geschichte, um Lehrer zu werden. Ob er jemals ans Ziel kommen würde? Ob sie das noch erleben durfte? Immerhin wohnte Willi noch zu Hause. Und während der Semesterferien in der Erntezeit konnten sie auf seine Hilfe zählen.

Gerade jetzt, nach Ulrichs Auszug, kamen sie ohne ihn gar nicht mehr aus, wenn Korn gemäht oder Heu und Stroh eingefahren werden mussten. Dabei ging es zwischen Vater und Sohn nicht immer friedlich zu. Vor allem die Arbeitshaltung seines Vaters ließ Willi immer wieder an die Decke gehen – dieses Schneckentempo, das auch durch drohende Regenfälle nicht zu erschüttern war – und schon gar nicht durch Willis Pläne, die mit Ackerbau und Viehzucht nichts zu tun hatten. Während also Willi dauernd Druck machte, um wenigstens noch am Abend oder am Wochenende etwas Zeit für seine Freundin oder seine Bücher zu haben, bremste Fritz den Fortgang der Erntearbeiten durch allerlei Hemmnisse – mal war er einfach zu müde, mal musste die Strohpresse zur Reparatur in die Werkstatt.

Ein schwüler Julitag des Jahres 1975. Die Sonne sticht, die Schwalben fliegen tief. Ein Strohwagengespann zuckelt über eine Bruchwiese. Fritz steuert den Trecker, der die Heupresse und den dahinter gespannten Ladewagen über die Wiese zieht. Heubund für Heubund wandert über die Brücke der Presse auf den Wagen, auf dem Willi und Emmy bereitstehen, um Lage für Lage aufzuschichten. Wankende Gebäude aus trockenem Gras wachsen da in den blauen Himmel empor, als das Gespann über die Wiese holpert. Ein Gewitter droht. Eile ist geboten. Willi geht es viel zu langsam. »Schneller, schneller«, ruft er seinem Vater auf dem Trecker zu, der aber wegen des Motorenlärms nichts hört und gemächlich weiterfährt. Wütend schleudert Willi schließlich ein Heubund in den Trecker, worauf Fritz erschrocken anhält.

Endlich findet Willi Gehör, doch stößt er zunächst nur auf Bedenken. »Das geht doch nich«, wendet sein Vater ein. »Geht doch alles kaputt, wenn ich schneller fahr. Der ganze Wagen kippt doch um.« Willi bleibt unerbittlich. »Ich werd hier bald noch verrückt, wenn das so weitergeht«, schreit er seinen Vater an. »Alle andern haben ihr Heu längst im Trockenen. Guck bloß mal zum Himmel. Denkst du denn, die Sonne scheint ewig. Wenn es regnet, hast du genug Zeit, dich auszuschlafen. Aber doch nich auf'm Trecker. Also dalli jetzt, oder ich steig vom Wagen und hau ab.«

Fritz gibt sich geschlagen unter dem Wortschwall seines Sohnes. »Willi, Willi, wenn das man gut geht«, seufzt er noch, bevor er den dritten Gang einlegt und Gas gibt. Vollgas voraus. Zuerst jubelt Willi noch über diesen Erfolg, aber dann wird ihm angst und bange. Nein, so war das nicht gemeint. So schnell sollte es nun auch wieder nicht gehen. »Bist du verrückt«, brüllt er, als das Fuder bedenklich zu schwanken beginnt und Emmy sich schon schicksalsergeben ins Heu sinken lässt. »Du kannst doch nich überall gleich schnell fahren. Hast du denn gar kein Gefühl im Leib? Guck dich doch mal um, verdammt noch mal.« Immer verzweifelter werden die Rufe. Laut, aber unerhört. »Langsamer, langsamer, merkst du denn gar nichts mehr, verdammte Scheiße.« Und dann geschieht, was vorauszusehen war. Das fünf Lagen hohe Heuhaus beginnt zu rutschen – und Emmy und Willi rutschen mit und finden sich Sekunden später am Boden wieder. Immerhin eine weiche Landung im Heu. Fritz fährt noch hundert Meter weiter, bis er merkt, dass er Ladung und Mitarbeiter verloren hat.

Natürlich sieht er sich durch dieses Missgeschick bestätigt. »Hab ich doch gesagt, dass es nich schneller geht, aber du willst ja nie auf mich hören«, hält er seinem Sohn triumphierend entgegen. Und dem fehlen für eine vernünftige Erwiderung die Worte. »Mach doch deinen Mist allein. Hat doch alles keinen Sinn mehr«, schreit er. »Is doch sowieso alles egal.« Emmy versucht ihren Neffen zu besänftigen. »Nu hör man auf zu schimpfen, dafür isses viel zu heiß. Wenn es so heiß is, dann darf man nich so viel schimpfen, sonst kriegt man mit einem Mal einen Hitzeschlag und is tot.« Schnaubend vor Zorn wischt Willi ihre Worte beiseite. »Ach, hör doch bloß auf mit dem blöden Gequatsche. Ich hab keine Lust mehr, hier in der Sonne zu braten.«

Aber dann muss das Heu natürlich wieder aufgeladen werden, und im Zuckeltempo geht es weiter, bis Fritz unvermittelt anhält, weil er eine Pinkelpause machen muss, wie er sagt. In Willi brodelt es immer noch, sodass er keinerlei Verständnis für solche Verzögerungen aufbringen kann. »Watt wutt du eigentlich?«, schreit er seinem Vater auf Plattdeutsch entgegen. »Mok doch endlich Schluss, wenn du nich mehr kannst.« – »Willi, Willi, so darfst du nich reden«, antwortet sein Vater maßvoll entsetzt. »Wir haben doch alles für dich getan.«

Und so zuckeln sie weiter und schaffen es doch noch, Heufuder für Heufuder und Strohfuder für Strohfuder in Scheune und Schuppen zu bringen. Und das Leben auf dem Hof schleppt sich weiter dahin. Immer weiter.

Hannas Beitrag zur Landwirtschaft beschränkte sich nun auf das Melken. Doch auch im Haus hatte sie noch genug zu tun – mehr, als sie eigentlich schaffen konnte. Waschen, Putzen, Essen kochen und im Sommer und Herbst noch Berge von Gemüse einmachen – es wuchs ihr alles über den Kopf. Immer und überall sah es so unordentlich aus, aber sie schaffte es einfach nicht mehr, dem Chaos Einhalt zu gebieten. Und mit Wehmut dachte sie daran, wie piekfein und blitzsauber es einst im Hotel zur Post gewesen war. »Mir muss keiner was von ordentlichem Haushalt erzählen«, entgegnete sie, wenn Willi sich über die Unordnung beklagte. »Ich bin schon in andern Häusern gewesen. Da hat sich keiner darüber beschwert, dass ich zu unordentlich bin. Aber hier kommt man ja einfach nich mehr an gegen all den Dreck.«

Nein, Hanna war in keiner glücklichen Lage. In einem fort

rackerte sie sich im Haushalt ab, um alle einigermaßen zufrieden zu stellen. Und gleichzeitig spürte sie, dass es niemand wirklich schätzte, wie sie trotz ihrer Gebrechen und Schmerzen das Letzte aus sich herauszuholen versuchte. Vor allem ihre Schwägerinnen guckten sie schief an, weil sie nicht mehr mit aufs Feld ging, sich aber trotzdem noch das Recht nahm, Anweisungen zu geben. Und manchmal entluden sich die Spannungen zwischen Hanna und Emmy auch in einem furchtbaren Gewitter, das mit bitteren Tränen auf beiden Seiten endete.

Und die neue Zeit machte natürlich auch um Frenzens Hof keinen Bogen. Vorbei war die Zeit, als die Wurst noch in der Schweineküche gemacht wurde. Nun wurden die Schweine außer Haus geschlachtet, anfangs noch bei einem Metzger im Dorf. Und wenn Emmy und Lore, oft begleitet von Fritz, jetzt eine Sau über den Hof trieben, dann konnte man rätseln, ob es zum Bassen ging oder zum Schlachter, ob sie das träge Tier zur Liebe trieben oder in den Tod.

Der Kuhstall leert sich

Düster und grau war dieser Novembertag. Feiner Regen nieselte aus milchigem Dunst auf die Erde herab – unablässig, leise. Die Haare wurden einem feucht, ohne dass man es merkte. Über allem lag diese herbstliche Nässe. Die Steinplatten auf dem Hof waren glitschig davon. Besonders kalt war es noch nicht, aber es fröstelte einen, wenn man ins Freie trat. Erst am Tag zuvor hatten sie die Kühe in den Stall geholt. Dampf war von den feuchten Leibern der Tiere aufgestiegen. Hanna war froh, dass sie nicht mehr im Dunkeln, morgens und abends, mit Fritz auf die Wiese tuckern und die Kühe aus dem Nebel rufen musste. Immer schwerer war es ihr in diesem Sommer gefallen, sich mit ihrer schmerzenden Hüfte auf den Trecker zu hieven und unter die Kühe zu hocken. Da war es im Stall leichter. Auch gemütlicher. In aller Seelenruhe leckten die Kühe jetzt das Schrot auf, das Fritz ihnen in die Steinrinne streute, sie mampften das Heu in sich hinein und kauten es wieder und wieder. Ein Bild der Ruhe und des Gleichmuts, das Hanna immer geholfen hatte, zu ihrem inneren Frieden zu finden.

Wärme und Vertrautheit lagen für sie darin – seit ihrer Kindheit war ihr Leben stets zu diesem Ruhepol zurückgekehrt. Doch das hatte nun ein Ende. Am nächsten Tag sollten die Kühe abgeholt werden: Erika, Alma, Gerda, Elly, Hertha, Anni, Dora und Lotti – alle acht. Hanna hatte sich dagegen gewehrt, daran zu denken. Wie gewohnt molk sie die Euter leer bis auf den letzten Milchtropfen. Doch zärtlicher als sonst cremte sie an diesem Abend die Zitzen mit Melkfett ein und gab ihren guten trägen

Tieren einen Klaps auf die knochigen Hinterschenkel. Bleischwer lag ihr dieses Gefühl im Magen, dass etwas zu Ende ging, das ihr Leben bisher zusammengehalten hatte. Immer schon waren ihr Veränderungen verhasst gewesen. Aber diese Veränderung hatte sie sich ja selbst gewünscht. Sie hatte Fritz gedrängt, endlich ein Einsehen zu haben, Schluss zu machen. Seitdem sie vor einem Jahr die Abschlachtprämie bekommen hatten, war die Milch ja praktisch wertlos geworden. Sie hatten für jede Kuh gut tausend Mark kassiert und sich dafür verpflichtet, keine Milch mehr an die Molkerei zu liefern. Da die Kühe aber noch im besten Alter gewesen waren, hatten sie es nicht übers Herz gebracht, sie sofort zu verkaufen, und sich stattdessen entschlossen, die Milch einstweilen an die Kälber und Schweine zu verfüttern, weiter wie bisher die kleinen Kannen der vier Direktabholer zu füllen und zu buttern – zu buttern wie in alten Zeiten. Zu diesem Zweck war eine gebrauchte Zentrifuge angeschafft worden, ein altes Butterfass hatte noch auf dem Dachboden gestanden.

Aber wie mühsam war das gewesen. Zuerst musste der Rahm abgeschöpft werden – eine Arbeit, die Emmy mit Hilfe der Zentrifuge erledigte, jenes Separators, der mit einer Handkurbel in Bewegung gesetzt wurde. Viel Milch war nötig, um ein wenig sämige Sahne zu gewinnen. Daraufhin musste der Rahm mehrere Tage lang kühl stehen und so lange im Butterfass gestampft werden, bis er sich in eine cremige Masse verwandelt hatte und die dünnflüssige Buttermilch ausgepresst war. Stunden konnte das Stampfen dauern, je länger, desto besser. Hanna und Emmy übernahmen abwechselnd diese anstrengende Arbeit. Ausschließlich Hannas Aufgabe war es dann aber, die Butter zu waschen und so zu salzen und zu kneten, dass sie richtig fest wurde. Und was kam bei all dem Melken und Kurbeln, Stampfen und Kneten heraus? Drei Kilo Butter, wenn sie Glück hatten. Der Preis, den sie am Ende bei nörgelnden Abnehmern für das Endprodukt erzielten, stand in keinem Verhältnis zu den Mühen.

Willi, der inzwischen als Referendar in einem Gymnasium in Verden untergekommen war, beteiligte sich am Verkauf der Butter. Er bot sie seinen Kollegen an und erntete dafür manchen Spott. Dabei war es mehr ein symbolischer Preis, den sie zahlten, erzielt für eine Arbeit, die längst wertlos geworden war. Zwei Mark für das halbe Pfund, damit lag der Stundenlohn bei fünfzig Pfennigen. Doch für Hanna spielten solche Wirtschaftlichkeitsberechnungen keine Rolle. Ihr kam es darauf an, die Milch einer halbwegs sinnvollen Verwendung zuzuführen. Immer noch besser, als sie in den Schweinetrog zu schütten. Dennoch musste Hanna stets gegen die lähmende Einsicht ankämpfen, dass niemand mehr ihre Arbeit zu schätzen wusste.

Wie anders war das doch in der Kriegszeit gewesen, als ihre Milch begehrt gewesen war wie flüssiges Gold. Natürlich sehnte sie sich nicht zurück nach diesen bangen Tagen. Sie musste ja nicht am Hungertuch nagen. Wenn nur diese ewigen Schmerzen nicht gewesen wären. Nein, so konnte es nicht weitergehen. Es ging einfach nicht mehr.

Und so stand sie nun an diesem dunklen Novembermorgen zum letzten Mal im Kuhstall. Die Wehmut des vorangegangenen Abends war verflogen. Jetzt mussten die Kühe noch schnell von ihrer weißen Fracht befreit werden, bevor der Viehwagen kam. Wer wusste denn, wie lange sie noch unterwegs sein würden auf ihrer letzten Reise. Emsig molk Hanna Kuh für Kuh, während es allmählich zu dämmern begann.

»Steh, Hertha, steh«, ruft sie der Kuh mit dem prallsten Euter zu, die erst vor acht Wochen gekalbt hat – der vertraute Ruf, aber er klingt milder als sonst. Und dann ist es schließlich soweit. Hanna hört, wie hinter dem Stall ein schwerer Lastwagen bremst. Türen klappen. »Fritz, Fri-hitz«, ruft Hanna. »Sie sind da, komm, beeil dich, mach zu.« Verschlafen kommt Fritz schließlich in den Stall geschlurft, während gleichzeitig die beiden Männer aus dem Viehtransporter eintreten. »Na, dann wollen wir mal«, sagt der ältere der beiden, den Hanna schon von früheren Viehverladungen kennt. »Is nich so leicht, sich von den Kühen zu trennen, was?«, spricht er Hanna unsicher an. »Nee, leicht is das nich«, erwidert Hanna, dankbar für das unerwartete Mitgefühl. »Aber es geht ja einfach nich mehr.«

Die Verladung der Kühe geht sehr ruhig vonstatten, ganz anders, als wenn Bullen verkauft werden. Hanna lässt es sich nicht nehmen, die Kühe von den Staken loszuketten und ihnen zum Abschied einen Klaps auf den Hals zu geben. Kuh für Kuh trottet so mit den Männern aus dem Stall, ganz zutraulich, ohne jeden Argwohn. Das ändert sich jedoch, als die Tiere bei der heruntergelassenen Klappe des Viehwagens ankommen. Obwohl sie mit Stroh bestreut ist, verlieren die Kühe bei diesem Anblick ihr Vertrauen. Besonders Hertha stemmt sich mit aller Macht gegen den kurzen Gang über die Rampe. »Hopp, hopp, hopp«, schreit der jüngere der Treiber. In seiner Ungeduld schlägt der Mann mit einem Gummiknüppel auf das Tier ein. »Komm, komm, komm«, lockt der Ältere vom Wagen her mit ruhigerer Stimme, während er an dem Strick zieht, der an den Hörnern der Kuh befestigt ist. »Öha, öha, deine Schwestern sind doch auch schon oben«, ulkt der erfahrene Viehfahrer. Doch es hilft nichts. Das massige Tier bewegt sich nicht von der Stelle. Jetzt scheint sich die Unruhe auch bei den Kühen auszubreiten, die schon auf dem Transporter sind. Geschiebe und Gedränge setzt auf dem Wagen ein. Die Schwarzbunten beginnen zu muhen und gegen die Metallwände zu treten. »Ich hab jetzt die Faxen dicke«, brüllt schließlich der jüngere der beiden. »Ich nehm den Elektrotreiber. Mir reicht das jetzt.«

Da kann Hanna sich nicht mehr länger zurückhalten. »Ihr macht die Kuh ja ganz verrückt«, schimpft sie. »Die lässt sich doch nich ziehen. Entweder die geht allein oder gar nich.« Und schon humpelt sie schwerfällig durch den Stall auf den Viehwagen zu. »Jetzt komm' du man erst mal weg da«, herrscht sie den Treiber mit dem Gummiknüppel an, der achselzuckend gehorcht. Hanna tritt an die Rampe. »Komm, Hertha, komm«, redet sie auf die Kuh ein. Und prompt setzt sich Hertha in Bewegung.

Wenige Minuten später waren auch die restlichen Kühe verladen. Wieder klappten Türen, und der schwere Transporter tuckerte langsam los. Die Kühe streckten ihre Köpfe aus den Luken und blickten mit ihren großen Augen auf den Hof zurück. Hanna sah ihnen nach, bis der Viehwagen in die Hauptstraße einbog. Wie die Kühe sie angeguckt hatten. Verraten und verkauft mussten die sich wohl fühlen. Aber sie hatte ja einfach keine Wahl gehabt, tröstete sich Hanna. Und irgendwann wären sie sowieso abgeholt worden. »Das ist so beim Vieh wie bei den Menschen: Irgendwann geht alles zu Ende«, war später in ihrem Tagebuch zu lesen.

Mühsam bewegte sich Hanna an diesem düsteren Novembertag ins Haus zurück. Sie vermied es, durch den leeren Stall zu gehen.

Licht und Schatten

Das Leben auf dem Hof verlor nun nach und nach seine Fixpunkte. Nach den Kühen wurden die Rinder und Schweine verkauft, und auch das Land bestellten im folgenden Frühjahr andere. Willi hatte alle Felder und Wiesen verpachtet. Der Junglehrer, dem das Anwesen als ältestem Sohn überschrieben worden war, hatte die Aufgabe des Hofes mit aller Macht vorangetrieben, als er entdeckt hatte, dass sein Vater immer unbedachter Schulden machte, mit dem maroden »John Dere« in die Landmaschinenwerkstatt fuhr oder eine neue Egge kaufte, obwohl die ganze Ackerei gar nichts mehr einbrachte. Je klappriger und müder Fritz wurde, desto entschlossener aber stemmte er sich gegen das Ende. »Wovon sollen wir denn leben?«, war die Standardfrage, die er seinem Sohn entgegenhielt. Und als der ihm schließlich vorrechnete, dass ihnen Pacht und Rente ein viel besseres Auskommen bescheren werde als die sinnlose Plackerei, stellte Fritz seinem Sohn eine neue Frage: »Was soll *ich* denn jetzt machen?«

Die Antwort fand der alte Bauer selbst: Er begann Holz zu hacken, Berge von Holz. Ständig hatte Willi ihm Nachschub zu beschaffen: Stämme von Kiefern und Birken, die in kurze Enden zersägt werden mussten, sodass Fritz die Holzscheiben bequem mit der Axt spalten konnte. Immer langsamer wurden seine Hackbewegungen. Es kostete ihn sichtlich Mühe, die Axt zu heben, um sie dann niederfahren zu lassen. Aber es ging. Schließlich brachte er jedes Holzstück zum Bersten. Nur im Zeitlupentempo kam er mit der Arbeit voran. Aber das war ganz egal.

Das Klacken der Axthiebe bestimmte jetzt den Rhythmus des Hoflebens. Jeden Tag schleppte sich Fritz Frenzen zum Hackeklotz, und die Holzstapel wuchsen ihm über den Kopf. Natürlich zweifelte niemand daran, dass dieses Holz tatsächlich gebraucht wurde. Immerhin gab es ja im Haus neben der Gasheizung auch noch einen Holzofen. Da war die Arbeit ja nicht sinnlos. Doch nicht einmal Fritz selbst war sich ganz sicher, ob es sich noch lohnte, morgens aufzustehen und zum Beil zu greifen.

Die Hofaufgabe hatte ihn getroffen, das war nicht zu übersehen. Von einem Tag auf den anderen ging er gebeugt, so als sei er über Nacht um zwanzig Jahre gealtert. Und wenn auch seine Haare noch recht voll waren und ihm erst wenige Zähne fehlten, war jetzt doch deutlich zu erkennen, dass er die siebzig weit überschritten hatte.

Die Scheunen waren noch voll von Heu und Stroh, die Ställe dagegen verwaist, abgesehen von einem einsamen Schwein, das von den Küchenabfällen lebte. Nur noch drei altersschwache Hühner scharrten und pickten im Sand. Obwohl sie gelegentlich gackerten, waren schon lange keine Eier mehr gesichtet worden. Die hatten sie wohl irgendwo unter den Stachelbeerbüschen versteckt – wenn sie überhaupt noch welche legten. Fritz schaffte es nicht mehr, sie zu fangen und in den Hühnerhimmel zu befördern. Im Jahr zuvor waren noch Enten über den Hof gewatschelt – wie ein Kind hatte Fritz sich an dem Anblick ergötzt. Doch Enten-Martini war lange verstrichen, ehe er die Kraft fand, das Federvieh zu schlachten. Emmy hatte sie ihm gefangen. Welch ein jämmerlicher Anblick war es gewesen, als sie am Balken gehangen und noch eine ganze Weile gezappelt hatten. Fritz hatte mit dem Beil nicht immer richtig getroffen, sodass bei einigen noch der Kopf am Hals hing.

Auch Fritz' Schwestern waren alt geworden. Ihnen fehlte es am rechten Lebensmut, auch wenn ihre Renten es ihnen erlaubten, sich mit Hilfe von Versandhauskatalogen kleine Wünsche zu erfüllen – einen neuen Pullover oder Spielzeug für die Enkelkinder. Einzig die Geburtstage mit Frankfurter Kranz und Erdbeerboden, Kaffee und Schlagsahne leuchteten wie kleine Lichtpunkte aus ihrem grauen Alltag auf. Da kamen dann auch gelegentlich ihre Kinder und Enkelkinder, die sie sonst nicht mehr oft besuchten. Lore wohnte immer noch in dem früheren Backhaus neben dem Schweinestall. Einsam und lang waren ihre Abende vor dem blau flimmernden Fernsehapparat. Das Alter hatte sie in eine Zwergin verwandelt. Ihre Enkeltochter überragte sie mit ihren elf Jahren schon. Ute, ihre Älteste, war ins Bergische Land übergesiedelt – in die Heimat des untreuen Vaters. Als sie dort dessen Schwester, ihre Tante Maria, besucht hatte, war sie gleich geblieben. Sie hatte sich in einen jungen Mann aus dem Dorf verliebt, dem Heimatdorf von Alfons, ihrem Vater. Lore regte sich anfangs darüber auf, dass ihr Verflossener ihr nun gewissermaßen aus dem Jenseits auch noch die älteste Tochter wegschnappte. Aber dann lernte sie ihren künftigen Schwiegersohn Josef kennen, den alle Jupp nannten, und war doch froh, dass Ute einen so freundlichen, ruhigen Mann heiraten wollte. Später war es für sie immer wie eine Urlaubsreise, wenn sie sich auf den weiten Weg von der Lüneburger Heide ins Bergische Land machte.

Emmy dagegen versank immer mehr in Schlaf. Schon früh am Abend schlummerte sie vor dem Fernsehgerät ein, und oft stand sie erst gegen Mittag wieder auf. Mehr denn je fühlte sie sich nach der Hofaufgabe wie eine nutzlose Kostgängerin. Nur im Gemüsegarten machte sie sich bisweilen noch zu schaffen – pflanzte und hackte, wie sie es immer getan hatte. Aber das Franzosenkraut überragte schließlich ihre Möhren und Gurken, sodass die Ernte mager ausfiel. Franzosenkraut, was für ein Wort. An der Wand ihrer kleinen Schlafkammer hing ein Foto von Klaus, dessen frühen Tod sie nie verwunden hatte. Hanna ging sie am liebsten ganz aus dem Weg. Sie spürte, dass die es missbilligte, wie sie sich hängen ließ. Nur die Besuche von Susanne, ihrer Tochter, vermochten sie aus ihrer Erschlaffung zu reißen.

Aber leider kam Susanne nicht mehr oft nach Moordorf. Sie hatte ja in einen Bauernhof eingeheiratet und dort nicht nur ihren Sohn zu versorgen. Doch es schmerzte sie, wie ihre Mutter immer müder und schwermütiger wurde. Und als Emmy schließlich an einem Magengeschwür erkrankte, entschloss sie sich, sie in ihr Haus zu holen. Anfangs freute sich Emmy, nun immer so nah bei ihrer Tochter sein zu können. Aber schon bald fehlte ihr der vertraute Hof, die Erde, mit der sie ihr Leben lang verbunden gewesen war. »Ich muss unbedingt wieder in den Garten, da ist ja bald alles von Kraut überwuchert, wenn ich da nicht mal tüchtig hacke«, bedrängte sie eines Tages ihre Tochter. Doch dazu fehlte ihr in Wirklichkeit längst die Kraft. Dennoch gelang es ihr, sich eines Nachts aus dem Haus zu schleichen und durch die Dunkelheit in die Allermarsch zu wandern. Glücklicherweise wurde sie dort schon nach einer kurzen Suchaktion entdeckt und wohlbehalten nach Hause gebracht. Niedergeschlagen, aber mit sanftem Gleichmut fügte sie sich in ihr Schicksal und kam nun bald fast gar nicht mehr aus dem Bett heraus. Wozu auch?

So leerte sich das Bauernhaus. Willi, der eine Lehrerstelle in Lüneburg übernommen hatte, besuchte seine Eltern nur noch am Wochenende. Und Ulrich, der Schlachter, wohnte ja nun seit einiger Zeit im Hasenberghaus in Eggersen. Hanna genoss es, auf diese Weise wieder in ihr Elternhaus zurückkehren zu können – zumindest zeitweise, wenn Ulrich und seine Frau Renate zu einer Feier eingeladen waren und jemanden benötigten, der auf die beiden Töchter Heike und Karin Acht gab.

Ja, Hanna hatte die Hofaufgabe wohl am besten von allen überstanden. Körperlich ging es ihr zwar schlecht – das Hüftgelenk war trotz mehrerer Operationen immer mehr aus der Form geraten, sodass sie sich nur noch mit Mühe vorwärts bewegen konnte, die Wunden an den Beinen waren chronisch entzündet und eitrig, und auch auf ihr Herz war kein Verlass mehr. Aber sie hatte sich an die Behinderungen gewöhnt. Und überraschenderweise war sie schnell über den Verkauf der Kühe hinweggekommen, indem sie sich eingeredet hatte, wie viel leichter ihr Leben nun sein würde. Und das stimmte ja auch: Endlich, endlich war es vorbei mit dieser Quälerei. Sie schätzte sich glücklich, morgens nicht mehr in aller Frühe in den Stall oder auf die Wiese zu müssen und abends in Ruhe die Zeitung lesen zu können – oder Bücher, die Willi ihr mitbrachte. Liebesromane waren es, die sie bevorzugte, Geschichten voller Leidenschaft, die aber möglichst glücklich enden mussten. Sie lebte darin. Und wenn Willi am Wochenende nach Hause kam, berichtete sie ihm lachend von ihren Leseabenteuern. Auch literarische Klassiker machte der Lehrer seiner Mutter schmackhaft. Oft brach sie die Lektüre schnell wieder ab. Einen Roman wie »Effie Briest« aber verschlang sie von der ersten bis zur letzten Seite.

Mit ganz besonderem Interesse studierte sie die Geschichte der Prinzessin von Ahlden. Sie konnte gar nicht genug davon bekommen – ob Roman oder Chronik, sie wühlte sich immer tiefer in die Tragödie hinein und diskutierte mit Willi das Schicksal dieser Frau, als habe es gerade erst seinen Lauf genommen. Fritz dagegen bereitete ihr wenig Freude. Er war zeitweise ganz durcheinander, redete dummes Zeug von Kälbern, die unbedingt noch getränkt werden mussten, von den Pferden, die sie in einem kleinen Schuppen vergessen hatten, oder der Allerwiese, wo angeblich der Maulwurf wütete. »Hanna, oh Hanna, sei doch vernünftig«, quengelte er dann beharrlich. »Da muss doch einer was machen.« Hanna konnte sich nicht damit abfinden, dass sein Geist sich zu verwirren begann. Sie nahm ihn weiter ernst, und es machte sie zornig, wie er zusehends zu einem kleinen Kind wurde und sich immer weiter aus der Wirklichkeit entfernte. Sie war froh, wenn sie es draußen klacken hörte und er wieder mit seiner Holzhackerei beschäftigt war. Da ging er ihr wenigstens nicht auf die Nerven.

Je einsamer es auf dem Hof wurde, desto emsiger bemühte sich Hanna um Außenkontakte. Sie kaufte an einem Bäckerwagen Berge von Mohnstreifen und Schnecken, um ihre vielen Besucherinnen zu bewirten, und lockte damit nicht nur ihre alten Bekannten aus Eggersen an, sondern auch Zugezogene aus dem Dorf. Gern unterhielt sie sich mit einer alten Lehrerswitwe aus Ostpreußen, die Hanna über das Dorfleben auf dem Laufenden hielt und immer auch ein offenes Ohr für ihre Lebensgeschichte hatte. Dieser Walburga vertraute sie Episoden an, die sie ihren Kindern stets verheimlicht hatte. »O Frau Frenzen, da haben Sie ja was durchgemacht«, pflegte die Freundin respektvoll zu bemerken. Und Hanna war stolz, dass sie diese gebildete Frau mit ihren Erinnerungen in solches Erstaunen versetzen konnte. Dankbar für die Resonanz horchte sie dann auch auf, wenn Walburga von den Schönheiten ihrer Heimat und den Dramen von Flucht und Vertreibung erzählte.

In Schwung hielten sie aber besonders ihre Enkelkinder Heike und Karin, die nun schon drei und fünf Jahre alt waren. Die beiden freuten sich immer auf ihre Besuche, weil sie nicht nur Schokolade, sondern stets auch neue Bücher mitbrachte, aus denen sie vorlas. Willi besorgte ihr den Lesestoff aus der Bücherei. Von ihren Eltern waren die beiden in dieser Hinsicht nicht verwöhnt. Ihr Vater Ulrich hatte mit Büchern noch nie viel im Sinn gehabt, und dessen Frau Renate lebte in ständiger Unruhe, sodass sie immer das Gefühl beherrschte, keine Zeit für so einen Luxus wie Vorlesen zu haben. Hanna machte sich Sorgen um diese nervöse Frau, die ihren Beruf als Verkäuferin aufgegeben hatte, als das erste Kind gekommen war. Die blasse, magere Frau mit den schulterlangen, dünnen blonden Haaren entstammte einer kinderreichen Familie aus Walsrode. Sie hatte Ulrich geheiratet, als sie gerade neunzehn geworden war, wohl vor allem, um der häuslichen Enge zu entrinnen. Hanna spürte, dass ihre Schwiegertochter in Eggersen unglücklich war, keinen Kontakt zu den Leuten im Dorf fand und ständig darüber klagte, wie sie mit allem überfordert war: dem großen Garten, den Kindern und ihrem Mann, der leichtfertig Schulden machte und immer häufiger spät in der Nacht torkelnd nach Hause kam.

Ja, im Hasenberghaus hatte sich vieles verändert. Wo früher das Pferd gestanden hatte, befand sich jetzt das Badezimmer, und der kleine Kuhstall war zu einem gefliesten Flur geworden. Anstelle der früheren Holzleiter führte nun eine Kiefernholztreppe in die obere Etage, in der schon lange kein Stroh mehr gelagert wurde. Schlaf- und Kinderzimmer waren dort entstanden. Die Deckenbalken immerhin waren die gleichen wie vor fünfzig Jahren, die guten alten Balken. Schön, dass sie frei lagen mit all ihren Rissen und Unebenheiten. Traurig dagegen stimmte es Hanna, dass Ulrich die schöne Küchentür mit den bunten Fenstern herausgerissen und durch eine hellbraune Tür aus dem Baumarkt ersetzt hatte. »Dieses alte wurmstichige Ding is doch Schrott«, entgegnete er, als Hanna Bedenken anmeldete. »Und dauernd fühlt man sich beobachtet, wenn man in der Küche sitzt.« Hanna hatte das Gefühl, ihr sei mit dieser lichtdurchlässigen, liebevoll verschnörkelten Küchentür ein Eingang zurück in die Kindheit genommen worden. Irgendwie kam ihr die Küche nun verrammelt vor, wenn sie mit den Kindern darin saß.

Aber nichts war ja mehr wie früher. Das ganze Dorf hatte sich verändert. In den rot geklinkerten Häusern wohnten jetzt andere Menschen, andere Kinder spielten auf den Straßen. Und die Kinder, mit denen Hanna einst gespielt hatte, waren längst tot oder alt und gebrechlich wie sie selbst, und viele waren in alle Winde verstreut.

Ein milder Frühlingsmorgen. Hanna humpelt von ihrem Elternhaus mit dem Stock über die Hauptstraße, um ihrer alten Freundin Lisa einen Besuch abzustatten. Da hört sie, wie auf dem Hof bei Kaufmann Cohrs ein Pferd wiehert. Es geht ihr durch und durch, wie ein Ruf aus einer anderen Zeit. Sie steht einen Moment lang still und schließt die Augen. In diesem Augenblick beginnen die Kirchenglocken zu läuten. Hanna muss lächeln: Wie früher, ganz wie früher, geht es ihr durch den Kopf. Da reißen sie quietschende Bremsen aus ihrer Träumerei. Keinen Meter von ihr entfernt hält ein Auto. »Na, das is ja grade

noch mal gut gegangen«, schimpft der Fahrer aus dem Seiten-
fenster. »Ist Ihnen nich gut, kann ich Ihnen helfen?«, fährt der
Mann in mitleidsvollem Ton fort, als er die alte Frau näher betrachtet hat. »Is schon gut, is schon gut«, antwortet Hanna mit
abwehrender Handbewegung. »Ich komm schon allein zurecht,
besten Dank.« Und etwas hastiger stöckelt sie weiter, jeder
Schritt scheint ihr schwer zu fallen. Doch dieses Wiehern und
die Kirchenglocken hallen in ihrem Innern nach.

Und dann stellt sie sich vor, dass es neben dem sichtbaren Le-
ben im Dorf noch ein unsichtbares Leben gibt. Gespeist vom
Geist der Menschen, die in den vielen, vielen Jahrzehnten und
Jahrhunderten zuvor in diesem Dorf ihre Kindheit verbracht, die
Schule besucht, gefeiert, geliebt, gelärmt und gearbeitet haben.

Wo die wohl alle sind? Vielleicht haben sie sich ja in Luft aufgelöst und lassen sich jetzt mit dem Wind durch die leeren Straßen treiben. Leicht und luftig. Hanna vergnügt sich an diesem
Wortgespann: leicht und luftig.

Ja, langsam wurde sie auch schon ganz kindisch.

Ein Wolkenberg hatte sich vor die Sonne geschoben. Während Hanna durch Schatten spazierte, leuchtete hinter ihr das
Hasenberghaus noch strahlend rot im Glanz der milden Sonne.
In einem fort wechselten Licht und Schatten an diesem wechsel-
haften Frühlingstag.

Es ist ein Schnitter

Die Tage und Wochen gingen dahin und verflogen wie Rauch. Der Sommer war kühl und regenreich, und die Bauern hatten ihre liebe Not, an den wenigen Sonnentagen ihr Korn ins Trockene zu bringen. Zum Glück hatten die Leute auf dem Frenzen-Hof diese Hast der Erntezeit ein für allemal hinter sich gelassen. Hanna war nur noch damit beschäftigt, Gurken und Bohnen einzuwecken, die ihre Schwiegertochter Renate ihr aus dem Kohlgarten brachte – klagend fast immer. Sie klagte über die Schulden, gegen die sie nicht mehr ankamen, und sie klagte über ihren Ulli, dem alles egal zu sein schien, wenn er nur sein Bier kriegte. Auch über ihre Ängste stöhnte sie. Abends, wenn sie allein im Haus sei, höre sie es auf dem Dachboden rumpeln und rumoren, erzählte sie. Nur ein Marder? Nein, mit dieser Erklärung wollte sie sich nicht zufrieden geben. »Nee, das is kein Marder, das is was anderes«, seufzte sie. Ja, immer diese Angst, »in einer Tour diese Angst«, sagte sie. Ihr graute vor fast allem, insbesondere vor der Zukunft.

Hanna kam das alles bekannt vor. Es erinnerte sie an ihre Mutter. Sie mochte diese ewigen Klagen auch gar nicht mehr hören. Sie war dankbar, wenn Heike und Karin sich in den Vordergrund schoben. Bereitwillig gab sie den beiden Mädchen immer ein paar Groschen für Süßigkeiten und ließ es zu, wenn sie Eimer und Schalen voll Wasser füllten und damit matschten und planschten. Hanna war froh, dass auf diese Weise noch ein bisschen Leben ins Haus kam. Denn Fritz schleppte sich jetzt immer seltener zum Hackeklotz. Die meiste Zeit lag er auf dem Sofa und gab seine irren Kommandos. Immer tiefer versank er in seiner eigenen Vergangenheit. Oft fuhr er angstvoll schreiend aus seinen Tagträumen auf und durchlebte noch einmal die Schrecken seiner Kriegsjahre in Frankreich. Hanna wurde immer böse, wenn er seine »Anfälle« bekam.

Und so wirr wie im Kopf des alten Bauern sah es auch auf dem Hof aus. Überall wucherten Brennnesseln und Brombeerbüsche. Und Willi unternahm wenig gegen die Dornröschenwildnis, wenn er am Wochenende nach Hause kam. Der war froh, sich in seine Bücher versenken zu können.

So wuchs auch das weinumrankte Backhaus langsam zu, in dem Lore immer noch ihr stilles Leben lebte. Nur selten sah man sie draußen, wenn sie mit gleichaltrigen Freundinnen den Allerweg entlanghutzelte. Wie kleine Mädchen hörte man die Greisinnen oft auf ihren Spaziergängen kichern. Nein, Lore lebte zwar allein, aber einsam war sie nicht. Sie hatte ja ihre alten Weggefährtinnen und ihre Kinder und Schwestern, die sie gelegentlich besuchte. Am Erntedankfest raffte sie sich sogar zu einem Kirchgang auf. Ihr Schwiegersohn hatte sie mit dem Auto nach Eggersen gefahren zu ihrer Schwester Ida, die noch drei Jahre älter war als sie.

Es war ein wunderschöner Herbsttag, dieser 4. Oktober – ein Tag wie Samt und Seide. Die Apfel- und Birnbäume waren noch voll von reifen Früchten. Die Zweige bogen sich unter der schweren Last. Azurblau strahlte der Himmel. Der Duft von feuchtem Blattwerk lag in der kühlen Luft. Die Frühnebel hatten sich längst aufgelöst, als die Kirchenglocken läuteten und Lore mit Ida in die Kirche trat.

Lore fröstelt. Sie ist froh, dass sie ihren gefütterten Wintermantel angezogen hat. Roggen- und Weizengarben, Kürbisse und Möhren schmücken den Altar. Sonnenblumen in allen Variationen – in Vasen und hängenden Bündeln, leuchtend in sattem Gelb und mit verwelkenden Blättern. Lore setzt sich neben ihre Schwester gleich auf den ersten Platz direkt am Gang im

Mittelschiff. »Die Ernt ist nun zu Ende, der Segen eingebracht, woraus Gott alle Stände satt, reich und fröhlich macht«, singt die Gemeinde.

Kaum einer unter den Kirchgängern, der noch etwas mit der Ernte zu tun hatte. Aber es war doch ein schöner Brauch. Pastor Trapp war nun schon fast dreißig Jahre tot, er hatte seine Pensionierung nur kurze Zeit überlebt. Der junge Geistliche mit dem wallenden Rauschebart, der jetzt auf der Kanzel über den Wandel in der Landwirtschaft und die Beständigkeit göttlicher Gnade predigte, war bereits der Sechste, der Trapp ins Pfarrhaus von Eggersen gefolgt war. Lore konnte sich seinen Namen einfach nicht merken, obwohl er sie bei ihrem achtzigsten Geburtstag in Moordorf besucht hatte.

An diesem Sonntagmorgen fällt es ihr überhaupt schwer, ihre Gedanken in geordnete Bahnen zu lenken. Ihr ist so wirr im Kopf, so seltsam. Schwindel befällt sie, als die Orgel zu spielen beginnt, der Boden unter ihren Füßen scheint zu schwanken. »Wir pflügen, und wir streuen den Samen auf das Land, doch Wachstum und Gedeihen steht in des Himmels Hand ...« Lore atmet hastiger als sonst. »Großer Gott, wir lo-ho-ben dich, Herr, wir prei-hei-sen die-hei-ne Stärke.« Lore bewegt nur die Lippen, die sich blau zu färben beginnen. »Und nun wollen wir gemeinsam das Vaterunser sprechen«, kündigt der Pastor feierlich an. Die Gemeinde erhebt sich scharrend von den Plätzen, faltet die Hände und untermalt murmelnd, was der Mann im Talar vorbetet. »Vater unser, der du bist im Himmel, geheiligt werde dein Name, dein Reich komme, dein Wille geschehe, wie im Himmel so auf Erden ...« Auch Lore ist aufgestanden. Einen kurzen Moment lang fühlt sie sich wieder stark. Die Sonnenblumen, Jesus am Kreuz, die staubigen Schuhe ihres Vordermannes – alles sieht sie in diesem kurzen Augenblick überdeutlich. Doch die Bilder schieben sich ineinander. Auf einmal beginnt sich alles zu drehen. Sie taumelt, ihre Handtasche plumpst zu Boden, und ehe ihre Schwester bemerkt, was vor sich geht, ist

Lore auf die Steinfliesen gestürzt. Ein Raunen geht durch die Kirche, alle recken ihre Hälse, um die Ursache der Unruhe zu erblicken. Sofort unterbricht der Pastor das Gebet und eilt mit wehendem Talar auf die kleine Frau zu, die regungslos am Boden liegt. Andere Kirchgänger kommen dazu, heben Lore auf, tragen sie ins Freie, mühen sich, sie anzusprechen und wachzurütteln. Doch sie gibt keinen Laut von sich, ihre Augen sind seltsam verdreht. »Lore, Lore, was is mit dir?«, wimmert ihre Schwester.

Knapp zehn Minuten später beantwortete die Dienst habende Notärztin die Frage. Lore war einem Herzschlag erlegen. »Ein schöner Tod«, schwärmten die alten Leute in der Kirchengemeinde. »Kurz und schmerzlos.« Und schon eine Stunde nachdem die Kirchenglocken das Ende des Erntedankgottesdienstes beläutet hatten, erhoben die Totenglocken ihre Klage.

Es sollte nicht der letzte Todesfall sein, der die Familie in diesem Jahr auf dem Friedhof zusammenführte. Schon sechs Wochen nach Lores Beerdigung starb ihre Schwester Emmy. Immer kürzer waren zuletzt ihre Wachzeiten geworden. Von Lores Tod hatte ihr Susanne zwar berichtet, aber man wusste nicht recht, ob die Todesnachricht auch wirklich zu ihr durchgedrungen war. Sie hatte nur kurz gestöhnt und die Augen geschlossen. Unmerklich war ihr Dämmerzustand am Ende in den Todesschlaf übergegangen.

Bei der Beerdigung tauchte ein alter Mann in Begleitung einer Frau auf. Was die wohl hier wollen?, fragten sich die Leute. Gebeugt an einem Handstock gehend, war der Greis in die Friedhofskapelle geschlurft und hatte sich in die hinterste Reihe gesetzt. Er hielt einen Strauß weißer Rosen in der Hand. »Ob das der Franzose is?«, flüsterten die Einheimischen. Ja, es war der Franzose. Willi, der auf seinen letzten Brief gestoßen war, hatte ihm die Todesnachricht übersandt. Und schon am nächsten Tag war Jean mit seiner Tochter nach Deutschland aufgebrochen. Drei Jahre zuvor war seine Frau gestorben – und jetzt seine Geliebte. Diesmal ließ er sich von Willi überreden, wenigstens noch zum Beerdigungskaffee zu bleiben. Schon vor der Trauerfeier für Emmy hatte er einen bunten Blumenstrauß auf dem kleinen Grab neben der frisch ausgehobenen Grube niedergelegt. »So nimm denn meine Hände und führe mich.« Er hatte die Melodie dieses Trauerchorals nicht vergessen.

Auch in Hanna rief das Lied alte Bilder wach. Nun also hatte sie ihre beiden Widersacherinnen von einst überlebt. Ja, auch Fritz hatte sie praktisch überlebt. Der aß und trank, schlief und atmete zwar noch, geisterte aber nur noch in seinen Tagträumen umher. Eine Gemeindeschwester kümmerte sich um ihn, hob ihn aus dem Bett, wusch ihn, gab ihm seine Medizin. Auch Hanna musste die Dienste der Schwester in Anspruch nehmen. Täglich wurden ihr die Beine mit den ewig eiternden Wunden verbunden. An manchen Tagen war die Gemeindeschwester der einzige Mensch, den Hanna zu sehen bekam. Es war einsam um sie geworden. Auch Hannas Freundin Walburga kränkelte zunehmend, sodass sie zumeist vergeblich auf ein Klopfen an der Haustür wartete.

Umso mehr sehnte sie den Freitagnachmittag herbei, die Zeit, in der Willi zum Wochenendbesuch kam. Berge von Kuchen kaufte sie dann vom Bäckerwagen. Lang und laut war der Redeschwall, der sich über Willi ergoss, sobald er das Haus betrat. Die Erlebnisse einer ganzen Woche hatten sich ja in seiner Mutter gestaut. Willi verlor schnell die Geduld und flüchtete vor den immer gleichen Kranken- und Nachbarschaftsgeschichten in sein Zimmer. Seine Mutter war jedes Mal bitter enttäuscht und schmerzlich gekränkt. »Darf ich denn gar nichts mehr sagen?«, rief sie dem Sohn weinend hinterher. »Man verlernt ja das Sprechen, wenn man keinen mehr hat, mit dem man reden kann.«

Nein, viele waren es wirklich nicht mehr, die Hanna besuchten. Ulrich hatte selten Zeit für sie, und er wirkte immer ganz zappelig, wenn er seiner Mutter in der Küche allein gegenübersaß. Und seine nervöse Frau Renate machte Hanna selbst nervös, wenn sie über ihr Schicksal klagte, mit einem Mann verheiratet zu sein, der das Geld nicht zusammenhielt und sie noch alle ins Verderben treiben würde. Auch Karin und Heike leisteten ihrer Großmutter kaum noch Gesellschaft. Karin ging bereits in die zweite Klasse, Heike sollte im nächsten Jahr eingeschult werden. Sie kamen immer nur kurz ins Haus gestürmt, um sich eine Mark abzuholen. Gleichwohl freute sich Hanna jedes Mal über sie. Nein, den beiden konnte sie es nicht übel nehmen, dass sie sich so wenig um sie kümmerten.

Noch viel seltener sah Hanna die Kinder von Anna aus Nebelhagen – ein Junge und ein Mädchen, zwölf und vierzehn Jahre alt. Zuletzt war Hanna bei der Konfirmation von Jutta gewesen. Sie hatte sich etwas verloren gefühlt inmitten der Bauernfamilie und Annas angeheirateten Verwandten. Auch Albert war mit seiner Frau zur Feier gekommen, doch er hatte kaum ein Wort mit Hanna-Mutter gesprochen. Anna dagegen war rührend bemüht gewesen um die Besucherin aus Moordorf. Sie besuchte ihre Mutter neuerdings auch zwischen den Geburtstagen. Nur ausnahmsweise aber sprachen die beiden Frauen bei solchen Gelegenheiten über vergangene Zeiten. An den alten Narben wollten sie lieber nicht rühren. Und die Gegenwart bot ja auch Gesprächsstoff genug. Begierig sog Hanna alles auf, was Anna ihr aus Nebelhagen zutrug. Das waren ja Menschen, in deren Nähe sie einst gelebt hatte. Am liebsten jedoch sprach Hanna über sich selbst. Und wenn sie dann ihre eigenen Beschwerden geschildert hatte, kreisten ihre Geschichten in immer größeren Bahnen um die täglichen Ärgernisse mit Fritz, um den Ehezwist von Ulrich und seiner ängstlichen Frau und schließlich um Willis Schulmeisterlaufbahn und die Frage, wann der wohl endlich einmal eine Frau mit nach Hause bringen würde. Auch von den Romanen, die sie gerade verschlang, erzählte Hanna gern. Manchmal hielt sie ihre Leseeindrücke sogar im Tagebuch fest.

Ihr eigenes Leben war ja nun zum Stillstand gekommen. Nur manchmal, wenn sie im Fernsehen die »Lustigen Musikanten«

oder andere Volksmusiksendungen sah, flackerte die Lebensfreude ihrer Jugend in ihr auf. Da konnte es vorkommen, dass sie laut auflachte und in die Hände klatschte, wenn eine Blaskapelle einen Marsch spielte. Im Übrigen beschränkte sich jetzt ihr Dasein auf die Teilhabe am Leben anderer. Nein, da war wohl nichts mehr zu erwarten. Doch ganz so ereignislos, wie es schien, sollte ihr Leben doch nicht zu Ende gehen.

Zurück zum Hasenberg

Wieder einer dieser nässetriefenden düsteren Novembertage. Früher Nachmittag, kurz nach zwei Uhr. Hanna hat es sich mit einem Buch in der Stube gemütlich gemacht: Storms »Schimmelreiter«, passend zur Jahreszeit. Fritz döst auf dem Sofa vor sich hin. Auf dem Tisch brennt eine Kerze. Eine halbe Stunde zuvor ist die Gemeindeschwester abgerauscht. Jetzt ist es still im Haus. Natürlich nicht ganz still. Die Wanduhr tickt, und auf dem Dachboden rumpelt es bisweilen – Katzen, Marder oder andere Kobolde, die da ihr Unwesen treiben. Von außen dringt das Gekrächze von Krähen ins Haus. Ein Lastwagen tuckert vorbei. Hanna hält beim Lesen inne und horcht auf die unruhigen Atemzüge ihres Mannes. Wie lange das wohl noch so weitergeht? Ach, lieber nicht daran denken. Gedanken an die Zukunft machen Hanna Angst.

Das Telefon klingelt. Hanna benötigt nur zwei Schritte, um den Hörer abnehmen zu können. Aber es dauert eine Weile, bis sie sich aus ihrem Sessel hochgeschraubt hat. »Mama, ich bin's«, meldet sich Ulrich hastig. »Is was Schreckliches passiert. Renate is tot. Die hat Schlaftabletten genommen.« Hanna erstarrt. »Was? Was is los?«, fragt sie nach, weil ihr ganz unbegreiflich scheint, was ihr Sohn da so aufgeregt stammelt. »Hab ich doch schon gesagt, verdammt: Renate ist tot. Ich hab sie vor anderthalb Stunden gefunden. Wir haben noch den Krankenwagen angerufen, aber die konnten auch nichts mehr machen. Wär schön, wenn du kommen könntest. Dass einer für die Kinder da is.« Immer tiefer dringt Hanna ins Bewusstsein, was geschehen ist. Ihr stockt das Herz. »Nee, nee, nee«, wimmert sie. »Die armen Kinder, wie kann sie denn so was machen?« – »Ich weiß es auch nich«, antwortet Ulrich entnervt. »Ich weiß gar nichts mehr. Ich weiß bloß, dass jetzt keiner mehr da is, der sich um die Kinder kümmert, wenn ich zur Arbeit bin. Wenn du nich kommst, dann weiß ich auch nich mehr weiter.«

Hanna holt tief Luft. »Aber ich kann doch Fritz hier nich allein lassen«, klagt sie. »Denn bring ihn doch mit, verdammt noch mal«, poltert Ulrich. »Ich weiß hier langsam nich mehr weiter, verstehst du das nich? Gleich kommen die Kinder nach Hause. Was soll ich denen denn bloß sagen? Was soll ich denen bloß sagen?«

Nun brachen alle Dämme. Ulrich weinte so hemmungslos, wie Hanna ihn zuletzt als kleinen Jungen hatte weinen hören. »Armer Junge, armer Junge«, tröstete sie ihn. »Denn musst du uns eben beide abholen. Geht ja nich anders.« Nur mühsam gelang es Ulrich, sein Schluchzen zurückzudrängen. »Is gut, Mama, dann hol ich euch in einer Stunde ab«, fuhr er nach einer Weile bemüht sachlich fort. »Die Kinder sind sowieso erst mal bei unsern Nachbarn. Da hat sie Renate schon hinbestellt.«

Wie Hanna später erfuhr, hatte ihre Schwiegertochter am Morgen bei den Nachbarn angerufen und sie gebeten, die Kinder mittags zu sich zu nehmen. Sie müsse dringend zum Arzt. »Die Kinder wissen schon Bescheid, die kommen denn gleich zu euch«, hatte sie mit seltsam matter Stimme nachgesetzt. »Was is denn los mit dir, Renate?«, hatte die alte Nachbarin gefragt. »Ach, nichts weiter, gar nichts«, hatte Renate geantwortet und aufgelegt. Die Nachbarin hatte der Anruf in Unruhe versetzt. Noch nie war Renate auf die Idee gekommen, die Kinder zu ihr zu schicken. Nein, da stimmte irgendwas nicht. Eine halbe Stunde später hatte sie noch einmal bei Renate anzurufen versucht. Niemand war ans Telefon gegangen. Noch ein Versuch. Wieder nichts. Daraufhin war sie zu Frenzens Haus gelaufen. Renates Fahrrad hatte in der offenen Garage gestanden. Auf ihr Klingeln war es still im Haus geblieben. Schließlich hatte die alte Frau bei Ulrich in der Schlachterei angerufen, und der war sofort in seiner blutbespritzten Fleischermontur aus dem Schlachthaus herbeigeeilt.

Im Laufschritt stürmte er durchs Haus. Gleich im Schlafzimmer entdeckte er sie. Ihr Mund war geöffnet, im Übrigen sah es aus, als schliefe sie in dem großen Ehebett. Auf dem Nachttisch lag ein leeres Tablettenröhrchen, daneben standen ein Wasserglas, ebenfalls leer, und eine Likörflasche. Weitere Tablettenpackungen waren auf dem Boden verstreut. Ulrich stürzte sich auf seine Frau, nahm sie in den Arm, drückte ihren Kopf fest an sich. Doch ihre Wangen waren so furchtbar kalt. »Renate, Renate, wach doch auf«, rief er. »Wach doch wieder auf.« Er griff nach ihren Händen. Doch die waren genauso kalt wie die Wangen. Verzweifelt massierte er Hände und Arme, als könnte er ihnen so die alte Wärme zurückgeben. Aber es half nichts mehr. Nein, das durfte doch nicht wahr sein, das konnte doch nicht wahr sein. Sofort einen Notarzt anrufen, vielleicht konnte der ja noch was machen, um Renate ins Leben zurückzuholen. Besinnungslos stürzte Ulrich zum Telefon. Welche Nummer? Welche Nummer? Und als er endlich die Notrufnummer gefunden und gewählt hatte, dauerte es lange, bis er sich verständlich machen konnte.

Wie eine Ewigkeit erschien ihm dann die Zeit des Wartens. Dabei vergingen nicht einmal fünfzehn Minuten, bis schließlich der Krankenwagen mit Blaulicht und Martinshorn auf den Hof gerast kam, eine knappe Viertelstunde. Ulrich war während dieser Zeit kopflos durchs Haus gelaufen in seiner Schlachterkleidung. Alles hatte er abgesucht und nichts gefunden. Keinen Zettel. Keine letzte Botschaft. Keine Erklärung. Nichts. Rein gar nichts.

Erst kurze Zeit nach dem Einzug in das Hasenberghaus hatte Ulrich von Leuten aus dem Dorf vom Schicksal seiner Großmutter erfahren. Auch seiner Frau Renate war dieser Selbstmord nicht verborgen geblieben. »Da kann man ja richtig Angst kriegen, wenn man daran denkt«, hatte sie anfangs zu ihrem Mann gesagt, später aber gar nicht mehr darüber gesprochen. Ulrich verfluchte jetzt das Haus. »Am liebsten würd ich hier lieber heute als morgen ausziehen«, sagte er seiner Mutter, die er am Nachmittag abholte. »Dieses Haus hat uns bloß Unglück gebracht. Renate hat sich hier vom ersten Tag an nicht wohl gefühlt.«

Hanna weinte, als ihr Sohn so über ihr Elternhaus sprach. »Da kann doch das Haus nichts für«, entgegnete sie schluchzend. »Wer mit dem Leben nich mehr zurechtkommt, der sucht sich eben was. Der sucht so lange, bis er was findet.« Mit keinem Wort sprach sie davon, wie sehr sie dies alles an jenen Junitag vor mehr als einem halben Jahrhundert erinnerte.

Dabei standen ihr die Bilder wieder lebhaft vor Augen. Diese Stille damals, diese furchtbare Stille im Haus, untermalt vom Abendlied der Amsel. Wie sie in die dunkle Diele eingetreten war. Es kam ihr vor, als habe sich alles eben erst ereignet. Und das war ja auch gar nicht ganz falsch. Es hatte sich ja auch gerade erst ereignet. Der Geist ihrer Mutter war zurückgekehrt in das Haus. Und doch war alles anders als vor fünfzig Jahren. Der Tod durfte nicht das letzte Wort behalten. Nein, das durfte nicht sein. Da waren ja noch Kinder im Haus.

Ulrich hatte sie gerade von den Nachbarn geholt. Er sagte ihnen nicht die ganze Wahrheit. »Mama musste ganz schnell ins Krankenhaus«, erklärte er ihnen. »Die is auf einmal ganz krank geworden und … dann hat sie der liebe Gott zu sich genommen.« Die Kinder weinten, riefen fassungslos nach ihrer Mama, beruhigten sich dann aber erstaunlich schnell, als sie ihre Oma sahen. »Die bleibt jetzt erst mal bei euch«, sagte ihr Vater. Hanna war gar nicht klar gewesen, dass sie nun für längere Zeit in Eggersen wohnen würde. Aber es war ja wohl gar keine andere Lösung in Sicht.

Und trotz aller Unruhe und Trauer gefiel ihr schließlich sogar die Vorstellung, nun auf ihre alten Tage wieder in ihr Elternhaus zurückzukehren. Ja, es war seltsam: »Ein Selbstmord hat mich einst aus diesem Haus vertrieben, und ein Selbstmord hat mich nun dahin zurückgebracht«, schrieb sie in ihr Tagebuch, das sie mit nach Eggersen gebracht hatte. Es erschien ihr wie göttliche Fügung. Oft faltete Hanna in diesen Tagen die Hände zum Gebet. Es waren schwere Tage. Auf Anraten ihres Arztes war sie der Beerdigung ferngeblieben.

Schlimm war die Zeit davor gewesen. Ulrich hatte sich vor allem große Sorgen darum gemacht, wie die Kinder die Trauerfeier verkraften würden. Lange war er darüber im Zweifel gewesen, ob sie mit auf den Friedhof kommen sollten oder besser nicht. Schließlich hatte Hanna ihn überzeugt, dass es gut sei, wenn die Kinder Abschied nehmen könnten. Und es ging besser als erwartet. Verstört und verwirrt, aber ohne zu weinen waren Karin und Heike mit ihrem Vater hinter dem Sarg hergetrippelt. Der junge Pastor hatte in seiner Trauerpredigt von der Krankheit zum Tode gesprochen, von Untiefen der menschlichen Seele, in die nur Gott blicken könne. Aber er hatte die Trauergemeinde auch ermutigt, Stimmungen von Trauer und Ausweglosigkeit mit Gottvertrauen zu überwinden und nicht auf den Tod zu setzen, sondern auf das Leben – auf das wunderbare Leben mit all seinem Reichtum und seiner Schönheit, dem man nur Augen und Ohren und alle anderen Sinne zu öffnen brauche.

Wunderbares Leben? Schöne Worte. Doch sie vermochten nichts auszurichten gegen die Selbstvorwürfe, die Ulrich quälten. Ja, es war schon lange spürbar gewesen, dass Renate ihr Leben nur noch als Last empfunden hatte. Er hatte es ihr auch nicht leicht gemacht. Anstatt mit ihr zu sprechen, war er in die Kneipe geflüchtet. Sie hätte einen Arzt gebraucht. Aber er hatte ihr nicht geholfen, sondern sich immer nur selbst bemitleidet. So dachten wohl auch seine Schwiegereltern, einfache Leute, die aus Schlesien stammten. Sie machten Ulrich zwar keine Vorwürfe, ließen aber durch ihr Verhalten erkennen, dass sie ihm die

Schuld am Tod ihrer Tochter gaben. Kaum ein Wort mehr wechselten sie mit dem Schwiegersohn. Nur die Kinder schienen ihnen am Herzen zu liegen. Anders trat ihm Renates Schwester Sabine entgegen. Die tröstete ihren Schwager. »Du kannst nichts dafür, Ulli«, sagte ihm die Verkäuferin. »Renate ist krank gewesen. Die ist mit dem Leben einfach nicht mehr fertig geworden.« Doch wirklich beruhigen konnten diese Worte Ulrich nicht. Seine Gefühle taumelten zwischen Selbstmitleid und Selbstvorwürfen hin und her. Immer wieder versuchte er sich das letzte Gespräch in Erinnerung zu rufen, das er mit Renate geführt hatte.

Ein Gespräch? Nein, davon konnte keine Rede sein. Sie war so schrecklich einsilbig gewesen. Immer nur »Ja« oder »Wenn du meinst« hatte sie gemurmelt. Für seinen Vorschlag, den Dachboden weiter auszubauen, hatte sie nicht das geringste Interesse aufgebracht. Es war ihm gewesen, als habe er ins Leere gesprochen. Nicht mal Bedenken hatte sie angemeldet – so wie früher, als sie immer geklagt hatte, dass es so mit der Schuldenmacherei nicht weitergehen könne. Ja, schon seit einigen Wochen war sie verstummt. Auch im Bett hatte sie sich ihm entzogen: »Lass mich, ich bin müde, ganz schrecklich müde.« Das war für ihn unerträglich gewesen, so zurückgewiesen zu werden. »Dann kann ich ja gleich inner Wirtschaft bleiben«, hatte er ihr ärgerlich entgegengehalten. »Wenn du meinst«, hatte sie mit tonloser Stimme geantwortet. »Wenn du meinst, dann mach es doch.« Daraufhin war er noch wütender geworden. »Das is ja wirklich eine Strafe, mit so einem Trauerkloß zusammenleben zu müssen«, hatte er sie angeschrien, worauf sie sich umgedreht und geschwiegen hatte, einfach geschwiegen.

Alles war ihr egal gewesen in der letzten Zeit, sogar die Kinder. Ulrich hatte diese Gleichgültigkeit zur Verzweiflung getrieben. Er hatte seine Frau beschimpft, um sie wachzurütteln. Doch all sein Zorn war an ihrem Gleichmut abgeprallt wie eine Ladung Schrot an einem Panzer. »Was hätte ich machen sollen?«, fragte Ulrich sich jetzt in seiner Ratlosigkeit. »Sie hätte zum Nervenarzt gemusst. Aber nicht mal dazu hätte sie sich wahrscheinlich aufgerafft. Sie hatte einfach abgeschlossen mit dem Leben. Bloß warum?«

Immer wieder fragte sich Ulrich, was er falsch gemacht hatte. Vielleicht hätte er ihr doch mehr zuhören müssen, als sie noch mit ihm über ihre Sorgen, ihre Zukunftsängste hatte sprechen wollen. Aber da waren von ihr immer gleich diese Vorwürfe gekommen, die ihn zur Weißglut getrieben hatten – dass er zu viel saufe, Schulden mache, das Haus vernachlässige. »Du hast sie ja nicht mehr alle«, hatte er sie dann abgefertigt. »Lass mich bloß in Ruhe mit deinem Gequassel.« Vieles fiel ihm ein, was er hätte anders machen können. Doch schon im nächsten Moment verwarf er seine Selbstbezichtigungen wieder.

Dieses Gedankenkarussell zermürbte ihn. Er ließ sich krank schreiben und sah sich nach einem anderen Arbeitsplatz um. Die Schlachterei widerte ihn an, die Vorstellung, weiter bis zu seinem Lebensende verängstigte Tiere in den Tod zu befördern, war ihm unerträglich. Unerträglich schien ihm der Gedanke, weiter den Bolzenschussapparat über Kälberköpfen anzusetzen, Kälber zu schlachten, die ihn mit ihren großen treuen Augen anstarrten und jämmerlich blökten, wenn sie in diesen kalten Raum mit den weißen Kacheln gezerrt wurden. Glücklicherweise fand er Arbeit in einem Chemiewerk bei Hannover – Dauerfrühschicht, da hatte er zumindest viel Zeit für seine Kinder.

Nur äußerlich waren die zur Ruhe gekommen. Sie mussten wilde Träume haben. Oft wimmerten sie im Schlaf oder schrien laut auf. Hanna, die gleich nebenan im Wohnzimmer schlief, sprach ihnen dann tröstende Worte zu oder strich ihnen zärtlich über die Wangen. Trösten musste sie sie auch oft abends, wenn sie weinten und fragten, wo ihre Mutter jetzt sei. Denn schnell hatte sich herumgesprochen, dass Renate keines natürlichen Todes gestorben war. In der Schule guckten die anderen Kinder sie so merkwürdig an und tuschelten hinter ihrem Rücken. Schließlich sprach Karin ihre Großmutter direkt darauf an: »Hat Mama sich wirklich das Leben genommen?« – »Ja, das hat sie wohl«, antwortete Hanna. »Aber das ist noch zu schwer für dich, das kannst du erst verstehen, wenn du älter bist.« – »Ich find das blöd, dass sie uns nichts gesagt hat«, sagte Karin. »Sie hat mich nur in den Arm genommen und fest gedrückt an dem Morgen, als es passiert ist. Irgendwie hat sie auch komisch geguckt. So ernst.«

Danach sprach Karin kaum noch von ihrer Mutter. Auch ihre jüngere Schwester Heike nicht, die noch in den Kindergarten ging, aber schon sehr verständig war.

Hanna hatte viel zu tun mit den beiden Mädchen. Morgens musste sie ihnen Frühstücksbrote machen und mittags Essen kochen. Und damit war es längst nicht getan. Selbst wenn Ulrich schon am frühen Nachmittag nach Hause kam, die Kinder hielten sie doch den ganzen Tag in Trab. Besonders die Überwachung der Hausaufgaben fiel Hanna zu. Oft stöhnte und jammerte sie, dass ihr das alles zu viel werde. Aber im Grunde genoss sie es, nun wieder eine Aufgabe zu haben. Und die Sorge um die Kinder lenkte sie ab von ihren eigenen Gebrechen und dem Elend ihres Mannes. Ihr lachte das Herz, wenn sie sich mit den Kindern um den Adventskranz versammelte und Karin und Heike Weihnachtslieder mit ihr sangen. Wenn ihre Stimme auch schon recht brüchig war, so stiegen doch schöne Erinnerungen an ihre Kindheit in ihr auf.

Sie blühte förmlich auf. Sie war wieder zu Hause, zu Hause in Eggersen. Viel häufiger als in den vergangenen Jahren besuchten sie nun ihre alten Bekannten, vor allem Schröders Lisa, die im Frühjahr im Hasenberggarten wieder Bohnen und Gurken anbaute. Ja, Hanna war zurückgekehrt. Wie einst hörte sie die Wipfel der großen Eichen im Wind rauschen, wenn sie bei offenem Fenster im Bett lag. In ihren Träumen versetzte sie sich in das Hasenberghaus ihrer Kindheit, wie sie es im Alter von Karin und Heike erlebt hatte. »Hanna, Hanna«, hörte sie ihren Vater rufen. »Komm rein, is schon ganz dunkel draußen. Im Dunkeln is es nich geheuer, da gehen die bösen Mächte um. Komm bloß rein.« Und dann kriegte sie große Angst, und sie lief zum Haus, in die Richtung jener Fenster, die aus dem Dunkel aufleuchteten. Sie lief und lief. Der Weg war so weit. Aber schließlich kam sie doch an. Sie rannte ihrem Vater direkt in die Arme. Der drückte sie sanft an sich und lachte. »Na, du siehst ja wieder aus wie Schwarzenberger. Guck man bloß mal in den Spiegel.« Und als Hanna in den Spiegel blickte, sah sie einer uralten Frau in die Augen, einer zahnlosen Frau mit grauen Haaren und schwarzer Kartoffelerde an den Wangen. Die kleine Hanna erschrak. Dabei war es ihr eigenes Gesicht, das Gesicht einer Greisin. Tröstend strich ihr Vater ihr über die Schultern. »Brauchst dich nich zu erschrecken, Hanna. Wir werden alle alt.«

In vielen ihrer Träume rumorten die Kühe. Immer wieder hatte Hanna das Gefühl, ihre Kühe vergessen zu haben. Siedend heiß durchfuhr es sie jedes Mal, dass sie sich ja schon jahrelang nicht mehr um die Schwarzbunten gekümmert hatte, die da mit zum Zerplatzen gefüllten Eutern im Stall stehen mussten und auf sie warteten. Vergeblich auf sie warteten. Denn sie hatte sie ja im Stich gelassen, einfach vergessen, ganz und gar vergessen. Oh, das war ein furchtbares Gefühl. Hanna kam sich so schlecht vor. Und was für eine Erleichterung war es, wenn sie allmählich wach wurde und sich die Erkenntnis einstellte, dass sie alles nur geträumt hatte. Oft aber brauchte sie eine Weile, um sich klar zu machen, in welcher Zeit sie sich befand.

Zum Jungbrunnen wurde ihr Aufenthalt in Eggersen natürlich nicht. Ihre offenen Beine schmerzten weiter, das steife Hüftgelenk machte ihr das Gehen immer schwerer, und das Herz spielte ihr manch bösen Streich. Doch die Kinder hatten ihrem Leben wieder einen Sinn gegeben. Sie freute sich, wenn sie Karin bei den Schulaufgaben helfen konnte, und es amüsierte sie, dass Heike immer neue Freundinnen aus dem Kindergarten mit nach Hause brachte. Und die Kinder fühlten sich geborgen bei ihrer Oma. Morgens wurden sie von dem Geklapper des Handstocks wach, mit dem Hanna mühsam durchs Haus stöckelte, um den Frühstückstisch zu decken. Heimlich steckte Hanna den beiden manche Mark zu, die ihr Vater ihnen aus erzieherischen Gründen verweigerte. Und auch sonst ließ sie den Enkeln vieles durchgehen, was Ulrich ihnen untersagt hatte. So ließ Hanna sie gewähren, wenn sie abends noch durchs Dorf ziehen wollten. Und auch an der Unordnung in ihren Zimmern nahm sie im Gegensatz zu Ulrich keinen Anstoß. »Sind doch noch Kinder«, pflegte sie zu sagen. »Is doch nich schlimm.«

Weniger Geduld brachte sie ihrem Mann entgegen, den die Mädchen nun oft im Rollstuhl durch die Felder schoben. Wut stieg in ihr auf, wenn Fritz sich weigerte, den Tee hinunterzuschlucken, den sie ihm mehrmals am Tag einzutrichtern hatte. »Das is bloß noch eine Last mit dir«, schimpfte sie dann mitleidslos. Zornig machte es sie vor allem, dass sie sich mit Fritz nicht mehr unterhalten konnte. Dennoch beruhigte es sie, wenn sie sah, dass er am Morgen immer noch atmete. Nein, verlieren wollte sie ihren Fritz keinesfalls, auch wenn es noch so schwer mit ihm war. Und es rührte sie, wenn er in halbwegs lichten Momenten nach ihr rief. »Hanna, Hanna«, hörte man ihn oft betteln. »Hab doch 'n Einsehen. Wir müssen wieder nach Hause. Wir können doch nicht so lange wegbleiben.«

Unsichtbare Besucher

Wie ausgestorben lag der Hof in Moordorf nun meistens da. Wenn in anderen Häusern abends Licht durch die Fenster schimmerte, blieb es hier dunkel – dunkel und still wie in einem Geisterhaus. Brennnesseln, Brombeerbüsche und wilde Pflaumensträucher breiteten sich aus. Nur am Wochenende kam Willi. Und wie in der Vergangenheit beschränkte er sich auf das Notwendigste, um das Haus in Stand und die Wege halbwegs begehbar zu halten. Hier eine neue Dachpfanne, da ein bisschen Gras gemäht. Das war auch schon alles. Doch es sollte besser werden. Die Schulbehörde hatte seinen Antrag auf Versetzung nach Hannover genehmigt. Nach den Sommerferien wollte er seinen Hauptwohnsitz nach Moordorf verlegen und endlich für mehr Ordnung sorgen. Außerdem plante er, den Dachstuhl auszubauen, um sich ein eigenes Reich zu schaffen. Denn seine Eltern konnten ja wohl nicht ewig in Eggersen bleiben.

Tatsächlich zeichnete sich für Fritz und Hanna ein Ende der Hasenbergzeit ab. Renates Schwester Sabine hatte sich angeboten, für die Kinder zu sorgen. Sie verstand sich gut mit Ulrich und hatte ihn schon oft in Eggersen besucht. Er schlug ihr vor, zu ihm zu ziehen, und sie willigte schließlich ein. Hanna war es recht. Bei aller Liebe zu ihren Enkelkindern sehnte auch sie sich nach dem Hof in Moordorf. Je länger sie in Eggersen gewohnt hatte, desto mehr war ihr klar geworden, dass man nicht einfach in seine Vergangenheit zurückkehren kann wie in ein warmes Bett. So schön der Aufenthalt in ihrem Elternhaus zeitweise war, zu Hause, wirklich zu Hause fühlte sie sich nun doch in Moordorf. So redete sie ihrem Sohn zu, als der ihr von seinen Plänen mit Sabine erzählte.

Und Hanna kehrte mit Fritz zurück. Doch die Tage wurden ihr nun lang, furchtbar lang. »Mit Friedrich geht es immer schlechter«, schrieb sie in ihr schwarzes Heft. »Da hat man nun einen Menschen um sich und kann doch nicht mit ihm reden. Das macht mich ganz traurig.« Fritz dämmerte dahin und ließ sich nur widerspenstig Tee und Medikamente eintrichtern. Gierig immerhin stopfte er das feste Essen in sich hinein, das Hanna ihm auf den Tisch stellte.

Auch Willi wohnte nun wieder in Moordorf. Doch er brachte wenig Geduld für seine Mutter auf. Wenn er von der Schule kam, wollte er vor allem seine Ruhe haben, und später zog er sich in seinen ausgebauten Dachstuhl zurück und versenkte sich in Unterrichtsvorbereitungen und Korrekturen. Barsch wies er oft seine Mutter zurück, wenn sie ihn mit den ewig gleichen Klagen und Krankheitsgeschichten empfing. »Ach, wenn ich doch bloß endlich unter der Erde wär«, pflegte Hanna enttäuscht zu erwidern.

Doch gerade wenn man auf ihn wartet, lässt er sich Zeit, der Tod. Das Leben schleppte sich dahin – so wie Hanna, die sich nur noch mühsam mit Hilfe ihres Handstocks fortbewegen konnte. Verzagt blickte sie auf ihre Hände. Hart und rissig waren sie von der vielen Feldarbeit, dem Wäschewaschen und Ausmisten geworden, zu nichts mehr zu gebrauchen. Dabei hatte sie so kräftige Hände gehabt. So fest wie sie hatte keine andere die Zitzen der Kühe im Griff gehabt. Ganz hornig waren die Hände davon geworden. Zerfurcht von tausend Falten. Und spröde. Es fehlte das Melkfett, das ihre Hände geschmeidig gehalten hatte. Jetzt stand ihre rechte Hand ganz schief. Das Handgelenk war nach einem Sturz gebrochen und nicht wieder gerade zusammengewachsen, was dazu führte, dass sie nicht einmal mehr eine Nadel einfädeln konnte. Ähnlich war es ihr mit dem Hüftgelenk ergangen. Immer mehr war es verrutscht, immer steifer war es geworden.

Nur noch selten kam jetzt Besuch ins Haus. Zweimal am Tag

sah die Gemeindeschwester nach dem Rechten. Aber die hatte es auch immer ganz eilig. So war Hanna meistens allein – mit Fritz und ihren Erinnerungen. Immerhin konnte sie jetzt – ungestört von den eifersüchtigen Missbilligungen ihres Mannes – in alten Briefen lesen und die Fotos von früher betrachten.

So machte sie es auch an jenem Dezemberabend des Jahres 1990. Es war plötzlich sehr kalt geworden. Auf dem kleinen Teich vor dem Haus bildete sich schon eine Eisschicht. Da Hanna fror, hatte sie die Gasheizung weit aufgedreht. Dadurch war es jetzt so warm in der Stube, dass Hanna schläfrig wurde. Mit Mühe versuchte sie, sich auf einen Brief Eduards aus den letzten Kriegsmonaten zu konzentrieren. Wieder und wieder hatte sie in den vergangenen Wochen die letzten Lebensäußerungen ihres Mannes studiert. Doch nun fielen ihr vor Müdigkeit die Augen zu. Sie döste ein.

Plötzlich ein Klopfen an der Haustür. Wer mag das sein? Unentschlossen bleibt Hanna in ihrem Sessel sitzen. Starr vor Schreck hört sie, wie sich knarrend die Tür öffnet. Mit schweren Schritten tritt jemand in den Flur ein, kommt auf die Stubentür zu, klopft erneut. Hanna zuckt zusammen. Zaghaft murmelt sie: »Ja? Wer is denn da?« Sie erschauert, als sich die Tür öffnet und ein Mann eintritt, dessen Gesichtszüge sie sofort wiedererkennt, obwohl es lange, lange her ist, dass sie diesen Mann zum letzten Mal gesehen hat: Eduard. Ist es zu glauben? Nach so vielen Jahren kehrt der Totgesagte zu ihr zurück? Kann das mit rechten Dingen zugehen?

Noch bevor Hanna ihren ersten Schock überwunden hat, reißt die Stimme Eduards sie aus ihrem Taumel. »Hanna«, hört sie nur. »Hanna.« Dann stürzt er auf sie zu und schließt sie in seine Arme. Unfähig, selbst etwas zu tun oder zu sagen, lässt Hanna es geschehen, wie sie es immer hat geschehen lassen. Sie spürt, wie ihr Gesicht feucht wird von den Tränen des Besuchers. »Hanna«, schluchzt der Mann. »Wie ist dein schönes Haar weiß geworden.«

Ohne Verwunderung stellt Hanna fest, dass Eduard noch genauso aussieht wie damals, als sie nach Ahrendsen gekommen war – groß und stark mit vollem Haar. Er trägt einen feinen schwarzen Anzug und hält einen Zylinder in der Hand. Genauso wie damals, als sie mit ihm in die kleine Kirche von Ahrendsen stolziert ist, um ihm ihr Jawort zu geben. Ja, gut sieht er aus, richtig stattlich. Nur die Forke, die Hanna nach einiger Zeit in seiner Hand entdeckt, passt nicht ganz zu seinem hochzeitlichen Aufzug. »Hanna, Hanna, du machst Sachen«, hebt Eduard wieder an. »Musst nich denken, dass ich dich vergessen hab. Ich weiß noch genau, wie du ausgesehen hast, als du damals zu uns nach Ahrendsen gekommen bist, wie du mit Anna und Albert Schularbeiten gemacht hast, wie du immer nach Melkefett gerochen hast, wenn du aus dem Kuhstall gekommen bist. Dein Parfüm war Melkefett, haha. Ich hab nichts vergessen. Ich hab immer an dich gedacht, die vielen Jahre.«

Hanna lässt ihn reden, so überwältigt, dass sie keinen Ton mehr herausbringt. »Du wunderst dich wohl, dass ich auf einmal vor dir steh, was?«, fragt sie der schneidige Besucher. Hanna schüttelt nur ungläubig den Kopf. »Mir isses nich gut gegangen, damals im Bergwerk in Oberschlesien. Am Ende bin ich aus den Latschen gekippt. Die hatten mich schon für tot erklärt. Aber als sie mich wegtragen wollten, haben sie mit einem Mal gemerkt, dass doch noch Leben in mir war. Das war wie ein Wunder für die. Die haben sich bekreuzigt und Rosenkränze gebetet, die sind ja alle katholisch da. Dann haben sie mich sofort ins Lazarett geschleppt und wieder aufgepäppelt. Vor allem eine Krankenschwester is da gewesen, die hat sich ganz besonders fürsorglich um mich gekümmert. Wochenlang hab ich zwischen Leben und Tod gelegen, dann ist es langsam wieder aufwärts gegangen. Dann bin ich nach und nach von den Toten auferstanden, haha. Die Krankenschwester, Maria war ihr Name, hat mich dann bei sich zu Hause weitergepflegt. Oh, das is eng gewesen da. Sie hatte ja nur selbst ein Zimmer in dem kleinen Haus, das sie sich mit ihren Eltern und ihrem Bruder geteilt hat. Aber es war warm, und zu essen gab es auch genug. Und so sind wir zusammenge-blieben. Ich hab dann bald 'ne Stelle auf der Kolchose gekriegt, das war leichtere Arbeit als im Bergwerk, aber doch was ganz an-deres als auf dem Hof in Ahrendsen. Und dann haben wir gehei-ratet. Marias Eltern wollten das so. Ich hab ihnen gesagt, dass ich schon verheiratet bin. ›Nix Problem‹, haben sie da gesagt und mich einfach für tot erklärt. Hauptsache, dass das Rote Kreuz meinen Tod nach Deutschland meldet und ihr nich auf die Idee kommt, nach mir zu suchen. Ich hoffe, ihr musstet nich zu lan-ge auf mich warten.«

Hanna schüttelt wieder nur stumm den Kopf. Sie kann es ein-fach nicht fassen. Das klingt alles so überzeugend, so schlüssig, und will doch auch wieder nicht zu dem Bräutigam mit der Mist-forke passen, der da vor ihr steht und die ganze Zeit so irrsinnig lächelt. Auch mit den Augen stimmt was nicht. Auf einmal ent-deckt Hanna, dass die Augenhöhlen leer sind. Blutige Löcher anstelle von Augäpfeln. Voller Entsetzen weicht sie zurück. Doch der Besucher folgt ihr und ergreift ihre Hand.

»Im letzten Jahr ist Maria gestorben«, fährt er fort. »Wir ha-ben vier Kinder, drei Mädchen und einen Jungen. So nach und nach hab ich mich einigermaßen eingelebt da in Polen. Leicht war es nie. Ich bin immer der Deutsche geblieben, aber Maria hat mir geholfen und später dann auch die Kinder. Und man kam ja auch nich raus, ich war ja tot auf dem Papier. Aber als Maria dann gestorben is, da hab ich es nich mehr ausgehalten. Da hab ich mir 'ne Fahrkarte gekauft und bin mit dem Zug rübergefah-ren. Du kannst dir nich vorstellen, wie ich mich gefühlt hab, als ich in Ahrendsen vor unserm Haus stand und ganz fremde Leu-te die Tür aufmachten. ›Das ist doch mein Haus hier‹, hab ich gesagt. ›Wo sind denn meine Kinder? Wo is denn meine Frau?‹ Da haben mich die Leute groß angeguckt, als käm ich vom Mond. Und sie haben gesagt, dass ihr das alles verkauft habt.«

Hanna will einwenden, dass Albert den Entschluss gefasst hat.

Doch sie kommt nicht dazu. Eduard fährt fort mit seiner bitteren Rede. »Das war nich nett von euch, einfach so meinen Hof zu verkaufen. Was habt ihr denn mit der Kuh gemacht, die noch in den letzten Kriegstagen gekalbt hat? Die habt ihr ja wohl nicht auch verkauft? Ich hab dir doch geschrieben, dass wir die behalten wollen. Hanna, Hanna, du machst Sachen.«

Jetzt sieht Hanna, dass es in den leeren Augenhöhlen ihres Besuchers zu glühen beginnt. Wie glühende Kohle leuchten die Augen. Ängstlich weicht Hanna einen weiteren Schritt zurück, immer noch an Eduards Hand. Sie sieht, wie er aufs Sofa starrt, wo Fritz liegt und wie so oft im Schlaf vor sich hinbrabbelt. Hanna folgt seinem Blick. »Ach, Eduard, Eduard, ich hab doch gedacht, dass du tot bist«, jammert sie. »Wie soll denn auch einer ahnen, dass das gar nicht stimmt. Ach wenn ich das gewusst hätte.« Eduard lässt sie jetzt los und tritt einen Schritt zurück. »Schön warm habt ihr es hier«, sagt er kühl. »Überhaupt schön hier. Nich so eng und ärmlich wie in Polen.« Hanna weiß nicht, was sie antworten soll. Sie weiß überhaupt nichts mehr. Alles kommt ihr so unwirklich vor, so unheimlich. Und doch steht dieser Mann unzweifelhaft vor ihr, der behauptet, Eduard zu sein, und der allem Anschein nach auch Eduard ist.

»Für mich is nun wohl kein Platz mehr bei dir, was?«, fragt der Mann mit einem kalten Lächeln. »Ach, ich weiß es auch nich«, sagt Hanna verzweifelt. Da streckt der Besucher die Hand nach ihr aus. »Komm mit«, herrscht er sie an. »Du bist schließlich immer noch meine Frau.« Er greift nach ihrem Arm und versucht sie zu sich zu ziehen. Hanna wehrt sich. »Das geht doch nich, das geht doch nich«, wimmert sie. »Einer muss doch bei Fritz bleiben, den kann ich doch hier nich allein lassen.« Doch Eduard zieht weiter. Als Hanna sich dagegen anstemmt, lässt er plötzlich los, sodass sie mit Wucht zurückschnellt und stürzt. »Hanna, Hanna, du machst Sachen«, klagt der Bräutigam mit der Forke noch einmal. »Dann lass uns wenigstens noch mal tanzen«, bittet er, nun wieder ganz freundlich. »Aber ich kann doch nich, ich kann doch nich, Eduard. Ich bin doch 'n Krüppel, das musst du doch sehen«, wimmert Hanna. »Du kannst nich?«, entgegnet Eduard ungläubig. »Und ob du kannst. Man muss nur wollen. Nur wollen. Denn geht alles wie von selbst.« Und mit diesen Worten packt der Mann mit den glühenden Augen Hanna erneut, reißt sie hoch und dreht sich mit ihr. Gleichzeitig meint Hanna Musik zu hören. Walzermusik. Eduard stimmt ein in die Melodie. »Und den Walzer tanzen wir, und ich mit dir und du mit mir«, singt er mit seiner dröhnenden Bassstimme. »Und den Schnee-, Schnee-, Schnee-, Schneewalzer tanzen wir …«

Hanna spürt, wie sie schwebt, wie Eduard sie dreht. Immer schneller. Sie genießt diesen Tanz. Sie fühlt sich wie im Rausch, leicht wie eine Feder. Das hat sie sich gar nicht mehr zugetraut. Tanzen, tanzen, das ist schön. Dass sie das noch mal erleben darf. Das ist doch was anderes, als immer nur bei Fritz rumhocken. Aber jetzt wird es ihr doch langsam zu viel. Alles dreht sich. Ihr wird schwindlig. Sie verliert die Besinnung. Stürzt.

Als Willi spät am Abend nach Hause zurückkehrte, wunderte er sich, dass in der Stube seiner Eltern noch Licht brannte. Entsetzt sah er seine Mutter auf dem Boden liegen. Neben ihr fand er bräunliche Fotos und einen verblassten Feldpostbrief, auf dem »Eduard Brandes« als Absender vermerkt war. Sofort rief er den Notdienst an, denn seine Mutter atmete noch. »Schlaganfall«, stellte die Ärztin schon wenige Sekunden nach ihrem Eintreffen fest.

Drei Tage lang hing Hanna an einem Gewirr von Schläuchen. Röchelnd kämpfte sie gegen den Schleim an, der die Atemwege verstopfte und ständig abgesaugt werden musste. Willi und Ulrich, aber auch Anna aus Nebelhagen gingen im Krankenhaus ein und aus. Schließlich war Hanna »überm Berg«, wie die Krankenhausärzte sagten. Aber die Aussichten waren trostlos. Sie war linksseitig gelähmt und hatte die Sprache verloren. Auch eine Rehabilitation werde kaum etwas daran ändern, teilten die Ärzte achselzuckend mit.

Nach und nach erwachte Hanna aus der Umnachtung. Immer wieder bewegte sie die Lippen, doch sie blieb stumm. Nicht ein Wort konnte sie den Besuchern sagen, die sich zu ihr herabbeugten. Sie starrte sie nur mit ihren müden Augen an, schüttelte verwirrt den Kopf oder gab Schmerzenslaute von sich. Was mochte in ihr vorgehen? Drangen die Worte zu ihr durch, die an sie gerichtet wurden? Manches sprach dafür. Forderte man sie auf, ihren Arm zu heben, dann kam sie der Aufforderung nach – artig wie ein kleines Mädchen.

Auch als sie drei Wochen später nach Hause entlassen wurde, änderte sich nichts an ihrem Zustand. Nur die Schmerzen steigerten sich. Rund um die Uhr mussten Pflegekräfte für Hanna sorgen, die nun noch hilfloser war als Fritz. Schließlich gelang es Willi, ihr einen Platz in einer Rehabilitationsklinik zu beschaffen. Und entgegen der schlechten Prognose der Krankenhausärzte besserte sich ihr Zustand. Klein, ganz klein waren die Fortschritte, die Hanna anfangs machte. Unterstützt von einer Sprachheilpädagogin formte sie ihre unverständlichen Laute langsam zu einfachen Wörtern, sprach nach, was ihr vorgesprochen wurde, identifizierte vorgehaltene Bilder als »Blume«, »Baum« oder »Brot«. Man musste genau hinhören, um dem Lallen einen Sinn zu entnehmen. Aber es ging voran, es ging allmählich voran. Wie ein Kind lernte Hanna neu sprechen. Wie stolz sie war, als sie ihren Besuchern endlich wieder in kurzen Sätzen zu antworten vermochte. So wie früher konnte sie natürlich nicht mehr reden. Aber am Ende war sie wieder in der Lage, sich mitzuteilen.

Als sie nach Hause zurückkehrte, war sie zwar weiterhin halbseitig gelähmt und an Rollstuhl und Bett gefesselt, aber sie hatte ihre Sprache wiedergefunden. Trotz ihrer Gebrechen stimmte sie dies glücklich. Sie konnte wieder lachen. Nicht alle brachten die Geduld auf, ihrem Gestammel zu folgen. Aber den Pflegerinnen, die nun ständig bei ihr waren, konnte sie sich immerhin verständlich machen. Und auch Willi hörte ihr nun häufiger zu als vor dem Schlaganfall. Dass sie redete, war ja keine Selbstverständlichkeit mehr, sondern ein kleines Wunder, ein Geschenk. Wer wusste denn, wie lange sie überhaupt noch sprechen würde. Was er sich früher eher widerwillig angehört hatte, mühte er sich jetzt, seiner Mutter zu entlocken. Er zeigte ihr auch die alten Fotografien, die er an jenem Abend neben ihr auf dem Boden gefunden hatte.

»Eduard«, sagte Hanna mit fester Stimme. »Der is hier gewesen.« Ungläubig fragte Willi nach. Zögernd berichtete ihm Hanna immer mehr Einzelheiten von diesem Besuch. Am Ende stand die seltsame Szene so lebhaft vor seinen Augen, dass er schon fast selbst daran glaubte. Ja, er rief schließlich Albert an und erkundigte sich schweren Herzens, ob der etwas von seinem Vater gehört habe. Albert verstand nicht einmal die Frage. Und bevor er weiterreden konnte, entschuldigte Willi seinen Anruf mit den Phantastereien seiner Mutter. »Man wird ja selbst ganz verrückt dabei, nichts für ungut.«

Als er Hanna von dem Telefonat erzählte, reagierte sie verletzt. »Wenn du mir nich glauben willst, dann sag ich lieber gar nichts mehr«, klagte sie beleidigt. Und einen Moment später bekräftigte sie versöhnlich, aber bestimmt: »Ich hab mir das nich eingebildet, Willi. Er is hier gewesen. Kannst mir ruhig glauben.« Willi erschrak. »Ja, Mama, is gut, du hast viel mitgemacht in letzter Zeit«, tröstete er sie entmutigt und strich ihr über den Kopf. Seine Mutter schien den Verstand zu verlieren. Ja, damit musste gerechnet werden.

Doch in den nächsten Tagen wurde Willi wieder zuversichtlicher. Hanna verhielt sich zumindest äußerlich normal und sprach nicht mehr von ihrem Besucher. Doch als er zwei Wochen später von der Schule nach Hause kam, sah er, wie Hanna einen kleinen Gegenstand umklammerte. Zärtlich strich sie über den blank polierten Deckel. »Er is wieder da gewesen«, teilte sie Willi in geheimnisvollem Ton mit. »Guck selber, das hat er mir gegeben.« Hanna hielt ein kleines Schmuckkästchen in der

Hand. Auf dem Deckel waren Initialen eingeschnitzt: »H B«. Willi fehlten die Worte. Später erfuhr er von Anna, dass sie das Kästchen bei einem Besuch mitgebracht hatte. Kommentarlos hatte sie es Hanna auf den Nachttisch gestellt. Es gehörte ja ihr. Und von Fritz waren jetzt wohl keine Einwände mehr zu erwarten.

Immer häufiger erzählte Hanna nun von Besuchern, die für alle anderen unsichtbar blieben. Willi fand sich damit ab. Denn meistens waren es ja freundlich gesonnene Leute, die sich bei ihr einfanden: immer wieder Eduard, Frau Odenwald, Willi, der Polizist aus Ahlden, auch Doktor Klawitter, der sie angeblich untersuchte wie damals in der Kriegszeit. Hanna wirkte immer ausgeglichen und sanftmütig, wenn sie von ihren Geistern sprach. Manchmal war sie so übermütig, dass sie lachen musste. »Also, gestern Abend is doch tatsächlich der olle Schirm-Heinrich da gewesen«, erzählte sie Willi kichernd. »Dabei hab ich dem schon hundertmal gesagt, dass er sich bei mir nicht mehr blicken lassen soll, dieser alte Geizkragen.« Auch Willi musste schmunzeln. Warum eigentlich nicht? Was war denn Schlimmes daran, dass Hanna in ihre Phantasiewelt abtauchte? Die Pflegerinnen behandelten sie ja doch nur wie ein kleines Kind. Und sie war ja zufrieden. Das war ja wohl die Hauptsache.

Eines Abends jedoch hörte Willi seine Mutter laut weinen, während er in seiner Dachkammer vor dem Fernsehapparat saß. Als er in ihre Kammer stürzte, saß sie zitternd aufrecht im Bett und starrte mit weit aufgerissenen Augen zur Tür. »Er is wieder da gewesen, dieser Hund. Der lässt mir einfach keine Ruhe, dieser Buchtemann. Sein großes Beil hat er auch dabei gehabt. Gedroht hat er: ›Wenn du was sagst‹, hat er gezischt. ›Wenn du was sagst, dann geht's dir genauso wie dem alten Dokter.‹ Oh, dass der sich traut, hierherzukommen und mir unter die Augen zu treten.« Besorgt erkundigte sich Willi, wer denn dieser Buchtemann sei. Anfangs waren es nur unverständliche Sätze, die Hanna herausbrachte. Aber nach und nach rundete sich für Willi das

Bild. Und nachdem er sich in Ahlden nach Buchtemann erkundigt hatte, war ihm klar, woher die Angst seiner Mutter rührte. Glücklicherweise verflüchtigte sich die Wahnvorstellung rasch wieder. Willi gelang es, seiner Mutter in Erinnerung zu rufen, dass sich Paul Buchtemann schon vor langer Zeit das Leben genommen hatte. Doch von Dauer, das war ihm klar, würde diese Beruhigung nicht sein. Hannas Vorstellungswelt hielt sich nicht mehr an die Grenzen der Erfahrung.

Dies hatte aber auch seine guten Seiten. Denn bei Lichte betrachtet führte sie ja ein trostloses Leben. Hilflos wie ein Säugling, musste sie sich von anderen die Windeln wechseln lassen. Vollständig auf die Hilfe anderer angewiesen, konnte sie sich nicht einmal in ihrem Wasserbett von der einen Seite auf die andere drehen. Sie musste darauf warten, dass eine Pflegerin kam und sie nach jeweils drei, vier Stunden mit Hilfe mehrerer Stützkissen umwendete, damit sie sich den Rücken nicht wund lag. Oft schimpfte sie, wenn sie von ihrer Lieblingsseite in eine Lage befördert wurde, die ihr weniger angenehm war. Doch die Pflegerinnen hatten es sich bald abgewöhnt, ihr Murren zu beachten. Selbst eher mürrisch, gingen die meisten ihrer Arbeit nach, ohne sich vorzustellen, dass ihnen da ein Mensch anvertraut war, der nach einem freundlichen Wort lechzte.

Sie fertigten sie ab – ob beim Waschen oder Wechseln der Windeln, ob sie ihr das Brot oder das Wort abschnitten. Sie fertigten sie ab. Fritz gewann in dieser Zeit wieder an Bedeutung für Hanna, und sie nahm seine Verrücktheiten geduldiger hin. Viele Stunden am Tag saßen sie nun nebeneinander im Rollstuhl vor dem Fernsehapparat. Oft geschah es dann, dass Hanna den Blick vom Bildschirm abwandte und versonnen ihren Mann betrachtete. »Ja, da sitzen wir nun, wir zwei Krüppel«, sagte sie einmal in einem lichten Moment zu Fritz. »Aber man gut, dass wir wenigstens noch zu Hause sind und nicht hungern müssen. Man gut.« So nahe sie auch nebeneinanderher lebten – Fritz war doch meistens weit von ihr entfernt. Gelegentlich aber hörte man ihn nach ihr rufen. Flehend und zugleich mahnend klang seine Stimme, wenn er ihren Namen aussprach: »Hanna, Hanna, help mi doch.«

Schön war es für Hanna, wenn die Pflegerinnen, Willi, Ulrich oder die Enkelkinder aus Eggersen sie mit dem Rollstuhl durchs Dorf schoben. Dann freute sie sich über den Wechsel der Jahreszeiten, wie er sich in den Gärten, Wiesen und auf den Feldern spiegelte. Sie bestaunte die Kühe, die sie so lange in ihrem Leben beschäftigt hatten, und sie schüttelte den Kopf über die vielen Pferde, die jetzt überall auf den Koppeln weideten – nicht etwa Ackergäule wie früher, sondern Reitpferde. »Was müssen die Leute Geld haben, dass sie sich so viele Pferde leisten können, bloß so zum Spaß. Nee, nee, nee«, sagte sie lallend zu Willi.

Begegnungen mit den Leuten aus dem Dorf dagegen enttäuschten Hanna häufig. Selten ging das Gespräch über den Austausch von Grußformeln und Wetterbeobachtungen hinaus. Besonders quälend waren die Mitleidsbekundungen. »Arme Frau Frenzen«, bemerkte zum Beispiel eine Nachbarin, die daraufhin ganz ungeniert das Wort an Willi richtete und fortfuhr: »Dass der liebe Gott kein Einsehen hat und einen Menschen so lange leiden lässt.« Es kam oft vor, dass die Passanten nicht etwa mit Hanna sprachen, sondern nur mit ihren Begleitern oder Begleiterinnen – als müsste man die alte Frau im Rollstuhl nicht mehr ernst nehmen. Und wenn sie dann höflicherweise doch eine Frage an sie richteten und sie schwerfällig zu antworten begann, dann machten sie sich erst gar nicht die Mühe hinzuhören, sondern unterbrachen sie meistens schon nach den ersten Worten. »Ach ja, Hanna, du hast es nicht leicht«, pflegten sie ihr über den Mund zu fahren.

Auf ihren achtzigsten Geburtstag hatte sie sich gefreut wie ein kleines Mädchen. Monate vorher hatte Willi ihr schon davon erzählt – von den vielen Leuten, die sie an diesem Tage wiedersehen sollte, von den Blumen, die sie bekommen würde, von den

Kuchenbergen, die sie erwarteten. Und dann war es soweit. Wie eine greise Königin thronte Hanna in ihrem Rollstuhl, als die Besucherinnen eintrafen. Alle schüttelten ihr höflich die Hand und erkundigten sich voller Mitgefühl nach ihrem Befinden. Hanna genoss die Ansprache, nickte brav und lächelte wie ein Mädchen bei der ersten Tanzstunde. Die Gäste tätschelten ihr die Wange und bedachten sie mit gut gemeinten Sprüchen: »Na, das is aber schön, dass wir dich noch mal zu sehen kriegen.« Doch dann verloren sie das Interesse an ihr und unterhielten sich nur noch untereinander. Hanna saß abseits in ihrem Rollstuhl daneben und hatte das Gefühl, von aller Welt verlassen zu sein. Warum wollte denn auf einmal niemand mehr etwas von ihr wissen? Ja, sie war wohl kein schöner Anblick mit ihrem zahnlosen Mund und ihrem eingefallenen Gesicht. Und reden konnte sie ja auch nicht mehr wie früher. Trotzdem hätte sie gern an dem Geplauder teilgehabt. Sie verlor allen Lebensmut, als sie da wie eine Puppe neben den anderen saß – an ihrem Ehrentag, auf den sie sich so gefreut hatte. Zu der bitteren Enttäuschung gesellten sich bald auch Schmerzen, die ihr in den Rücken schossen. Schließlich ließ sie ihren Tränen freien Lauf und war froh, als Willi sie hinausschob.

Zum Glück fiel wenige Stunden später durch eine ungeladene Besucherin doch noch Glanz auf diese verpatzte Geburtstagsfeier. Und was für ein Glanz. Fast schwerelos trat eine schöne Frau im seidenen Ballkleid zu Hanna in die Stube. »Du kennst mich wohl nicht mehr, Hanna?«, fragte die feine Dame mit den schulterlangen lockigen Haaren. Mit großen Augen betrachtete Hanna die Eingetretene. Sie kam ihr bekannt vor, gut bekannt. Doch es war ihr entfallen, wo sie die junge Frau kennen gelernt hatte. »Du hast mich doch wohl nicht vergessen?«, fragte die Besucherin schmunzelnd. »Erinnerst du dich nicht mehr, wie du in meinem Schloss gewesen bist? In meinem Storchennest in Ahlden?« Jetzt fiel es Hanna wie Schuppen von den Augen. Natürlich. Das war doch die Prinzessin. Das war doch Sophie Dorothea, diese Adlige, die von ihrem Vater verkuppelt und verbannt worden war. »Oh, das ist aber schön, dass du mich hier besuchst«, sagte Hanna. »Ich wollte dich abholen«, antwortete die Besucherin keck. »Draußen steht meine Kutsche mit sechs Pferden davorgespannt. Sollst mal sehen, wie die losgaloppieren. Wie der Wind werden wir durch Wälder und Wiesen fegen. Sollst mal sehen, Hanna, das wird eine Geburtstagsfahrt, die du nie vergessen wirst.« Hanna strahlte vor Freude. Doch sofort fiel ihr ein, dass sie ja im Rollstuhl saß. »Wie soll ich alter Krüppel denn in 'ne Kutsche kommen? Das geht doch gar nicht, junge Dame«, hielt sie Sophie Dorothea entgegen. Aber die lächelte nur. »Bei mir geht alles. Du musst mir nur die Hand reichen, dann geht es wie von selbst.« Und es ging.

Es geht ganz wunderbar. Ehe sie sich versieht, sitzt Hanna neben der Prinzessin in der goldgeschmückten Kutsche mit den sechs Schimmeln und saust davon. Bald schon löst sich das Gespann vom staubigen, holprigen Feldweg und hebt ab. Und so fliegt Hanna mit der Prinzessin hoch über Moordorf weiter in Richtung Eggersen, hinweg über Ahlden, über Ahrendsen und Nebelhagen, sie fliegt über all die vielen Häuser, in denen sie gearbeitet, geweint, gelacht und geliebt hat. Und alles erscheint ihr auf einmal so klein, und es ist ja ganz leicht, darüber hinwegzusausen. So schwerelos und schön mit dieser Prinzessin an der Seite.

Begeistert erzählte sie Willi am nächsten Abend von ihrer Reise. Und der freute sich mit ihr. »Na, so eine Kutschfahrt würd ich auch gern mal mitmachen, das nächste Mal gibst du mir aber Bescheid, wenn sie wiederkommt«, sagte er ohne jeden Spott. Und genauso ernsthaft entgegnete ihm seine Mutter: »Du hast aber vielleicht Vorstellungen, die Prinzessin nimmt doch nicht jeden mit.« Willi strich ihr bekräftigend über die Schulter. »Ja, da wirst du wohl Recht haben.«

Sophie Dorothea hielt noch einige Male Einkehr bei Hanna. Immer begeisterter schilderte die Greisin die Kutschfahrten, immer höher waren sie geflogen.

An einem sonnigen Märztag kehrte Hanna von ihrem Ausflug nicht zurück. Willi fand sie am frühen Morgen kalkweiß in ihrem Krankenbett. Ihre Augen waren geöffnet, aber sie hatte aufgehört zu atmen. Nicht etwa schmerzverzerrt waren ihre Gesichtszüge, sondern entspannt. Ihre Söhne, die sie später ein letztes Mal im Sarg betrachteten, glaubten in das Antlitz einer Majestät zu blicken. Marmor weiß und schön und in sich ruhend lag sie da – mit der stillen Würde einer Königin.

Nachwort

Am Abend des 14. Juni 1939 setzte Marie Börstling, geborene Rodewald, ihrem Leben im Alter von achtundfünfzig Jahren ein Ende. Ein halbes Jahr nach dem Tode ihres Mannes, des Kleinbauern Heinrich Börstling, hatte sie offenbar keinen anderen Ausweg mehr gesehen, als sich zu erhängen. Martha, die Tochter der Bauersleute, entdeckte den Leichnam ihrer Mutter auf dem Dachboden.

Der Selbstmord warf Martha Börstling, damals sechsundzwanzig Jahre alt, aus der Bahn. Da sie die Arbeit allein nicht mehr schaffte, sah sie sich gezwungen, ihren Hof zu verpachten und sich »in Stellung« zu begeben. Als Magd diente sie fortan bei »fremden Leuten«.

Der privaten Katastrophe folgte die politische Katastrophe. Das ohnehin schon schwere Leben der Magd Martha, meiner Mutter, geriet in den Sog des Zweiten Weltkriegs. Nach dem Tod ihrer Eltern, mit denen sie eine Arbeits- und Lebensgemeinschaft gebildet hatte, war sie gewissermaßen schutzlos der Geschichte ausgeliefert.

Es ist nach so langer Zeit unmöglich zu ermessen, welche Gedanken und Gefühle meine Mutter umgetrieben haben. Ebenso unmöglich ist es, ihren Alltag zu rekonstruieren. Wann begann für sie der Tag, als sie in Stellung war? Welche Arbeiten hatte sie zu erledigen? Was bekam sie bei ihren Dienstherren zu essen? Wovon hat sie geträumt? Wen hat sie gehasst? Wen hat sie geliebt? Welche Gedanken gingen ihr an ihrem Hochzeitsmorgen durch den Kopf? Wir wissen es nicht genau.

Angesichts dieser Lücken könnte eine Biografie nur die groben Lebenslinien skizzieren. Um das vergangene Leben Marthas zu neuem Leben zu erwecken und vor dem Vergessen zu bewahren, habe ich mich entschieden, eine Kunstfigur an die Stelle meiner Mutter zu setzen – eine Frau namens Hanna, die zwar weitgehend dem Vorbild Marthas folgt, aber auch ein Eigenleben hat. Selbstverständlich kann diese Frau nicht den Namen meiner Mutter tragen. Auch die Menschen ihrer Umgebung sind den realen Vorbildern zwar nahe, aber nicht mit ihnen identisch und darum ebenfalls mit anderen Namen ausgestattet.

Die Eckpunkte indessen sind verbürgt – insbesondere die historischen Ereignisse, die sich mit der Lebensgeschichte meiner Mutter kreuzten. Vor allem die beiden Männer, die Hanna in ihrer religiös begründeten Distanz zum Nationalsozialismus bestärkten, bewegen sich eng an ihren realen Vorbildern.

Dies gilt besonders für Pastor Trapp, der in Wirklichkeit Friedrich Wilhelm Trippe hieß. Wie in der vorliegenden Geschichte war meine Mutter auch im wirklichen Leben bei diesem Geistlichen angestellt. Das ungewöhnlich couragierte Auftreten des Theologen spiegelt sich in einem Hetzartikel des »Niedersachsen-Stürmers« vom 4. Januar 1936 wider. »Pastor Trippe meinte: Die nationalsozialistische Revolution ist ein Verbrechen«, lautet die Überschrift. Schwer angekreidet wird dem evangelischen Seelsorger, dass er sich in seinem früheren Pfarramt im emsländischen Bentheim gegen die Teilnahme geschlossener NSDAP-Formationen am Gottesdienst ausgesprochen hat. Mit giftiger Empörung zitiert der »Niedersachsen-Stürmer« aus einem Brief, den Trippe zur Begründung seiner Haltung an den Ortsgruppenleiter der NSDAP in Bentheim schickte. »Für mich persönlich«, schrieb der Pastor, »ist es daher Pflicht meines in Gotteswort gebundenen Gewissens, den Anordnungen der gegenwärtigen Regierung, die durch Revolution (Sünde) zur Herrschaft gekommen ist, Widerstand zu leisten. In der Bibel heißet es: Man muss Gott mehr gehorchen denn den Menschen.«

Der Kommentar des »Niedersachsen-Stürmers« ist von einer solchen Schärfe, dass sich erahnen lässt, in welcher Gefahr Pastor Trippe geschwebt haben muss. Da heißt es zum Beispiel: »Mit Recht müssen wir die Frage aufwerfen: Handelt es sich bei einem Menschen, der derartig wahnwitzige Ansichten äußerte wie der Pastor Trippe, um einen auf Abwege geratenen Fanatiker oder um einen Irrsinnigen?«

Unfassbar ist für den Autor des Hetzartikels, dass dieser Theologe mit der Übernahme einer neuen Pfarrstelle betraut werden konnte – in dem Heidedorf Eickeloh, Hannas (und Marthas) Geburtsort Eggersen. »Und ein solcher Mann, der alle aufrechten Nationalsozialisten am liebsten als ›verabscheuungswürdige Sünden‹ aus der Kirche fernhalten möchte, wird allen Ernstes dazu auserkoren, unsern Heidebauern das Wort Gottes zu predigen«, wettert der »Niedersachsen-Stürmer«. Und das NS-Blatt nutzt die Attacke gegen den wackeren Gottesmann auch, um die hinter dem Pastor stehende Institution zu treffen: »Unverständlich und bedauerlich ist, dass die Kirche von derartigen Dunkelmännern nicht weit abrückt, sondern ihnen immer wieder Gelegenheit gibt, ihre zersetzende Tätigkeit auszuüben.«

Verständlicherweise hielt sich Pastor Trippe nach diesem Angriff mit deutlichen Kanzelworten gegen das Naziregime zurück. Es darf aber als sicher unterstellt werden, dass er in den eigenen vier Wänden seines Pfarrhauses keinen Zweifel an seiner Haltung ließ und insofern eben auch seine Magd Martha in ihrer ablehnenden Einstellung gegenüber NS-System und Hitlerkult bestärkte. Im Dorf fehlte es im Übrigen nicht an Braunhemden, die versuchten, ihre Mitbürger auf Linie zu bringen. Diese Brachialagitation aber prallte offenbar an der Frömmigkeit Marthas ab.

Historisch verbürgt ist auch die Gestalt des Doktor Klawitter, der in Wirklichkeit Richard Ohnesorge hieß und wie sein fiktiver Kollege praktischer Arzt in Ahlden war. Tatsächlich lernte Martha Börstling den früheren Stabsarzt der kaiserlichen Marine kennen, während sie im Ahldener Hotel zur Post als Hausgehilfin arbeitete. Als Doktor Ohnesorge von Nazis im Bett erschlagen wurde, war sie dagegen nicht in dessen Haus. Hannas Rolle in der Mordnacht von Ahlden ist frei erfunden.

Eng an der überlieferten Realität bewegt sich dagegen die Ermordung des Arztes. Es geschah in der Nacht vom 14. auf den 15. April des Jahres 1945. Am Südrand der Lüneburger Heide lieferte sich zu diesem Zeitpunkt das 2. Feldersatzbataillon der 2. Marineinfanterie-Division entlang der Aller heftige Gefechte mit den Briten. Die Einheit wurde befehligt von einem Major, der zuvor auf dem Balkan bei der Bekämpfung von Partisanen eingesetzt war. An der Heimatfront nun richtete sich das Augenmerk des Kommandeurs auf kriegsmüde Deutsche und Nazigegner. Ins Blickfeld der Militärs gerieten vor allem der Ahldener Bürgermeister Heinrich Rathge und der Förster Wilhelm Jahnke. Ihnen wurde vorgehalten, versprengten deutschen Soldaten Verpflegung und andere Hilfe verweigert zu haben. Der Bataillonskommandeur mit Balkanerfahrung, ein »scharfer Hund«, wie es hieß, nahm die Berichte zum Anlass, einen Spähtrupp nach Ahlden zu entsenden. Man wollte sich die beiden Herren »kaufen«, um ihnen beizubringen, wie sich Deutsche zu benehmen hätten. Da die Soldaten in der Gegend fremd waren, wurde ihnen ein Ortskundiger zur Seite gestellt. Dabei handelte es sich um den Führer des Volkssturms aus Hodenhagen, der auch für den Sicherheitsdienst (SD) tätig war. Dieser Mann hatte sich bereits zuvor von seiner vorgesetzten Dienststelle freie Hand geben lassen, um gegen Doktor Ohnesorge vorgehen zu können. Dem Arzt wurde unter anderem vorgeworfen, ausländische Fremdarbeiter zu oft krankzuschreiben. Deshalb hatte sich der SA-Mann aus Hodenhagen schon längere Zeit dafür stark gemacht, Ohnesorge ins Konzentrationslager Neuengamme zu schicken.

Da Ohnesorge als Arzt und Mensch in der Region hohe Wertschätzung genoss, hatten die NS-Behörden aber zunächst noch auf derart harte Strafaktionen verzichtet. Als alter Welfe gehörte Ohnesorge der Deutsch-hannoverschen Partei an. Nahezu unverhohlen hatte er sich immer wieder gegen die Rassenpolitik und Kriegsführung der Nationalsozialisten ausgesprochen. Offenbar nutzte der Hodenhagener Volkssturmführer die »Gunst der Stunde«, um in jener Frühlingsnacht endlich auch den aufrührerischen Doktor aus dem Weg zu räumen.

Nach einem Bericht von Ohnesorges Enkelsohn Hans-Jürgen Narjes steuerte der Spähtrupp zunächst das Ahldener Gemeindebüro an, wo Bürgermeister Rathge gegen elf Uhr abends noch gemeinsam mit anderen Dorfpersönlichkeiten wie dem Förster Jahnke mit dem Ausstellen von Bezugsscheinen beschäftigt war. Sechs Soldaten in Tarnjacken und mit geschwärzten Gesichtern betraten in Begleitung des SA-Mannes das Büro. Dem Förster gelang die Flucht, die anderen wurden vorläufig festgenommen. Anschließend marschierte der Führer des Volkssturms, begleitet von drei Soldaten, zum Haus von Doktor Ohnesorge. Die Männer drangen gewaltsam in das Arzthaus ein und erschlugen den sechsundsiebzig Jahre alten Mediziner in seinem Bett.

Nur etwa hundert Meter vom Arzthaus entfernt wurde wenige Minuten später auch der Bürgermeister Opfer der nächtlichen Gewaltaktion. Mehrmals schlugen ihm die Männer von hinten mit der Axt auf den Kopf. Nur weil er sich schützend die Hände übers Haupt gelegt hatte, überlebte er – allerdings schwer verletzt. Der Ahldener Bürgermeister Rathge war zwar Mitglied der NSDAP, hatte sich aber in seiner Einstellung zum NS-System radikal gewandelt, nachdem seine beiden Söhne im Krieg gefallen waren.

Am 18. April wurde Doktor Ohnesorge auf dem Friedhof von Ahlden in der Uniform der kaiserlichen Marine unter großer Anteilnahme der Bevölkerung beigesetzt. Gelbweiße Blumen schmückten das Grab, Blumen in den Farben der Welfen.

Die Ermittlungen verliefen nach dem Ende des Krieges im Sande. Seltsamerweise wurde der Wachtmeister von Ahlden mit diesem nicht ganz so unbedeutenden Fall betraut. Die zuständige Staatsanwaltschaft in Verden stellte schließlich die Nachforschungen ein. Ein Studium der Akten zeigt, dass übliche kriminaltechnische Untersuchungen in diesem Fall unterblieben. Der Sicherheitsdienstmann aus Hodenhagen, der öffentlich der Tat bezichtigt wurde, nahm sich wenige Jahre später das Leben.

So weit der überlieferte Mordfall. Wenn Martha (Hanna) auch in jener Nacht nicht zugegen war, so kann doch als sicher angenommen werden, dass sie das Verbrechen erschüttert hat. Das im Roman beschriebene Verhältnis zwischen Hanna und dem Dorfpolizisten Willi indessen ist reine Fiktion.

Der Realität nachgezeichnet ist hingegen Hannas Umzug nach Ahrendsen und ihre kurze Ehe mit dem Bauern Eduard. Wie Hanna bangte auch Martha lange Zeit um ihren Mann, der noch in den letzten Kriegstagen in Gefangenschaft geraten war. Die Auflösung der gewohnten ländlichen Ordnung unter dem Druck von Luftangriffen und heranrückender Front hatte aber auch zur Folge, dass sich der Horizont der Bauersfrau erheblich weitete. So knüpfte sie engen Kontakt zu einer ausgebombten Bremerin, die ebenso auf ihrem Bauernhof einquartiert wurde wie Zwangsarbeiter aus Polen und Weißrussland.

Auch die Verbrechen des Nationalsozialismus blieben Martha nicht verborgen. In unmittelbarer Nähe ihres Bauernhofes, der sich in Wirklichkeit in Meimerdingen bei Walsrode befand, wurden unter grausamen Bedingungen russische Kriegsgefangene interniert. Tausende fanden dort den Tod. Martha sah, wie die ausgemergelten Gestalten durch die Kälte getrieben wurden. Auch das Konzentrationslager Bergen-Belsen war nicht weit entfernt.

Wie Hanna erlebte Martha den Schrecken des Krieges bei der Explosion eines Munitionszuges in Lindwedel auch am eigenen Leibe. Wie durch ein Wunder gelang es ihr, an jenem 15. Oktober 1944 weitgehend unverletzt dem Inferno zu entkommen. Sie schaffte es gerade noch rechtzeitig, aus dem Personenzug zu springen, der Minuten später durch die ungeheure Druckwelle der Explosion in Stücke zerrissen und kilometerweit durch die Gegend geschleudert wurde.

Auch der Frieden ließ Martha nicht zur Ruhe kommen. Monatelang wartete sie auf ein Lebenszeichen ihres Mannes, dessen Tod ihr schließlich erst anderthalb Jahre nach Kriegsende amtlich bestätigt wurde.

Kurze Zeit später verließ sie den Hof, der ihrem Stiefsohn überschrieben worden war, und siedelte mit ihrer Stieftochter zu Onkel und Tante über. Wieder war sie so heimatlos wie vor ihrer kurzen Ehe. Wieder war sie in den Status der geduldeten Magd hinabgesunken. Aus dieser Situation heraus entschloss sich Martha – wie Hanna – zu einer zweiten Heirat mit einem Heidebauern. Und ihre Hoffnungen erfüllten sich: Nach einer Fehlgeburt gebar Martha zwei Kinder und schlug so Wurzeln auf dem Hof, den sie gemeinsam mit ihrem Mann und zwei Schwägerinnen bewirtschaftete. In ihr Leben kehrte wieder Beständigkeit ein. Glück, das war für sie, an einem Frühsommermorgen bei Amselgesang melkend unter einer Kuh zu sitzen.

Dass die Landwirtschaft bald kaum mehr Raum für eine solche Idylle bot, belastete indessen die finanzielle Lage des Hofes immer mehr. Mit ihrem bäuerlichen Arbeitsethos bäumte sich Martha dennoch viele Jahre gegen den »Strukturwandel« in der Landwirtschaft auf. Sie bezahlte dafür mit ihrer Gesundheit.

Im Alter von achtundsiebzig Jahren erlitt Martha einen Schlaganfall, der sie ans Bett fesselte und verstummen ließ. Anderthalb Jahre später starb sie.

Erst nach ihrem Tod konnte ich der Frage nachgehen, was für eine Frau sie eigentlich gewesen war. Denn leider offenbaren sich die Geheimnisse von Menschen, die uns nahe stehen, erst dann, wenn der Abstand groß genug ist.

Dass meine Mutter einverstanden gewesen wäre mit der Geschichte, die dabei herausgekommen ist, muss allerdings bezweifelt werden. Wahrscheinlich hätte sie den Kopf geschüttelt und gelacht. »Dass das bloß keiner liest«, hätte sie vermutlich gesagt. »Da muss man sich ja schämen.«

Dank

Ich danke allen, die mir bei den Recherchen zu diesem Buch behilflich waren, und allen, die mir mit Tipps zur Seite gestanden haben.
Mein ganz besonderer Dank gilt:

Elfriede Blanke, Heinrich Blanke, Frieda Braun,
Adele Dellbrügge, Irmgard Heuer,
Kristina Homann-Kümmel, Else Hunt,
Luise Kehrbach, Elfriede Kompf, Hans-Jürgen Narjes,
Anneliese Nißler, Rudolf Schneider, Gabriele Schulte,
Marita Schulz, Hermann Warnecke, Erna Wuorner.

Siegfried Lenz

Fundbüro
Roman

Henry Neff verspürt trotz seiner jugendlichen 24 Jahre keine Lust, Karriere zu machen. Er sucht stattdessen Unterschlupf in einem Fundbüro und gewinnt schnell Gefallen an seinem neuen Arbeitsplatz, der reich an Kuriositäten und absonderlichen Vorkommnissen ist. Siegfried Lenz' warmherziger Humor lässt die farbige Szenerie eines unvergleichlichen Schauplatzes vor die Leser treten - grundiert von einer feinen Symbolik des Verlierens und (Wieder-)Findens.

336 Seiten, gebunden

HOFFMANN UND CAMPE

www.hoffmann-und-campe.de

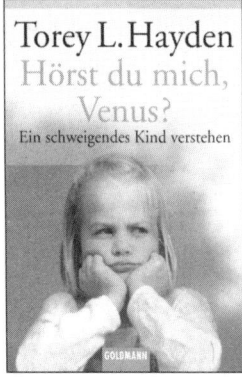

LUST UND VERLANGEN

Julia Onken,
Kirschen in Nachbars Garten   15026

Maja Storch, Die Sehnsucht
der starken Frauen...   15119

Polly Young-Eisendrath,
Frauen und Verlangen   15120

Janine Mossuz-Lavau, Das sexuelle
Leben der Franzosen   15233

GOLDMANN